John Bollinger

BOLLINGER
-BÄNDER

FinanzBuch Verlag

Bibliografische Information Der Deutschen Bibliothek
Die Deutsche Bibliothek verzeichnet diese Publikation in der Deutschen Nationalbibliografie; detaillierte bibliografische Daten sind im Internet über <http://dnb.ddb.de> abrufbar.

Aus dem Amerikanischen von Marc Lorünser

Der Autor freut sich über Kritik, Fragen und Anregungen unter:
E-MAIL: BOLLINGER@FINANZBUCHVERLAG.DE

Realisierung: Volk Verlag München
Druck: Kösel GmbH, Kempten

LANDSHUTER ALLEE 61 • 80637 MÜNCHEN
TEL.: 0 89/65 12 85-0 • FAX: 0 89/65 20 96

ISBN 3-89879-023-1

Inhalt

Geleitwort

IN DER LITERATUR zur technischen Aktienanalyse finden Sie heute mehrere hundert Indikatoren. Teilweise recht einfache und auch eingängige Indikatoren, aber auch komplexe und kaum mehr zu durchschauende Systeme. Alle Ansätze haben eine gemeinsame Idee: Wie finde ich den richtigen Ein- bzw. Ausstiegszeitpunkt.

Der Streit, ob die Suche mit Indikatoren erfolgreicher ist als mit anderen Analysemethoden, ist so alt wie die technische Analyse selbst – und auch müßig! Kein Kurs steigt oder fällt, weil der Indikator dies belegt oder die Gewinne des Unternehmens höher als vorhergesagt sind. Der Kurs bewegt sich nur aufgrund von Angebot und Nachfrage. Nun stellt sich die Frage, ob ich mit den richtigen Indikatoren herausfinde, wie sich Angebot und Nachfrage entwickeln, und damit 'voraussehen' kann, ob der Kurs steigt oder fällt.

Ich bin überzeugt davon, dass einige Indikatoren ein sehr wichtiges Entscheidungsmittel sind und eine durchaus respektable Trefferquote aufweisen. Die Bollinger-Bänder gehören für mich zur Gruppe dieser wichtigen Indikatoren und sind daher auch Bestandteil meines Standard-Chartlayouts. Zwei Dinge sollten Sie nach meiner Erfahrung bei der Arbeit mit Indikatoren unbedingt beachten: Zum einen sollten Sie nie Ihren Gefühlen nachgeben, sondern konsequent an Ihren Entscheidungen festhalten, anderenfalls untergraben Sie die grundlegenden Ideen der technischen Analyse, die Objektivität und Vergleichbarkeit. Zum anderen sollten Sie sehr viel mit den Indikatoren experimentieren, unterschiedliche Einstellungen in verschiedenen Marktlagen testen und Buch über Ihre Ergebnisse führen. Je mehr Informationen Sie sammeln, um so besser werden Ihre Analysen.

Abschließend darf ich Ihnen noch die Software MARKET MAKER empfehlen. MARKET MAKER unterstützt Sie auf vielfältigste Weise in Ihren

Analysen, angefangen bei den Standardindikatoren über die verschiedenen Einstellungs- und Gestaltungsmöglichkeiten bis hin zur Definition und zum Test von eigenen Indikatoren und Handelssystemen. Alle weiteren Informationen finden Sie unter www.market-maker.de.

Nun wünsche ich Ihnen viel Spaß bei der Arbeit mit den Bollinger-Bändern und natürlich auch viel Erfolg bei all Ihren Transaktionen.

Ihr

Christian Hank,
Vorsitzender des Vorstands der
MARKET MAKER Software AG

Vorwort

IM JUNI 1984 ging ich zum ersten Mal durch die Eingangstür eines Hauses am Ocean Park Boulevard in Santa Monica in Kalifornien. Es ist das Gebäude des *Financial News Network*, des ersten Fernsehsenders in den USA, der sich ausschließlich mit der Berichterstattung über Wirtschaft, Börse und Marktdaten befasste. Der FNN Hauptsitz war ein scheußlicher Ort, ein baufälliger, äußerst unscheinbarer zweistöckiger Klotz. Der rechteckige, ziemlich heruntergekommene, überfüllte Arbeitsplatz unzähliger Angestellter, deren Aufgabe es war, täglich 12 Stunden Wirtschaftsnachrichten herauszubringen, für wenig Gehalt und für noch weniger Zuseher. Dies waren die Umstände, die mich vor genau 17 Jahren erwarteten.

Ich nahm einen Einstiegsjob bei FNN an, da weder Mr. Spielberg noch Mr. Lucas mein aufblühendes Talent als Filmemacher erkannten. Natürlich wussten sie nichts von meiner Existenz, aber während ich von meinem Potential als Weltklasseregisseur fest überzeugt war, schien sonst niemand Notiz von meinem Abschluss der Filmhochschule zu nehmen. Nur ein alter Schulfreund bot mir eine einträgliche Arbeit an, und zwar in einem Bereich der Medien, der mir gänzlich unbekannt war. FNN war für mich ein zeitweiliger Rastplatz, eine gute Gelegenheit, die Rechnungen zu bezahlen, während ich mit meinen Skripts für Fernsehshows und Spielfilme hausieren ging, die mich eines nicht allzu fernen Tages reich und berühmt machen sollten.

Ich begann also mit Zurückhaltung, bei FNN zu arbeiten. Einerseits bot sich mir die Möglichkeit, viel zu lernen und meine Fähigkeiten im Medienbereich zu verfeinern; andererseits waren die Themen beängstigend langweilig (so dachte ich zumindest damals). Es ging um viele Zahlen (was gar nicht nach meinem Geschmack war), von den meisten Fachbegriffen hatte ich noch nie gehört … Wolle-Futures und Palmöl-Markt fallen mir sofort dazu ein. Aber die Menschen in der Nachrichtenzentrale schienen an allem interessiert zu sein, was mich sehr verwirrte. Was hatte dieser Haufen scheinbar sinnloser Dinge an sich, dass sich ein ganzer Saal voller Menschen so intensiv damit beschäftigte? Warum starrten sie dauernd irgendwelche Charts und Grafiken an? Über was redeten sie denn den ganzen Tag eigentlich? Ich wurde langsam neugierig.

Bevor ich mich über meine wachsende Neugier auslasse, möchte ich kurz die Arbeitsumgebung bei FNN beschreiben. Es gab drei Haupträume im ersten Stock des schachtelähnlichen Gebäudes. Die Nachrichtenzentrale war ein Rechteck von ca. 10 auf 17 Meter mit einem Ring von Schreibtischen um das Zentrum, von denen jeder mit der erforderlichen IBM Selectric, kistenweise Schreibpapier und einem obligatorischen überquellenden Papierkorb ausgestattet war. Die Schreiber und Assistenten waren im Allgemeinen eher jung, Ende 20, Anfang 30. Die Produzenten waren zumeist ältere Herren, die schon seit vielen Jahren im Nachrichtengeschäft waren … ein Haufen hartgesottener Journalisten aus der Print- und Fernsehbranche, die (oft vergeblich) versuchten, dieser neuen Sorte von Journalismus eine Form zu geben.

Zwei Räume grenzten an die Nachrichtenzentrale. Einer war für die Associate Producer und Segment Producer, die die Magnetbandstücke zusammenfügten, die während der täglichen Nachrichtensendungen gezeigt wurden. Der zweite Raum beherbergte einige der Live-Sendung-Spezialisten von FNN und John Bollinger war einer von ihnen. John war zusammen mit dem verstorbenen Ed Hart für den Großteil der Kommentare zum Tagesgeschehen an den Börsen zuständig. Ed Hart war ein ergrauter Veteran der Wirtschaftsnachrichten. Während seiner Tätigkeit für FNN lieferte Ed auch tägliche Wirtschaftsnachrichten für KFWB, ein Radiosender in der Gegend von Los Angeles, der in Konkurrenz zu seinem größeren Rivalen KNX stand.

Ed war ein richtiger Brummbär, ein säuerlicher Charakter mit einer Vorliebe für schmutzige Witze. Ed war und wird für alle Zeiten der beste Wirtschaftsjournalist sein, mit dem ich je zusammenarbeiten durfte. Er verfügte über ein enzyklopädisches Wissen der Wirtschafts- und Börsengeschichte. Sein Gedächtnis war fotografisch und sein Geist messerscharf. Er konnte Dummköpfe nicht ausstehen und hielt sich bei der Feststellung der intellektuellen Unzulänglichkeiten seiner Zeitgenossen nicht zurück. Aber er hatte ein großes Herz und liebte nichts so sehr wie die Wirtschaftsnachrichten, außer vielleicht das Segeln und das Tanzen.

An einem bestimmten, sehr geschäftigen Arbeitstag kam unser damaliger Chefredakteur in die Nachrichtenzentrale, gerade als alle mit der Einhaltung der Abgabetermine kämpften, und bat um Unterstützung bei der Lösung eines Kreuzworträtsels, das er nicht allein lösen konnte. Alle waren damit beschäftigt, die Nachrichten rechtzeitig auf Sendung bringen zu können, aber unser furchtloser Anführer erkannte das nicht, weil er mit so gewichtigen Dingen wie seinem Rätsel beschäftigt war. Er fragte uns laut, ob irgendjemand die Definition von „jejune" kannte. Nur Ed Hart gab ihm eine Antwort. „Das ist der Monat vor dem Jujuli", fuhr er ihn an und arbeitete weiter. Meistens war Ed mit viel wichtigeren Dingen beschäftigt, und zumeist ging es darum, genau, zeitgerecht und informativ zu sein. Und genau das war er. Er war mit seinen Kommentaren zur Marktsituation immer früh dran, hatte immer Recht, und seine Informationen wurden auf so hochintellektuelle Art präsentiert, wie es ihm wohl nie jemand nachmachen wird.

Der andere Spezialist von FNN saß praktisch isoliert in einem Nebenraum der Nachrichtenzentrale: John Bollinger, der Markttechniker von FNN. Johns Job war es, sich mit Charts und Grafiken zu beschäftigen und darin sich wiederholende Muster der Marktbewegung zu finden, um dann den Zuschauern von FNN zu erklären, dass man sinnvolle Vorhersagen für die Zukunft treffen konnte, wenn man Muster in vergangenen Marktdaten erkannte. Quotierungsgeräte, ein paar primitive Computer und hohe Papierstapel umgaben John. Und natürlich auch alle möglichen Bücher über Technische Analyse, deren Titel ich damals nicht kannte. Bollinger, wie wir ihn nannten, war ein mürrischer Bursche, starrköpfig und unverblümt, wenn es um die Börse ging. Sein Werdegang war recht interessant und nahm mich gleich für ihn ein. Er arbeitete einige Jahre lang als Kameramann, einschließlich eines Gastspiels beim CBS Magazin 60 Minutes. Wir waren uns gegenseitig recht sympathisch, da wir beide Filme liebten und an guten Geschichten immer interessiert waren. Ich war aber schon überrascht, dass jemand eine sehr gute Stelle beim Fernsehen dafür aufgab, um Schnörkel auf einem Blatt Papier anzustarren, die für irgendjemanden irgendetwas bedeuteten. Das konnte ich nicht verstehen, aber wie gesagt, ich wurde neugierig.

Als ich bei FNN anfing, hatte ich keine Ahnung von Wirtschaft und Börse. Aber nachdem ich ein paar Monate dabei gewesen war, natürlich immer noch in freudiger Erwartung meines großen Kinoerfolges, verspürte ich zunehmend die Anziehung der Menschen und der Themen bei FNN. Bill Griffeth und Sue Herera (damals noch McMahon) waren gerade dabei, das Wirtschaftsfernsehen zu erfinden, wie wir es heute kennen. Ed Hart, John Bollinger und ein Produzent, Doug Crichton, waren in faszinierende Unterhaltungen über das Tagesgeschehen, Wirtschaft, Börsen und Ökonomie vertieft, denen ich nicht im Entferntesten folgen konnte. Aber sie machten mich nach diesen Themen süchtig. So wurde ich zu einem Wirtschaftsnachrichten-Junkie und diese Sucht hält bis zum heutigen Tage an.

John Bollinger ist einer der Menschen, die mich bei FNN wirklich faszinierten. Sein Enthusiasmus bei diesen Themen war einfach ansteckend Seine Leidenschaft, mit der er immer mehr und noch mehr über die Märkte und ihre Entwicklung herausfinden wollte, war inspirierend. Und seine Liebe zum Detail legte die Messlatte für uns, die wir alle Hände voll zu tun hatten, um überhaupt mit seinem unerschöpflichen Appetit nach Information mithalten zu können, sehr hoch. Während Johns Wissen über die Märkte wuchs, wurden seine Einsichten in die Materie für alle in seinem Umfeld zunehmend nützlich. Wir waren alle beeindruckt, mit welcher Geschwindigkeit er marktrelevante Informationen aufnehmen und unserem Publikum erklären konnte.

Für alle, die mit John arbeiteten, wurde es zunehmend klarer, dass er eines Tages sehr wertvolle Beiträge zur Technischen Analyse leisten würde. Was früher ein Stiefkind der Wall Street gewesen war, entwickelte sich nun zu einer sehr respektablen Form der Marktanalyse. Große Techniker wie Joe Granville, Robert Farrell, Edson Gould, Robert Prechter und natürlich Charles Dow begründeten Formen der Marktanalyse, die bis heute in Verwendung sind. In der Tat verwenden an der Wall Street alle Brokerhäuser, alle Vermögensverwalter und großen Fondsgesellschaften die Technische Analyse. Alle Investoren suchen ständig nach einem kleinen Vorteil. Die Technische Analyse kann diesen kleinen Vorteil ausmachen, der zum Unterschied zwischen Gewinn und Verlust führt.

Wie schon gesagt, waren viele von Johns Kollegen der Überzeugung, dass es nur eine Frage der Zeit sei, bis John in die Reihen der wichtigsten Analysten aufgenommen werden würde, die die Anwendung und Betrachtung der Technischen Analyse für immer verändern würden. Und so kam es auch.

Bollinger über Bollinger-Bänder gehört zur Pflichtlektüre für alle Marktinteressierten. Es erklärt ausführlich den wichtigen Beitrag, den John zur Technischen Analyse geleistet hat, während wir zusammen bei Financial News Network arbeiteten. Als John die Bollinger-Bänder erfand, verstand ich die Signifikanz seiner Arbeit nicht. Erst viele Jahre später gelang es mir, mein Betätigungsfeld ganz zu verstehen, und Johns Arbeit erschien mir damals mindestens so geheimnisvoll wie die anderen Themen. (Glücklicherweise hat sich das mittlerweile geändert, sodass niemand befürchten muss, dass ich immer noch keine Ahnung von Technischer Analyse habe.)

Aber wie viele große Entdeckungen sind auch die Bollinger-Bänder von eleganter Schlichtheit. Sie definieren die Parameter, die die Marktbewegung begleiten. Sie setzen die Grenzen für Erwartungen und erlauben es den Tradern, die Geschwindigkeit und das Ausmaß einer Marktbewegung zu verstehen. Bollinger-Bänder biegen sich, aber sie sind dazu geschaffen, um gebrochen zu werden. Und gerade dann, wenn sie durchbrochen werden, enthalten sie einige der wichtigsten Informationen, die ein Anleger sich wünschen kann. Ihre Konstruktion mag mathematisch sein, aber ihre Abbildung sagt mehr als tausend für Investoren unbezahlbare Worte.

Kurzum, die Bollinger-Bänder sind ein technisches Hilfsmittel, das alle Anleger, Trader und Börsianer verstehen und anwenden sollten. Und sie sind nur ein Teil der Errungenschaften in der Technischen Analyse, für die ihr Namensgeber verantwortlich zeichnet und in bester Erinnerung blieben wird.

Ron Insana, CNBC

Einführung

MEINEN ERSTEN KONTAKT mit dem Aktienmarkt hatte ich als Kind in Form einer Hinterlassenschaft, die aus ein paar Aktien von Fruehauf bestand, einer Firma, die dann sehr lange brauchte, um Bankrott zu gehen. Mein zweiter Kontakt ergab sich in den frühen sechziger Jahren, während ich als junger Mann beim Museum of the Media angestellt war, einer Institution, die drei Brüdern gehörte, deren Vater damals sehr erfolgreich mit High-Tech-Aktien spekulierte. Diese High-Tech-Aktien waren zu der Zeit in aller Munde und mein Vorgesetzter war ebenfalls in ihren Bann geraten. Ohne die Details wirklich zu verstehen, vermutete ich instinktiv, dass etwas nicht stimmte. Dann kamen die siebziger Jahre und mit ihnen ein Überblick über den Schaden, den meine Mutter erlitten hatte, indem sie ihre Fondsanteile während eines Bärenmarktes gehalten hatte. Mein letztes prägendes Erlebnis kam gegen Ende der siebziger Jahre, als Erdöl „unaufhaltsam auf seinem Weg zu einem Preis von $50 oder $100 pro Barrel" war und man unbedingt Aktien von Ölgesellschaften haben musste, vor allem von kleinen Firmen, die an solchen Orten wie dem Arkando-Becken in Oklahoma Tiefbohrungen nach Gas durchführten. Es erübrigt sich wohl die Feststellung, dass Öl fiel, anstatt zu steigen, und die Ölaktien wurden zermalmt, wobei viele der Nebenwerte in diesem Segment ganz von der Bildfläche verschwanden. Es musste einfach einen besseren Weg geben und ich suchte lange erfolglos danach. Zu guter Letzt musste ich diesen besseren Weg selbst erschaffen. Er heißt Rationale Analyse. RA ist die Kombination von Technischer Analyse und Fundamentaler Analyse in einer relativen Beziehung (Abbildung E1). Dieses Buch handelt vom primären Hilfsmittel der RA, den Bollinger-Bändern, die das relative Bezugssystem darstellen: Ein späteres und umfangreicheres Werk wird sich mit der RA selbst beschäftigen.

Definition der Begriffe:

Technische Analyse: Das Studium marktrelevanter Daten als Entscheidungshilfe bei Investitionen.

Fundamentale Analyse: Das Studium firmenrelevanter Daten als Entscheidungshilfe bei Investitionen.

Rationale Analyse: Das Zusammenführen von Teilbereichen der Technischen und Fundamentalen Analyse.[1]

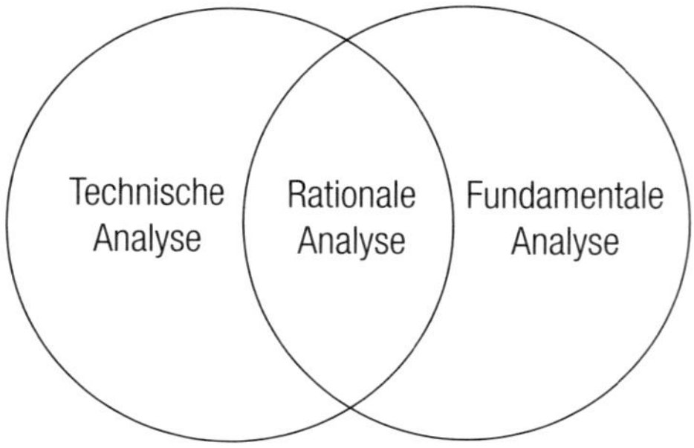

Abbildung E.1 Rationale Analyse

Die technischen Analysten glauben, dass sich die gesamte brauchbare Information in der Preisinformation niederschlägt. Daher ist die beste Informationsquelle die Preisinformation selbst. Die Fundamentalanalysten bewerten eine Aktie aufgrund von wirtschaftlichen und firmenspezifischen Faktoren und vergleichen ihre Einschätzung mit dem Marktpreis. Tritt eine ausreichende Abweichung auf, dann handeln sie. Im Grunde genommen glauben die Techniker, dass der Markt Recht hat, und die Fundamentalisten vertrauen auf ihre Analyse.

Die Feststellung, dass eine Aktie nicht das Unternehmen ist und das Unternehmen nicht die Aktie, ist sehr wichtig und sollte nicht vergessen werden. Obwohl zwischen einem Unternehmen und seiner Aktie natürlich eine Beziehung besteht, ist das Bindeglied in erster Linie ein psychologisches. Traditionell geht man davon aus, dass die Fundamentaldaten eines Unternehmens letztlich den Marktwert bestimmen. Hier sind ein paar Gegenbeispiele: Ein fallender Aktienpreis kann einem Unternehmen schaden. Wenn leitende Angestellte eines Unternehmens sehen, wie der Aktienpreis zusammenbricht, könnten sie anderswo nach einer entsprechenden Entschädigung suchen. Oder noch schlimmer, der fallende Aktienkurs kann dazu führen, dass einem Unternehmen die finanzielle Unterstützung versagt bleibt, die es zum Überleben brauchen würde. In jedem Fall behalten die Investoren, die auf Grund der Rationalen Analyse entscheiden, die Oberhand, da sie sowohl die Aktie als auch das Unternehmen verstehen.

Letztendlich ist es die Kombination der Technischen und Fundamentalen Analyse, die den Weg zum Erfolg als Investor am besten bereitet. Die Anwendung einer solchen Kombination erzeugt eine Umgebung, in der ein Anleger oder Trader rationale Entscheidungen treffen kann, in der Gefühle unter Kontrolle gehalten werden können.

Gefühle sind die größten Feinde des Investors. Haben Sie jemals in Panik verkauft, zum Höchstkurs gekauft, sich Sorgen darüber gemacht, dass Sie in einen Bärenmarkt geraten oder den nächsten Ausbruch verpassen? Die Rationale Analyse kann Ihnen dabei helfen, diese Fallen zu umgehen, indem sie Ihre wohl erwogene Entscheidungen auf eine gut begründete Basis stellt. Anstatt Teil der Masse zu sein, gebeutelt von Angst und Gier, immer wieder in denselben Fehlern verhaftet, können Sie nun stolz erhobenen Hauptes als unabhängiger Marktteilnehmer ihre eigenen Interessen wahren.

Zuletzt, um dies gleich klarzustellen, eine Definition: Bollinger-Bänder sind Kanallinien, die in und um die Preisstruktur in einem Chart gezeichnet werden (Abbildung E2). Ihre Absicht ist es, die relativen Definitionen von Hoch- und Tiefpunkten festzulegen; Kurse in der Nähe des oberen Bandes sind hoch und Kurse in der Nähe des unteren Bandes sind tief.

Oberes Band	=	Mittleres Band + 2 Standardabweichungen
Mittleres Band	=	Durchschnitt von 20 Zeiteinheiten
Unteres Band	=	Mittleres Band - 2 Standardabweichungen

Tabelle E.1 Standardformeln für Bollinger-Bänder

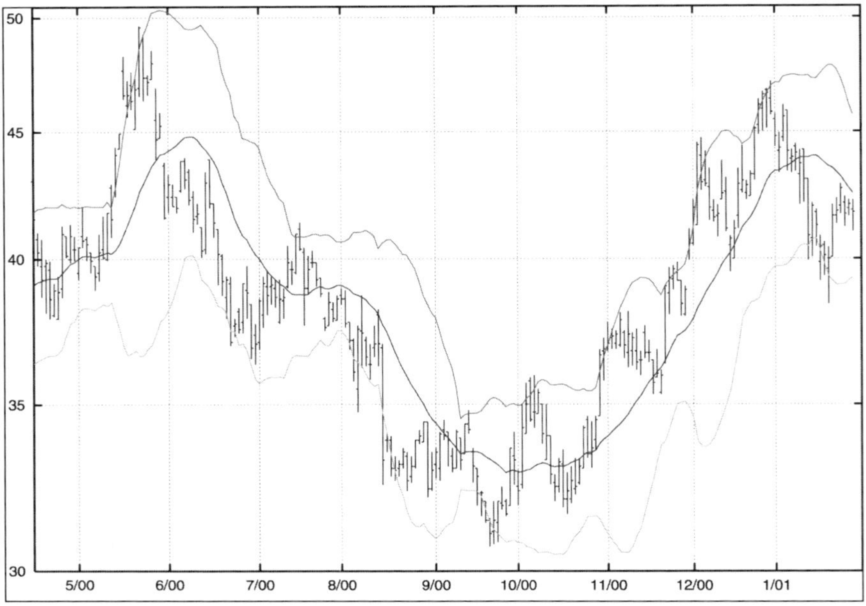

Abbildung E.2 Bollinger-Bänder

Die Basis des Bandes wird von einem Gleitenden Durchschnitt gebildet, der den mittelfristigen Trend anzeigt (Tabelle E1). Dieser Durchschnitt wird als Mittleres Band bezeichnet und mit einer Standardeinstellung von 20 Tagen berechnet. Die Breite des Kanals wird von einem Ausmaß der Volatilität, der Standardabweichung, bestimmt. Die Daten für die Berechnung der Volatilität sind dieselben wie die Daten, anhand derer der Gleitende Durchschnitt berechnet wird. Das obere und das untere Band werden in einer normalen Entfernung von zwei Standardabweichungen vom Durchschnitt gezeichnet.

Jetzt wissen wir, was Bollinger-Bänder sind. Lernen wir nun, sie zu verwenden.

Danksagung

WIR TUN NICHTS ALLEIN.

Zuerst meine Eltern – mein Vater, der mir gezeigt hat, dass Mathematik Spaß machen kann und wie man fliegt, und meine Mutter, die genug Glauben hatte, ihre Zukunft in meine Hände zu legen.

Meine Frau Dorit, ohne die all dies einfach nicht möglich gewesen wäre, und meine Tochter Zoë, auf die die Sonne immer scheint.

Jon Ratner, als ich ihn traf – ein Broker bei AG Becker, jetzt ein geschätzter Freund, der vieles möglich machte, am wichtigsten mittels einer Vorstellung bei Charles Speth und Holly Hendricks, bei deren Firma ich vom Trading erfuhr. Später überzeugte er seinen Abteilungsleiter, mir eine Quotierungsmaschine und einen Schreibtisch zur Verfügung zu stellen, an dem ich meine fruchtbaren Arbeiten durchführen konnte.

Earl Brian, einer der Vorstandsvorsitzenden des *Financial News Network*, der sowohl an mich als auch an die computerisierte Technische Analyse glaubte.

Marc Chaikin, Steve Leuthold, Don Worden und Jim Yates, die mir Technik und Konzepte beibrachten, als ich hungrig danach war, und Arthur Merrill, der einen unglaublich hohen Standard setzte.

Die Daten für die Tests und Charts für dieses Buch wurden von Bridge (http://www.bridge.com) über die Bridge-Station zur Verfügung gestellt. Die Tests wurden großteils auf Microsoft Excel durchgeführt. Die meisten Charts in diesem Buch wurden mit gnuplot hergestellt, einem Open-Source-Zeichenprogramm. Ich programmierte ein gnuplot-Aufbereitungstool in Microsoft Visual Basic, das die Bridge-Daten via DDE abholte, sowie Datendateien für die Charts.

Open Source Software übernimmt die Vorreiterrolle in der Computerwelt, und ich stehe tief in der Schuld der vielen vorzüglichen Programmierer, die selbstlos mit ihrer wunderbaren Arbeit zu Betriebssystemen wie Linux und Anwendungen wie gnuplot beitragen. Wenn Sie mehr über gnuplot wissen wollen, besuchen Sie http://www.gnuplot.org. Ein guter Anfangspunkt, um mehr über Open Source Software zu erfahren, ist „The Open Source Initiative" (http://www.opensource.org). Oder schauen Sie bei der Free Software Foundation rein (http://www.fsf.org), den Gründern der Free-Software-Bewegung.

Teil I

Am Anfang

Teil I stellt die grundlegenden Bausteine der Technischen Analyse und der Bollinger-Bänder vor, behandelt die Bedeutung der Definition und des Gebrauches dreier verschiedener Zeitrahmen in den Operationen und zeigt die philosophische Untermauerung unserer Arbeit und unseres Marktzuganges.

Kapitel 1
Einleitung

VOR ÜBER 80 Jahren stellte der Physiker Albert Einstein sein Konzept der Relativität vor. Im Kern postuliert die Relativität, dass alles nur in Relation zu etwas anderem existiert. Die unweigerliche Schlussfolgerung ist, dass nichts ganz allein sein kann – es gibt nichts Absolutes. Ohne Weiß gibt es kein Schwarz; schnell kann nur im Verhältnis zu langsam sein; ein Hoch kann nur in Beziehung zu einem Tief gesehen werden etc. Einstein wandte seine Theorie auf die Physik an und verlor dadurch ein größeres Publikum, für das seine Ausführungen gleichfalls von Interesse gewesen wären. Trotzdem haben andere, wie z.B. der Philosoph Bertrand Russell, daran gearbeitet, dieselben Ideen über die Physik hinaus zu verbreiten.

> *In einer als Serie erscheinenden Form seines Buches [The ABC of Relativity], die 1925 in The Nation veröffentlicht wurde, drückte Russell seine Überzeugung aus, dass die Menschen, wenn sie sich erst an die Idee der Relativität gewöhnt hätten, ihre Art, zu denken, ändern würden: Die Menschen würden mit größerer Abstraktion arbeiten und alte absolute Gesetze durch relative Konzepte ersetzen. Dies ist in der Welt der Wissenschaft sicherlich geschehen, aber die Absorbierung der Relativität in die Alltagskultur hat nicht viel zur Veränderung der Denkweise der meisten Menschen beigetragen, ganz einfach weil die wenigsten sich an die Relativität gewöhnt haben oder sie auch nur ansatzweise verstehen.*[2]

Ungefähr zu derselben Zeit, als Einstein seine Arbeit begann, war Oliver Wendell Holmes jr., ein Richter des Obersten Gerichtshofes der USA, damit beschäftigt, das Rechtssystem unseres Staates in Richtung Relativität zu schieben. Er postulierte, dass die Gerichte nicht die absolute Wahrheit feststellen konnten. Sie konnten lediglich die relativen Vorzüge der unterschiedlichen Standpunkte bestimmen, die ihnen vorgetragen wurden, und dies war nicht in einem absolutistischen Regelwerk möglich, sondern verlangte nach einem sozial relevanten Regelwerk. Früh in seiner Laufbahn stellte Holmes fest:

> *Das Gesetz verkörpert die Geschichte der Entwicklung einer Nation über viele Jahrhunderte, und man kann es nicht handhaben, als enthielte es nur die Axiome und logischen Folgen eines Mathematikbuches. Um zu wissen, was es ist, müssen wir wissen, was es war, und was es wahrscheinlich werden wird.*[3]

Die Werke von Einstein und Holmes standen nicht allein. Ihr zentrales Thema zeigte einen beginnenden Trend in der Gesellschaft an. Als die Welt gegen Ende des 19. Jahrhunderts zunehmend komplex wurde, erkannte man weithin, dass die absoluten Wahrheiten, die bisher die Geschicke der Menschen bestimmt hatten, nicht länger ihren Zweck erfüllen konnten, dass es eines relativen Bezugssystems bedurfte, wenn der Fortschritt weitergehen sollte – und genau so verhält es sich mit den Börsen.

Solche Ideen sind im Grunde genommen bescheiden. Sie erkennen unsere Grenzen. Sie spiegeln eher die östliche als die westliche Philosophie wider. Das Ziel, einen perfekten Investitionsansatz zu finden, ist eben dies, ein Ziel. Wir können ihm nahe kommen, aber es wird immer außerhalb unserer Reichweite bleiben. Denn es gibt kein perfektes System. Wir können nur im Rahmen unserer Fähigkeiten unser Bestes geben, angetrieben von den Möglichkeiten.

Bernard Mandelbrot entdeckte das nichtlineare Verhalten der Baumwollpreise bei seinen frühen Chaosforschungen. Andere folgten ihm und stellten fest, dass das Marktgefüge äußerst komplex ist, sodass Vorhersagen ähnlich schwer zu treffen sind wie bei dem uns am besten bekannten komplexen System, dem Wetter. Sobald ein System zunehmend komplex wird, versagen die herkömmlichen linearen analytischen Hilfsmittel, und es wird unglaublich schwierig, das System zu verstehen. Die einzige Möglichkeit, ein komplexes System zu verstehen, liegt in der Verwendung relativer Bezüge.

Es liegt nicht in der Absicht dieses Buches, die Tiefen dieser Diskussion auszuloten und das Für und Wider abzuwägen. Wir akzeptieren einfach die offenkundige Tatsache, dass die Kurse sich nicht „normal" verhalten und dass die Börsen nicht so simple Systeme sind, wie manche Menschen denken. Unsere Prämisse ist, das die Märkte Systeme von wachsender Komplexität sind, die zunehmend schwerer zu meistern sind.

Die alte Weisheit sagt, dass man an der Börse Geld verdient, wenn man tief kauft und hoch verkauft – oder umgekehrt. Das stellte sich als immer schwieriger heraus, während die Märkte volatiler und die Muster immer komplexer wurden. Eine Geschichte von den Börsenständen in Chicago, wo die aktivsten Futureskontrakte der Welt gehandelt werden, erzählt, dass es einen Gott gibt, der über diese Börsenstände wacht. Dieser Gott kennt nur zwei Regeln: Nummer eins lautet: „Du wirst zum tiefsten Kurs kaufen – aber nur einmal in deinem Leben". Nummer zwei lautet: „Du wirst zum höchsten Kurs verkaufen – aber wieder nur einmal in deinem Leben". Natürlich steht es jedem frei, das Gegenteil dieser Regeln beliebig oft zu tun.

Der Zweck des vorliegenden Buches ist es, viele der Fallen zu umgehen, die den Anlegern oft zum Verhängnis werden, einschließlich des „Zum-tiefsten-Kurs-Kaufens", bei dem der Anleger vermeintlich günstig kauft, nur um dann zuzusehen, wie der Kurs weiter einbricht, oder des „Zum-höchsten-Kurs-Verkaufens", bei dem der Kurs nach dem Verkauf noch weiter ansteigt. Hier wird der herkömmliche emotionale Ansatz durch das relative Bezugssystem ersetzt, innerhalb dessen die Preise streng bewertet werden können, um dann rationale Anlageentscheidungen zu treffen, ohne auf absolute Wahrheiten Bezug zu nehmen. Vielleicht kaufen wir zum tiefsten Kurs oder verkaufen zum höchsten Kurs, aber wenn wir das tun, dann nur in einem relativen Sinn. Bezüge auf Absolutes werden minimiert. Die Definition von „Hoch“ ist das obere Band. Die Definition von „Tief“ ist das untere Band. Zusätzlich erhalten Sie eine Reihe von Anregungen, wie Sie dieses Regelwerk auf Ihre individuellen Präferenzen abstimmen und es Ihren persönlichen Risk-Reward-Kriterien anpassen können.

In **Teil I** lesen Sie nach dieser Einleitung in Kapitel 2 über das Rohmaterial, mit dem der Analyst arbeitet. In Kapitel 3 werden Sie erfahren, wie die richtigen Zeitrahmen für die Analyse ausgewählt werden und wie sie die richtige Länge und Breite der Bollinger-Bänder festlegen. Kapitel 4 liegt eher auf der philosophischen Linie und betrachtet die unterschiedlichen Ansätze der ständigen Hinweise und Ratschläge zum einen und des Erkennens von Möglichkeiten mit überragendem Risk-Reward-Potential zum anderen. Teil I schließt in Kapitel 5 mit einem Diskurs über die erfolgreiche Anwendung der Ideen und Vorschläge in diesem Buch.

Teil II deckt die technischen Details der Bollinger-Bänder ab. Lesen Sie in Kapitel 6 über die Geschichte der Trading-Bänder (und in Kapitel 20 in Teil IV kehren wir zum ältesten bekannten Handelssystem, das auf Trading-Bändern beruht, zurück). Darauf folgt Kapitel 7, das die Konstruktion der Bollinger-Bänder beschreibt. Kapitel 8 bespricht die Indikatoren, die sich von den Bollinger-Bändern ableiten: %b, eine mathematischen Methode zur Feststellung, ob wir hoch oder tief liegen, und BandBreite, ein Maß der Volatilität. Den Abschluss von Teil II bildet das Kapitel 9 mit einer Besprechung von Volatilitätszyklen und einem Überblick über die akademischen Ideen, die das Konzept der Bollinger-Bänder unterstützen, sowie über die relevanten statistischen Themen.

Sollten Sie an den genaue Details hinter den Werkzeugen nicht so interessiert sein, lassen Sie Teil II einfach aus und gehen Sie gleich zu Teil III weiter, in dem diskutiert wird, wie man die Bollinger-Bänder anwendet. Die Teile III und IV bauen zwar auf den ersten beiden Teilen auf, sie können aber unabhängig voneinander gelesen werden.

Teil III erklärt die grundlegende Anwendung der Bollinger-Bänder. Am Anfang stehen Kapitel 10 und 11 über die Mustererkennung und führen Arthur Merrills Einteilung in M- und W-Muster ein. Die Kapitel 12 und 13 beschäftigen sich mit der Anwendung der Bollinger-Bänder, um die bekanntesten Handelsmuster zu erklären, wobei die M-Hochs in Kapitel 12 und die W-Tiefs in Kapitel 13 behandelt werden. Die schwierigste Phase, „entlang des Bandes gehen", wird in Kapitel 14 erklärt. Darauf folgen zwei verwandte Kapitel über Volatilität. Kapitel 15 beschreibt den „Squeeze" – mit einigen Beispielen aus dem Aktien- und Anleihenmarkt. Kapitel 16 zeigt die erste von drei einfachen Methoden, die den strengen Einsatz der Bollinger-Bänder illustrieren, ein Volatilitäts-Breakout, der auf dem Squeeze beruht.

Teil IV fügt der analytischen Mischung die Indikatoren hinzu. Dabei geht es um das Zusammenfügen der Bänder mit Indikatoren innerhalb eines rationalen Entscheidungsfindungsprozesses. Kapitel 17 bespricht die Kombination von Bändern und Indikatoren im Allgemeinen. In Kapitel 18 folgt eine Diskussion der Volumenindikatoren, einschließlich derer, die sich am besten für die Verwendung mit den Bollinger-Bändern eignen. In Kapitel 19 und 20 konzentrieren wir uns auf die Kombination von Kursbewegung und Indikatoren in zwei rationalen Entscheidungssystemen unter der Verwendung von %b und Volumenoszillatoren – ein System folgt dem Trend und das andere findet Hochs und Tiefs.

Teil V geht dann zu fortgeschrittenen Themen über, wie die Normalisierung von Indikatoren mit Hilfe der Bollinger-Bänder (Kapitel 21) und Techniken für Daytrader (Kapitel 22), die in zunehmendem Maße die Bollinger-Bänder verwenden.

In **Teil VI** fassen wir die Hauptpunkte in einer Liste der wichtigsten Regeln noch einmal zusammen und machen uns einige abschließende Gedanken.

Die Endnoten folgen auf Teil VI. Hier finden Sie alle tangentialen Gedanken, die zwar wichtig waren, aber den Fluss des Kapitels gestört hätten. Oft findet sich viel Wertvolles in diesen Endnoten, also lassen Sie sie nicht aus. Hier finden Sie auch die Quellenangaben der zitierten Passagen.

Die drei Handelsansätze, die in den Teilen III und IV erklärt werden, sind vorausschauend. Methode I verwendet geringe Volatilität, um große Volatilität vorherzubestimmen. Methode II beruht auf bestätigter Stärke, um den Anfang eines Aufwärtstrends vorwegzunehmen, oder auf bestätigter Schwäche, um den Anfang eines Abwärtstrends vorwegzunehmen. Methode III nimmt eine Umkehr auf zwei Arten vorweg: schwächer werdende Indikatoranzeigen in Verbindung mit mehreren Berührungen des oberen Bandes oder stärker werdende Indikatoranzeigen in Verbindung mit mehreren Berührungen des unteren Bandes. Noch aufregender ist bei der Methode III die Suche nach nicht bestätigten Berührungen der Bänder, eine Berührung des unteren Bandes begleitet von einem positiven Volumenindikator oder eine Berührung des oberen Bandes begleitet von einem negativen Volumenindikator.

Dann betrachten wir die Fachsprache etwas näher – man kann nicht mit ihr leben, aber auch nicht ohne sie. Vor vielen Jahren erklärte ein neuer Produzent beim Financial News Network, der vom Radio kam und keine Ahnung von der Finanzwelt hatte, dass der Fernsehsprecher jedes Mal, wenn er einen Fachbegriff verwendet, seinen Text unterbrechen und dieses Wort genau erklären müsse. Das war nicht ganz falsch. Die verwendeten Ausdrücke müssen beizeiten erklärt werden, aber nicht unbedingt auf Kosten des Textflusses. Ein Buch lässt einen angemessenen praktischen Platz zur Erklärung der Fachbegriffe zu, ein Glossar. Viel Arbeit war notwendig, um den Gebrauch von Fachbegriffen auf ein Minimum zu reduzieren. Wenn Sie also auf ein unbekanntes Wort stoßen, das im Text nicht erklärt wird, dann sehen Sie bitte im Glossar nach, wo Sie es mit ziemlicher Sicherheit finden werden. Zudem erfüllt das Glossar einen weiteren Dienst. In vielen Fällen ist die Terminologie der Märkte und des Investments schlecht definiert. Begriffe haben oft mehrere

Bedeutungen, was natürlich zu Verwirrungen führen kann. Das Glossar legt fest, in welchem Sinne die Begriffe hier verwendet werden.

Das Buch schließt mit einem Literaturverzeichnis – eher eine weiterführende Leseliste zum Thema dieses Buches. Es soll kein akademisches Verzeichnis von Querverweisen der einschlägigen Literatur sein, sondern ein brauchbarer Überblick über die momentan verfügbaren wichtigen Bücher. Viele davon sollten in einer besseren Bibliothek auszuleihen sein oder sonst in einer Buchhandlung bestellt werden können. Die praktischen Karten ganz am Ende des Buches erfüllen einen praktischen Zweck. Darauf finden Sie die Bollinger-Bänder-Regeln, die M- und W-Muster sowie die wichtigsten Formeln. Sie können die Karten herausreißen und als Lesezeichen verwenden. Legen Sie sie später neben Ihren Computer, damit Sie sie bei Ihrer Analyse in Reichweite haben.

Natürlich haben wir auch eine Website zur Unterstützung der Bollinger-Bänder (http://www.BollingeronBollingerBands.com). Dort finden Sie täglich aktualisierte Listen der Aktien, die für eine der drei beschriebenen Methoden in Frage kommen, und auch ein Screening Tool, mit dem Sie unzählige Aktien auf die Kriterien, die in diesem Buch erklärt werden, überprüfen können. Charts sind ebenso vorhanden wie ein Community-Bereich, in dem Themen und Ideen zu den Bollinger-Bändern ausgetauscht werden können, und natürlich finden Sie auch die Links zu unseren anderen Websites.

Nachdem Sie dieses Buch gelesen haben, stehen Ihnen einige Hilfsmittel und Techniken zur Verfügung, die Ihnen die Bewertung potentieller und tatsächlicher Investitionen und Trades nach strengen Gesichtspunkten ermöglichen. Mit diesem Ansatz eliminieren Sie den Großteil der Emotionen, von denen Investitionen und Trades immer begleitet werden, und so schöpfen Sie Ihr wahres Potential als Investor oder Trader aus.

Kapitel 2
Das Rohmaterial

DER MARKTTECHNIKER KANN auf relativ wenige Daten für seine Arbeit zurückgreifen, in erster Linie auf den Preis und das Volumen. Die Daten werden für einen beliebigen Zeitraum und Zeitpunkt geliefert – das Tageshoch, das Wochentief, das Stundenvolumen etc. Normalerweise werden die Daten im Format Datum (Zeit), Erster, Hoch, Tief, Schluss und Volumen (siehe Tabelle 2.1) aufgelistet. Der Schlusskurs ist der meistverwendete Datensatz, gefolgt vom Hoch und vom Tief, dann vom Volumen und zuletzt kommt der Eröffnungskurs. Im Juni 1972 entfernte Dow den Eröffnungskurs aus dem Wall Street Journal, um mehr Werte anzeigen zu können. In der Zwischenzeit sind einige Generationen ohne Eröffnungskurs herangewachsen. Zum Glück ist der Eröffnungskurs mit der wachsenden Verbreitung elektronisch abrufbarer Daten wieder leicht erhältlich und kann nach langer Vernachlässigung wieder verwendet werden.

Diese grundlegenden Daten können auf viele verschiedene Arten miteinander verknüpft werden, um die Charts zu erstellen, die Trader und Investoren verwenden. Es gibt vier wichtige Arten von Charts: den

Datum	Erster	Hoch	Tief	Schluss	Volumen
19.01.01	107,50	113,9375	107,25	**111,25**	14.762.200
18.01.01	104,375	110	103,50	**108,3125**	25.244.900
17.01.01	95,375	97,75	94,3125	**96,6875**	9.727.000
16.01.01	93,75	94	91,8125	**92,75**	5.671.900
12.01.01	93,8675	96,4375	92,375	**93,8125**	6.448.000
11.01.01	92,9375	94,75	91,25	**93,6875**	9.635.000
10.01.01	92,50	94,9375	91,6875	**93,4375**	7.656.100

Tabelle 2.1 Typische Preisliste für IBM *Quelle: www.yahoo.com*

Linienchart, den Barchart, den Candlestick-Chart und den Point-and-Figure-Chart. Der Linienchart ist der einfachste, indem er nur eine Silhouette der Kursbewegung anzeigt. Der Barchart wird in der westlichen Welt am meisten verwendet, normalerweise ohne Eröffnungskurs und Volumen. Die Candlestick-Charts, die im Westen schnell an Akzeptanz gewinnen, kommen aus Japan, wo sie am häufigsten verwendet werden. Die s zeigen klar und einfach die Kursbewegungen an und stellen wahrscheinlich die älteste Art der Chartdarstellung in der westlichen Hemisphäre dar.

Charts können für jeden beliebigen Zeitrahmen erstellt werden: 10 Minuten, stündlich, täglich, wöchentlich etc. Vor Jahren waren die gebräuchlichsten Charttypen der Tageschart, der Wochenchart und der Monatschart. Die Monatscharts wurden in den achtziger Jahren von den Stundencharts verdrängt und die Tendenz zu immer kürzeren Zeitrahmen hielt an. Heute sind Tick-Charts, die jeden einzelnen Trade anzeigen, und Fünf-Minuten-Charts äußerst populär.

Die meisten Charts zeigen den Kurs auf der vertikalen y-Achse und die Zeit auf der horizontalen x-Achse an. Aber das muss nicht immer so sein. Die EquiVolume-Charts – erfunden von Edwin S. Quinn und verbreitet durch Richard Arms, der den Arms-Index entwickelte – zeigen das Volumen auf der x-Achse an. Point-and-Figure-Charts legen die Anzahl der Preisänderungen über einem bestimmten Grenzwert auf die x-Achse.

Liniencharts vereinfachen das Geschehen deutlich durch ihren „Malbuchcharakter", indem einfach die Schlusskurse miteinander verbunden werden[4]. Deshalb werden die Liniencharts meist dann verwendet, wenn sehr große Datenmengen angezeigt werden sollen und die Barcharts oder Candlestick-Charts zu überfüllt würden. Außerdem finden sie Anwendung, wenn für einen gegebenen Zeitraum nur ein einzelner Punkt vorhanden ist, wie z. B. bei der täglichen Advance-Decline-Line oder dem Wert eines Index, der nur einmal pro Tag berechnet wird (siehe Abbildung 2.1).

Ein herkömmlicher Barchart, wie er in Abbildung 2.2 zu sehen ist, besteht aus vertikalen Linien, die das Hoch und das Tief verbinden, mit je einem horizontalen Strich links, der den Eröffnungskurs anzeigt, und rechts, der den Schlusskurs anzeigt. Soll das Volumen ebenfalls angezeigt werden, so geschieht dies meist in einem eigenen Bereich unterhalb des Charts als Histogramm, das vom Wert 0 ansteigt. Jeder Volumenbalken zeigt das Volumen des entsprechenden Balkens im Chart direkt darüber an. (Oft werden die letzten zwei oder mehr Stellen des Volumens weggelassen.)

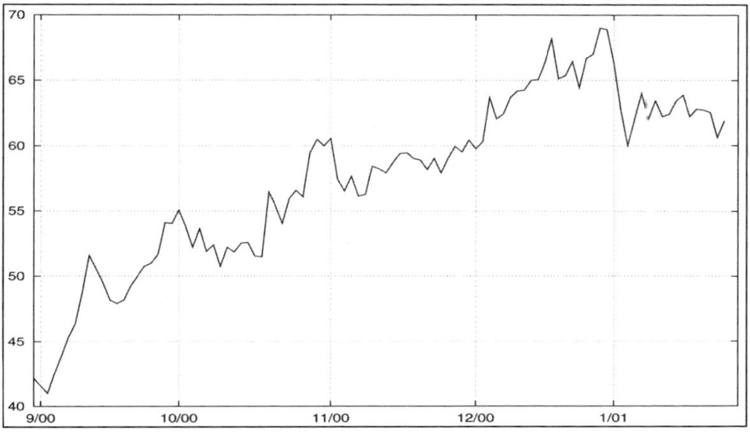

Abbildung 2.1 100-Tage-Linienchart, Freddie Mac. Beachten Sie den Mangel an Details.

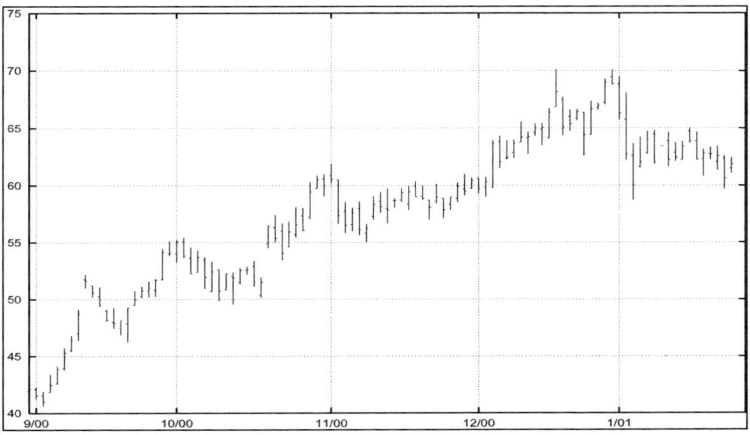

Abbildung 2.2 100-Tage-Barchart, Freddie Mac. Hier sehen Sie eine deutlich bessere Darstellung des Geschehens.

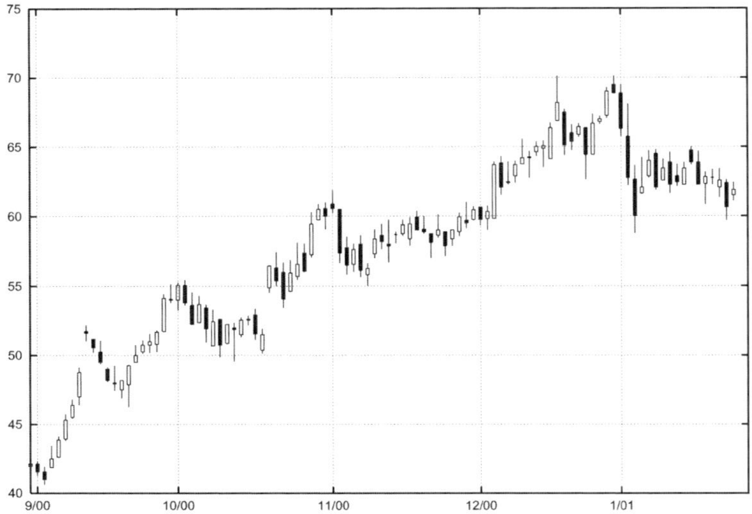

Abbildung 2.3 100-Tage-Candlestick-Chart, Freddie Mac. Die wichtige Beziehung zwischen Eröffnungs- und Schlusskurs ist hier klar zu erkennen.

Die japanischen Candlestick-Charts legen mehr Wert auf den Eröffnungs- und Schlusskurs als die Barcharts. Dies wird dadurch erreicht, dass man ein schmales vertikales Rechteck zeichnet, das oben und unten vom Eröffnungs- und Schlusskurs begrenzt wird – der Körper. Der Körper wird ausgefüllt (schwarz), wenn der Schlusskurs unter dem Eröffnungskurs liegt. Im umgekehrten Fall bleibt der Körper leer (weiß). Von der Ober- und der Unterkante des Körpers werden dünne Linien – die Dochte – gezeichnet, die die Extrempunkte Hoch und Tief anzeigen, sofern diese außerhalb des Körpers liegen (siehe Abbildung 2.3). Ich verwende seit Jahren die Candlestick-Charts und ziehe sie den Barcharts vor; für mich zeigen sie ein klareres Bild.

Die Bollinger-Bänder (Abbildung 2.4) entstanden als Versuch, die Vorteile der Barcharts mit denen der Candlesticks zu vereinen. Sie sind eine Kreuzung aus Barcharts und Candlestick-Charts, bei der der Teil des Balkens zwischen dem Eröffnungskurs und dem Schlusskurs rot gezeichnet wird, wenn der Schluss unter der Eröffnung liegt, und grün, wenn der Schluss über der Eröffnung liegt. Der Rest des Balkens ist blau. Der Vorteil dieser Balken liegt darin, dass das wichtige Verhältnis zwischen

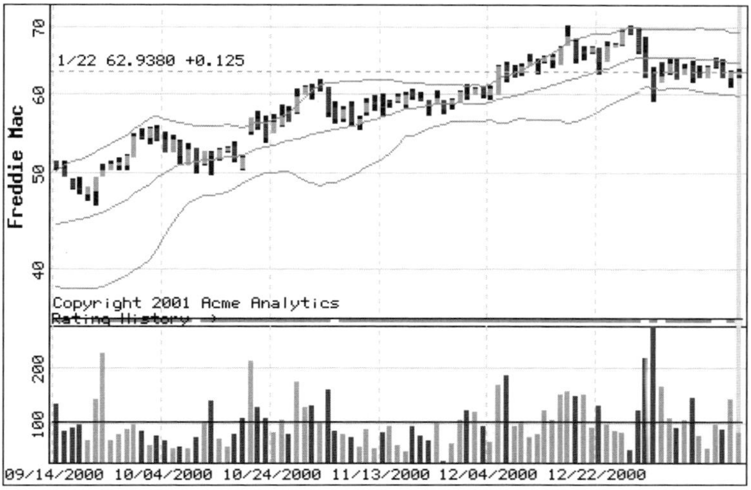

Abbildung 2.4 90-Tage-Bollinger-Bars, Freddie Mac. Dies ist eine westliche Adaption der Candlesticks.

Eröffnungskurs und Schlusskurs angezeigt wird, ohne dafür den zusätzlichen Platz eines Candlesticks zu verschwenden. Bollinger-Bänder können Sie auf http://www.EquityTrader.com in Aktion sehen.

Point-and-Figure-Charts (Abbildung 2.5) reduzieren die Kursbewegung auf das Notwendigste, indem ansteigende X-Säulen bei starken Preisen angezeigt werden und fallende O-Säulen bei fallenden Preisen. Die Zeit wird nicht berücksichtigt[5]; es wird nur die Veränderung des Kurses angezeigt, die durch die Kästchengröße und Umkehrregeln gefiltert wird. Dazu finden Sie mehr Information in Kapitel 11 „Fünf-Punkt-Muster".

Für die Kursachse gibt es zwei Skala-Einstellungen. Die gängigste ist die arithmetische, bei der jeder Abschnitt auf der Skala äquidistant ist und einen einheitlichen Punkteabstand bezeichnet (Abbildung 2.6). Weit informativer sind logarithmische Darstellungen (Abbildung 2.7). Bei diesem System bezeichnet eine gleiche Entfernung von jedem Punkt auf der y-Achse auch eine gleiche prozentuale Kursveränderung, im Gegensatz zur vorher erwähnten gleichen Punkteveränderung. Daher werden Zahlen, die in gleichen Intervallen angezeigt werden, im oberen Bereich

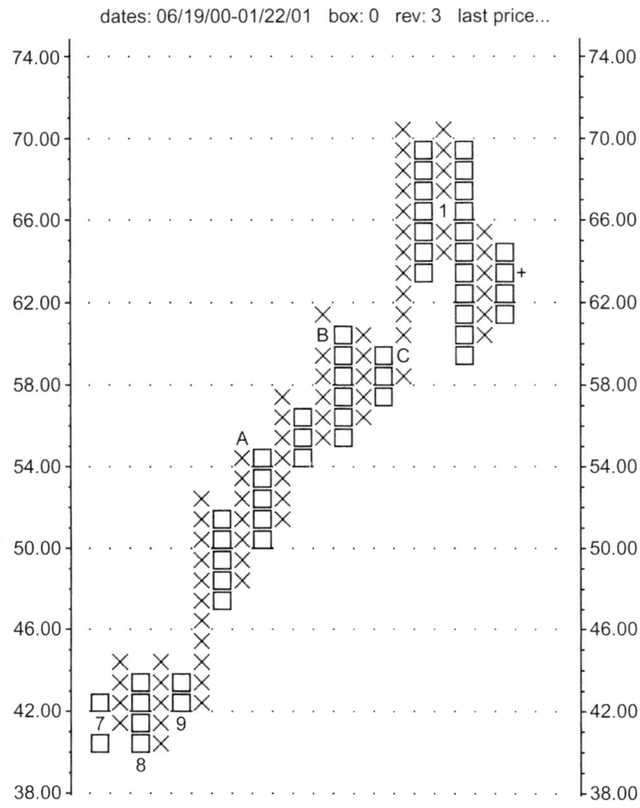

Abbildung 2.5 Point&Figure-Chart, Freddie Mac, 120 Tage. Reine Preisbewegung.

des Charts näher zusammen als im unteren Bereich. 90 wird näher bei 91 liegen als 50 bei 51. Die Schönheit der logarithmischen Charts liegt darin, dass die Aufmerksamkeit eher auf eine realistische Einschätzung des Risk-Reward-Verhältnisses gelenkt wird, ohne das Preisniveau zu berücksichtigen. Bei einer arithmetischen Skalierung belegt eine Kursveränderung von einem Punkt bei einem Stand von $10 denselben Platz wie bei einem Stand von $100, obwohl die Bewegung im einen Fall 10 % des Kurswertes ausmacht und im anderen Fall nur 1 %. Bei der logarithmischen Skalierung belegt der Kursanstieg um einen Punkt auf dem Preisniveau von $100 auf dem Chart nur ein Zehntel des Platzes, den er beim Kurs von $10 benötigt. Somit schlagen sich die Gewinne und Verluste von ähnlicher optischer Größe auch in entsprechendem Ausmaß

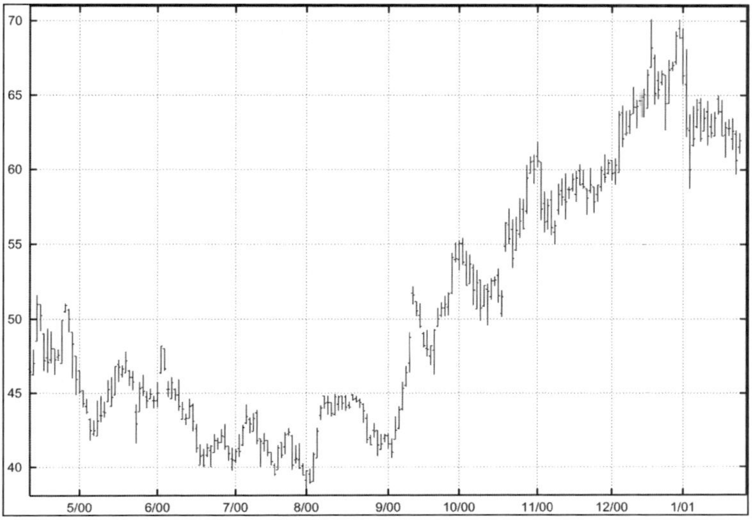

Abbildung 2.6 200-Tage-Bar-Chart, linear scale, Freddie Mac. Ein Punkt auf dem Chart bedeutet unabhängig vom Preisniveau denselben Abstand.

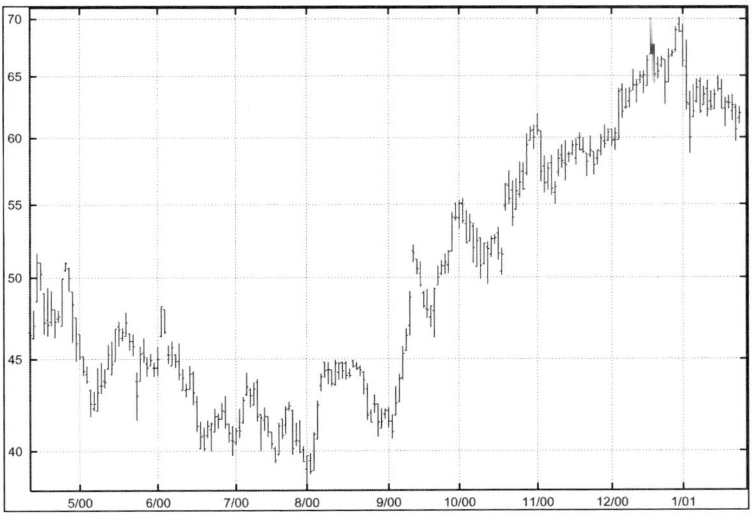

Abbildung 2.7 90-Tage-Barchart, Freddie Mac. Gleicher Abstand im Chart bedeutet gleiche prozentuale Veränderung.

im Portfolio nieder, egal auf welchem Punkt des Charts sie dargestellt werden. Ich möchte Ihnen die logarithmische Skalierung sehr empfehlen.

Die verschiedenen Arten der Darstellung, Barcharts oder Candlesticks, arithmetisch oder logarithmisch, werden hier nur dargestellt, um Ihnen die Möglichkeit zu geben, das Richtige nach Ihren Vorlieben auszuwählen. Ich möchte nur feststellen, dass ich selbst die logarithmische Skalierung und die Bollinger-Bänder vorziehe.

Normalerweise wird das Volumen einfach unterhalb der Preisdarstellung in einer separaten Grafik als Histogramm dargestellt – d. h. als vertikale Linien, die von einer horizontalen Grundlinie ausgehen, die im Allgemeinen bei 0 liegt (Abbildung 2.8). So wird es jedenfalls schon seit vielen Jahren gemacht, nur gelegentlich zeichnet man eine Trendlinie oder einen Gleitenden Durchschnitt ein, um einen Bezugspunkt zu schaffen. So weit, so gut, aber das kann noch verbessert werden.

Erstens stellt die Verwendung eines Gleitenden Durchschnittes des Volumens, normalerweise ein 50-Tage-Durchschnitt, eine konstante Anzeige dafür bereit, ob das Volumen hoch oder tief liegt (Abbildung 2.9). Vor allem bei der Feststellung von M- und W-Mustern ist die Stärke oder Schwäche des Volumens von großer Bedeutung (wie in Teil III noch näher

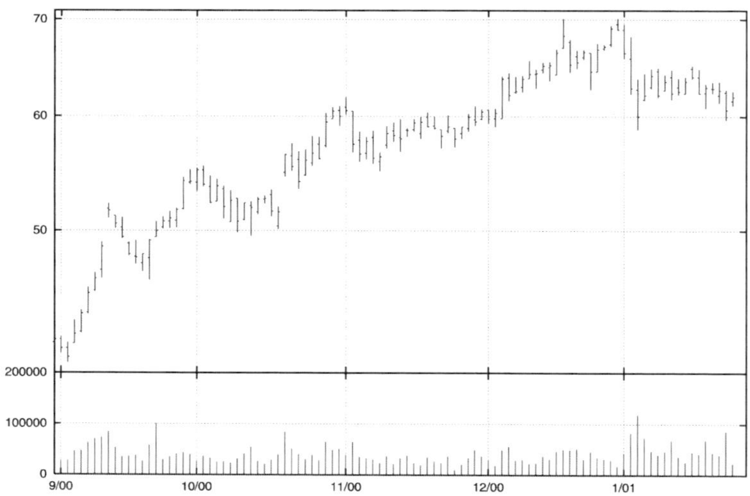

Abbildung 2.8 100-Tage-Barchart mit Volumen, Freddie Mac. Die separate Darstellung des Volumens eröffnet eine neue und wichtige Dimension.

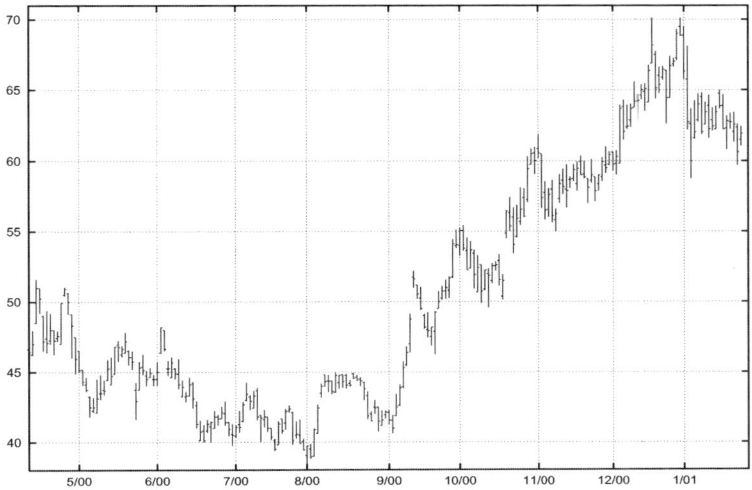

Abbildung 2.9 100-Tage-Barchart mit Volumen und Durchschnitt, Freddie Mac. Durch das Hinzufügen eines Gleitenden Durchschnitts zum Volumen können Sie hohe und tiefe Volumen erkennen.

erläutert wird). So wird z. B. das Volumen zumeist auf der linken Seite eines W-Tiefs höher sein als auf der rechten Seite derselben Formation.

Zweitens hilft uns die Referenz zum Durchschnitt zwar, aber wie vergleichen wir mehrere Werte oder unterschiedliche Märkte miteinander? Indem wir eine relative Maßeinheit erstellen. Dividieren Sie das Volumen durch seinen 50-Tage-Durchschnitt[6], multiplizieren Sie das Ergebnis mit 100, und zeichnen Sie das Ergebnis genau so auf dem Chart ein, wie Sie das bekannte Volumenhistogramm eingezeichnet hätten, aber mit einer Referenzlinie, die bei 100 liegt (Abbildung 2.10). Damit haben Sie eigentlich beide Enden des Gleitenden Durchschnitts gepackt und ihn gerade gezogen. Das Volumen über der Referenzlinie ist überdurchschnittlich oder stark, und unter der Referenzlinie ist es unterdurchschnittlich oder schwach.

Jetzt können Sie das Volumen im Verlauf der Zeit und marktübergreifend vergleichen. So stellen Sie fest, dass das Volumen sich vielleicht verdoppelt hat; dass das Volumen schwach war etc. Wie die Bollinger-

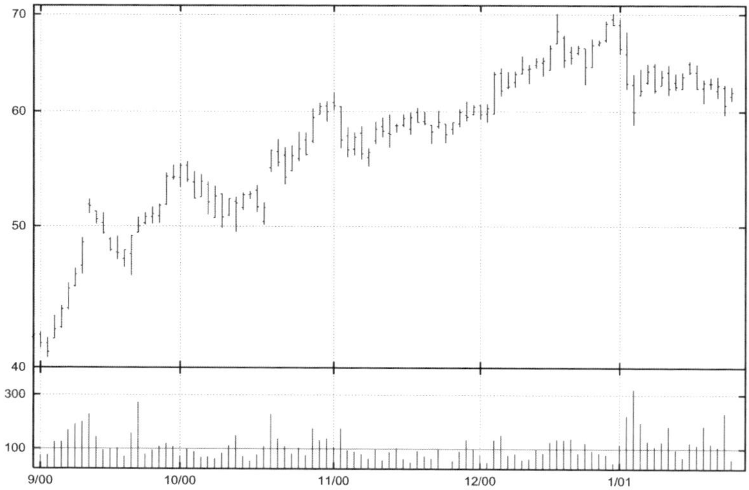

Abbildung 2.10 100-Tage-Barchart mit normalisiertem Volumen, Freddie Mac. Die Unterteilung des Volumens mit Hilfe des Gleitenden Durchschnitts erleichtert den Vergleich.

Bänder ein relatives Bezugssystem für den Kurs festlegen, so erzeugt die Normalisierung des Volumens mittels des 50-Tage-Durchschnittes ein relatives Bezugssystem für das Volumen.

Abschließend gibt die Tabelle 2.2 einen Überblick über die anderen Rohmaterialien der Technischen Analyse. Obwohl sie wichtig sind, be-

- Psychologische Indikatoren wie z. B. Stimmungsindikatoren, Optionshandelsindikatoren und Futuresprämien
- Vergleiche, wie z. B. Relative Stärke zum S&P oder Momentum
- Marktübergreifende Daten, die das Verhältnis zwischen vergleichbaren Werten angeben
- Handelsdaten wie z. B. Bid und Ask, Stückzahl, Handelsplatz
- Strukturdaten wie z. B. Industriegruppen Sektoren
- Firmendaten wie z. B. Verhältnis der Small Caps zu Large Caps
- Implizierte Volatilität
- Bewertungskategorien wie z. B. Wachstum oder Wert

Tabelle 2.2 Zusätzliche Rohmaterialien für den Techniker

schäftigen wir uns hier nicht näher damit; wir konzentrieren uns auf den Preis, das Volumen und die Volatilität.

Zusammenfassung der wichtigsten Punkte

- Die Basisdaten sind Eröffnung, Hoch, Tief, Schluss und Volumen.
- Vernachlässigen Sie den Eröffnungskurs nicht!
- Die vier meistverwendeten Chartarten sind Linienchart, Barchart, Candlestick-Chart und Point-and-Figure-Chart.
- Bollinger-Bänder sind die Verbindung von Barchart und Candlestick-Chart.
- Die logarithmische Skalierung ist wichtig.
- Normalisieren Sie das Volumen!

Kapitel 3
Zeitrahmen

IM GANZEN BUCH werden drei Zeitrahmen verwendet: kurzfristig, mittelfristig und langfristig. Das sind natürlich bekannte Begriffe, die aber für Sie vielleicht unterschiedliche Bedeutungen haben können, je nachdem, wer Sie sind und wie Sie investieren. Einerseits vermitteln sie verschiedenen Anlegern unterschiedliche Bedeutungen; andererseits transportieren diese Begriffe ähnliche psychologische Konzepte. Individuelle Investoren werden jeden dieser Terme mit ihren eigenen Zeithorizonten in Verbindung bringen und gleichzeitig alle Aufgaben und Tätigkeiten danach ausrichten. So kann für den einen Anleger ein Jahr langfristig bedeuten, während ein anderer auch ein Engagement über Nacht als langfristig bezeichnen würde. Trotzdem werden beide erkennen, dass sie zwar sehr verschiedene Ansätze verfolgen, aber ihre Anlageaufgaben auf ähnliche Weise in kurz-, mittel- und langfristige Tätigkeiten eingeteilt haben.

Bis in die späten siebziger Jahre bezeichnete der Begriff kurzfristig Tagescharts, mittelfristig nannte man Wochencharts und langfristig waren Monatscharts oder Quartalscharts. Und obwohl man die Charts so nann-

Langfristig	**Mittelfristig**	**Kurzfristig**
Jahr	Quartal	Woche
Quartal	Monat	Woche
Monat	Woche	Tag
Woche	Tag	Stunde
Tag	Stunde	10 Minuten
Stunde	10 Minuten	Ticks

Tabelle 3.1 Mögliche Kombinationen von Zeitrahmen

te, so war es doch eher die Art der Balken im Chart, auf die sich diese Begriffe bezogen. Also zeigte ein kurzfristiger Chart einen Balken für einen Handelstag. In den frühen achtziger Jahren beschleunigte sich das Tempo. Der Grenzpunkt war die Einführung der ersten Aktienindex-Futures durch ValueLine am Kansas City Board of Trade. Von nun an bedeutete kurzfristig ein Chart auf stündlicher Basis, mittelfristig bezeichnete Tagescharts und langfristig waren Wochen- und Monatscharts. In den folgenden Jahren blieb dieser Trend zu kürzeren Zeitrahmen ungebrochen. In Tabelle 3.1 sehen Sie eine Liste möglicher Kombinationen von Zeitrahmen. Trotzdem sind die grundlegenden Konzepte immer dieselben, unabhängig vom verwendeten Zeitrahmen.

Zum Beispiel ist der Zeitrahmen, in dem sie Ihre Hintergrundanalyse machen, langfristig. Dies ist die Umgebung, in der Sie Ihren allgemeinen Marktausblick und die breiten Pinselstriche Ihrer Anlagestrategie festlegen. Für Investoren mit weitem Zeithorizont stehen Geld- und Steuerpolitik hier im Vordergrund, wie auch der Kapitalfluss, die Bewertungsdaten und die regulative Landschaft. Für Anleger mit kürzerem Zeithorizont ist wahrscheinlich die Richtung des 200-Tage-Durchschnittes oder die Neigung der Ertragskurve wichtiger.

Im mittelfristigen Bereich liegt Ihre Wertpapieranalyse. In diesem Zeitrahmen wählen Sie bestimmte Werte und Sektoren aus. Breit angelegte Marktstatistiken können hier wichtig sein. Investoren mit einem weiten Zeithorizont beschäftigen sich mit breiter Marktinformation wie z. B. Advances und Declines, neue Hoch- und Tiefstände, Sektorenrotation, Relative-Stärke-Trends und die Faktoren des Angebotes und der Nachfrage. Im kürzeren Zeithorizont finden Konsolidierungen, Umkehrpunkte und Ausbrüche mehr Beachtung.

Kurzfristig ist der Zeitrahmen, in dem Sie Ihre Trades durchführen. In diesem Zeitrahmen platzieren Sie Ihre Trades und achten auf die optimale Ausführung Ihrer Strategie. Hier haben technische Indikatoren, Kursmuster, Veränderungen der Volatilität Handelsdaten etc. das meiste Gewicht.

Alle Aufgaben werden einem bestimmten Zeitrahmen zugeordnet, und diese Aufgaben verändern sich, genau so, wie die Hilfsmittel, die zu ihrer Ausführung herangezogen werden, von einem Anleger zum nächsten. Das Wichtigste dabei ist, alle Aufgaben in jedem Zeitrahmen strikt voneinander zu trennen. Das beste Beispiel für einen Regelbruch ist es, wenn Sie weiterhin den kurzfristigen Chart im Auge behalten, nachdem Sie den Trade durchgeführt haben! Nach der Ausführung sollte sich Ihr Augenmerk zurück zum mittelfristigen Zeitrahmen bewegen, denn mit den mittelfristigen Hilfsmitteln kümmern Sie sich um Ihre Position. Erst wenn Ihre mittelfristigen Werkzeuge und Techniken zum Ausstieg aus dem Trade raten, um entweder einen Gewinn zu verbuchen oder einen Verlust zu vermeiden, sollten Sie zurück zu den Hilfsmitteln des kurzfristigen Zeitrahmens wechseln, um die getroffene Entscheidung auszuführen.

Die Verschwommenheit der Aufgaben in Kombination mit den verschiedenen Zeitrahmen macht das Investieren schwerer. Die Entscheidungsfindung wird erschwert und die Gedanken werden unklar. Gerade wenn es an der Zeit ist, eine wichtige Entscheidung zu treffen, dann ist die Versuchung am größten, von der Disziplin abzuweichen und einen Ansatz oder ein Hilfsmittel zu verwenden, die dafür nicht geeignet sind. Nur scheinbar erhält man dadurch mehr Information, tatsächlich ist diese Information aber weniger zuverlässig. Die neuen Daten trüben den Blick mit widersprüchlicher Information, was für die anstehenden Aufgaben keine Erleichterung bedeutet.

Aus der analytischen Perspektive wirken sich diese Gedankengänge gravierend aus. Die Bollinger-Bänder können mit allen drei Zeitrahmen verwendet werden. Sie können auf drei Arten angepasst werden: der Zeitraum, den ein Balken darstellt, kann eingestellt werden; die Anzahl der Balken, die zur Berechnung herangezogen werden, ist wählbar; die Breite der Bänder lässt sich variieren. Die Grundlage für die Bollinger-Bänder sollte ein Chart sein, dessen Balken mit Ihrem mittelfristigen Zeitrahmen übereinstimmen, der grundlegende Zeitrahmen für die Kalkulation sollte ein Durchschnitt sein, der Ihren mittelfristigen Trend am besten beschreibt, und die Breite der Bänder sollte eine Funktion der Länge des Durchschnittes sein. Im Allgemeinen werden Tagescharts, eine 20-Tage-Kalkulationsbasis und zwei Standardabweichungen verwendet.

Beachten sie bitte den Ausdruck „beschreibt" im vorhergehenden Absatz. Versuchen Sie nicht, den Durchschnitt auszuwählen, der am meisten überkreuzende Kauf- und Verkaufssignale generiert. Der Durchschnitt, den wir einstellen wollen, ist meist viel länger als derjenige, den man optimalerweise für den maximalen Profit mit überkreuzenden Signalen wählen würde. Aber warum? Weil unsere Signale vom Zusammenspiel mit den Bändern kommen werden, und nicht von der Überkreuzung der Bänder. Der gewählte Durchschnitt bildet die Basis für unser relatives Bezugssystem, mit dem wir die Kursbewegungen nach strengen Gesichtspunkten bewerten können. Dieser Durchschnitt wird besser zur Anzeige von Unterstüzungs- und Widerstandslinien herangezogen als zur Erzeugung von Kreuzungssignalen.

Am besten wird der korrekte Durchschnitt festgelegt, indem man nach dem Durchschnitt sucht, der eine Unterstützung für Reaktionen bildet, besonders die erste Reaktionsbewegung nach einer Trendwende. Nehmen wir an, der Markt befindet sich auf seinem Tiefpunkt, geht dann für 10 Tage in eine Rally über und fällt 5 Tage lang wieder etwas ab, bevor ein neuerlicher Aufschwung über das Hoch der ersten 10-Tages-Rally den neuen Aufwärtstrend bestätigt. Der richtige Durchschnitt wäre hier derjenige, der die Unterstützung für das Tief des 5-Tage-Einbruchs bildet (Abbildung 3.1). Ein zu lang gewählter Durchschnitt wäre zu langsam, um die richtige Unterstützung zu definieren, und auch zu langsam, um durch einen Anstieg den neuen Trend anzuzeigen (Abbildung 3.2). Ein zu kurz gewählter Durchschnitt würde den Kursverlauf dreimal oder öfter kreuzen und hätte keinerlei brauchbare Information zu Unterstützung oder Trend geliefert (Abbildung 3.3).

In Studien, die vor über 20 Jahren durchgeführt wurden, stellte sich der 20-Tage-Durchschnitt als guter Ausgangspunkt für die meisten finanziel-

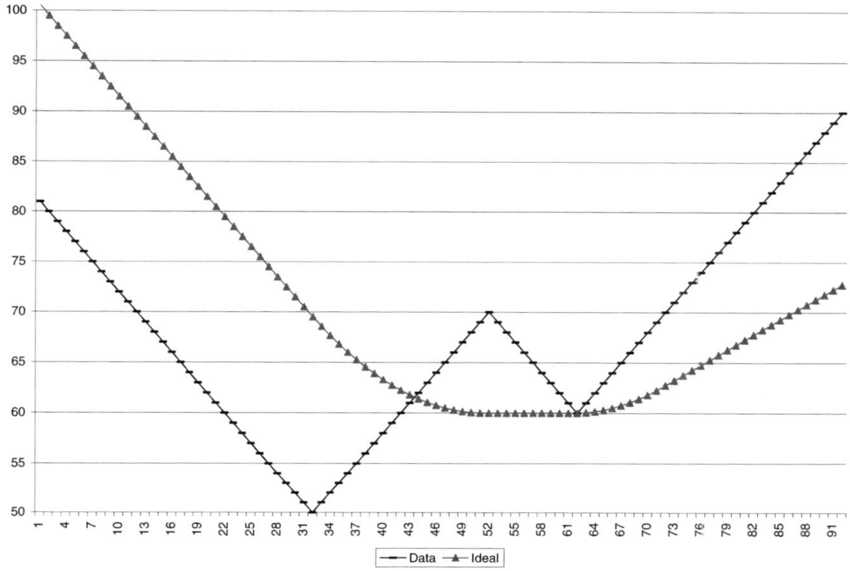

Abbildung 3.1 Der richtige Gleitende Durchschnitt. Der Kursverlauf schneidet den Durchschnitt kurz nach dem Tief und die Unterstützung wird korrekt angezeigt.

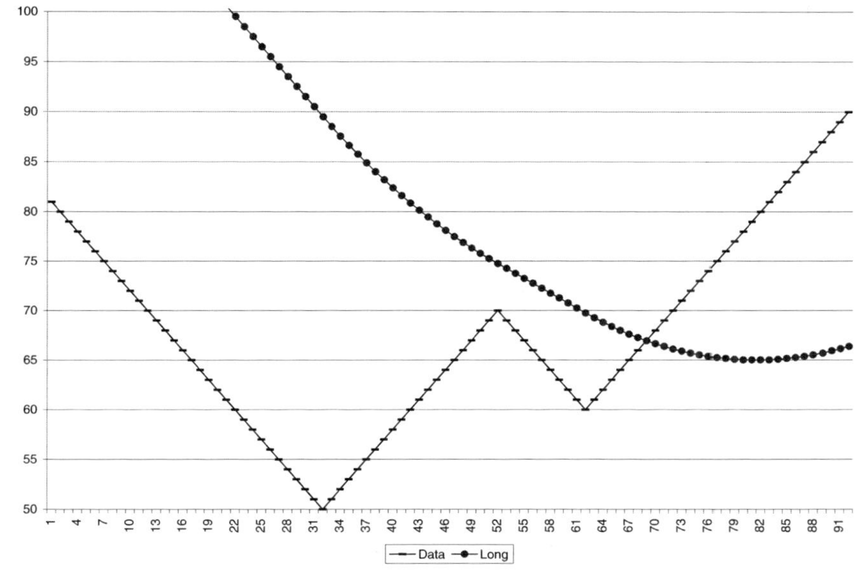

Abbildung 3.2 Zu langer Gleitender Durchschnitt. Der Kursverlauf schneidet den Durchschnitt zu spät.

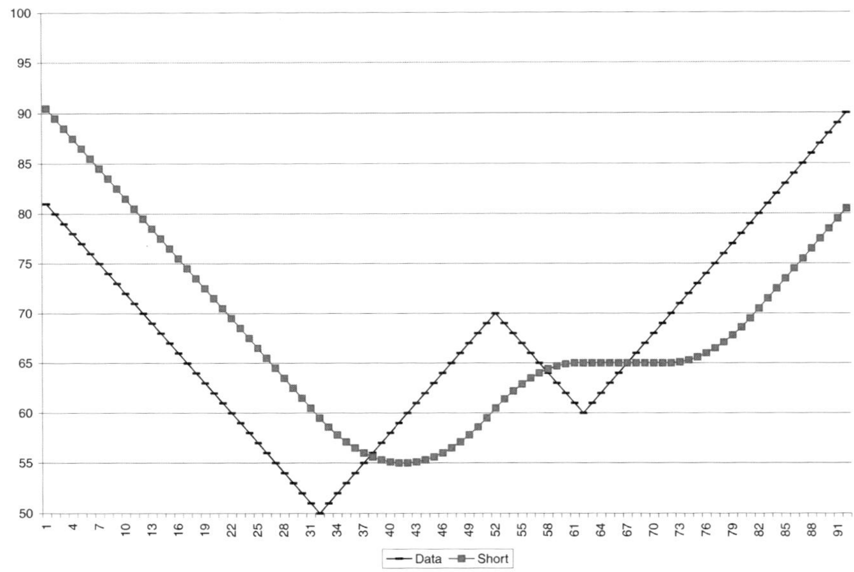

Abbildung 3.3 Zu kurzer Gleitender Durchschnitt. Der Kursverlauf schneidet den Durschnitt mehrmals.

len Berechnungen heraus. Die Anpassungsmöglichkeiten der Bollinger-Bänder ergeben sich hauptsächlich aus der Volatilität, nicht aus der Wahl der Länge des Durchschnittes; darum wählen wir einen Zeitrahmen mit ausreichender Länge, um wichtige Informationen über den mittelfristigen Trend und die Volatilität zu liefern[7].

Es stellt sich heraus, dass Sie, wenn Sie die Länge des Gleitenden Durchschnittes verändern, auch die Anzahl der Standardabweichungen anpassen müssen, um die Bänder einzuzeichnen. Der 20-Tage-Durchschnitt ist in den meisten Fällen die richtige Wahl, aber manchmal sind längere oder kürzere Zeitspannen erforderlich. Auch die Standardabweichung von ±2 bildet einen guten Ansatzpunkt, aber auch dieser Wert muss manchmal verändert werden. Einerseits kann die Länge des Durchschnittes variiert werden, andererseits die Breite der Bänder. In Tabelle 3.2 sind die Parameter für Tagescharts zusammengefasst, die sich im Lauf der Jahre als empfehlenswert herausgestellt haben und die von vielen Tradern erfolgreich verwendet werden.

Im Zuge der Forschungen für dieses Buch führten wir eine Studie durch, die die Annahme nahe legt, dass es in der heutigen Marktumgebung immer weniger notwendig ist, die Bänder in Bezug auf die Länge des Durchschnittes zu variieren. Diese Studie und die empfohlenen Parameter finden Sie in Teil II in Kapitel 7 über die Konstruktion.

Interessant ist aber, dass sich die Regeln der Konstruktion der Bollinger-Bänder im Laufe der Jahre und in verschiedenen Märkten kaum verändert haben. Die ursprünglichen Konstruktionsregeln und Parameter waren durchgehend wirksam, d. h., sie sind sehr robust. Ein weiterer Beweis für die Widerstandsfähigkeit der Grundeinstellungen ist die Tatsache, dass kleine Veränderungen dieser Einstellungen keine großen Veränderungen in den Systemen, auf die sie angewendet werden, zur Folge haben. Diese Unempfindlichkeit gegenüber kleinen Veränderungen[8] ist ein sehr wichtiger Punkt bei der Erstellung eines Systems, das über längere Zeiträume hinweg Gültigkeit haben soll.

Scheinbar macht es keinen großen Unterschied, welche Balkenbreite eingestellt wird – 10 Minuten, ein Tag etc. Trotzdem verwenden Trader, deren Balken auf sehr kurze Zeiten eingestellt sind, oft engere Bandbreiten, als man erwarten würde. Das kann daran liegen, dass viele dieser Trader die Bollinger-Bänder als eine Art Volatilitäts-Ausbruch-System verwenden. Dazu mehr in Kapitel 22 über Daytrading.

Periode	Multiplikator
10	1,5
Quartal	2,0
Monat	2,5

Tabelle 3.2 Traditionelle Parameter für die Breite von Bollinger-Bändern

Zusammenfassung der wichtigsten Punkte

- Die drei Zeitrahmen sind kurz, mittelfristig und lang.
- Passen Sie Ihre Zeitrahmen Ihrem Zeithorizont an!
- Organisieren Sie Ihre Aufgaben nach dem Zeitrahmen!
- Verwenden Sie einen aussagekräftigen Durchschnitt als Basis!

Kapitel 4 Ständige Ratschläge

VIELE ANLEGER SUCHEN nach andauernder Führung im Verlauf der Zeit; kein Anlagesystem oder Investitionsplan kann aber ständige Ratschläge geben, obwohl einige dies versprechen. Dies trifft auf alle Systeme zu: technische, fundamentale oder Mischungen von beiden, auch nicht die berühmten Investitionsstrategien früherer Zeiten[9] oder die neuen, ausgefeilten Programme unserer Tage. Ein System mag zu einer bestimmten Zeit sehr gut funktionieren, aber unweigerlich kommt der Tag, an dem es nur noch schlecht oder gar nicht mehr funktioniert. Es mag in bestimmten Märkten recht effektiv einsetzbar sein, aber es gibt sicher auch Märkte, auf die es sich nicht anwenden lässt.[10]

Fondsanleger scheinen die Investorengruppe zu sein, die die meiste Zeit mit der Suche nach dem Heiligen Gral der ständigen Ratschläge verbringt, und dies meist unter Verwendung von Portfolioverschiebungen. Manche Programme wechseln von einem Fonds zum nächsten oder zwischen verschiedenen Sektoren. Manche Programme verändern ständig die Gewichtung des Fondsportfolios. Manche Ansätze suchen nach den Fonds mit der besten Performance, während sich andere eine stabile Wertsteigerung mit einem möglichst geringen Risiko zum Ziel gesetzt haben. Alle diese Systeme haben etwas gemeinsam: Sie werden durchgehend angewendet und man verlässt sich immer darauf.

Und letztendlich tritt bei allen die Katastrophe ein. Unausweichlich.

Die Märkte verändern sich, die Wirtschaft verändert sich, die Welt verändert sich. Wellen der Angst und der Gier rauschen durch die Börsen. Regeln und Richtlinien verändern sich. Die Infrastruktur verändert sich. Die Fondsmanager und die Fondsziele verändern sich, oft klammheimlich. Und dann gibt es noch die subtilen Veränderungen, die man immer erst hinterher sieht und versteht – meistens viel zu spät. Alle diese Faktoren wirken zusammen, sodass jedes System, das ständige Ratschläge gibt, nach einiger Zeit scheitert. Kein Test und keine Planung kann das verhindern.

Und vielleicht am allerwichtigsten ist, auch wenn das eben Gesagte nicht stimmen würde, dass sich die Investoren verändern. Der Plan, der heute noch reibungslos funktioniert, ist morgen schon verschlissen. Was gestern noch als Ziel galt, ist heute schon unwichtig. Der heutige Plan ist morgen ein alter Hut. Das Alter verändert sich; das Einkommen verändert sich; Wünsche und Bedürfnisse verändern sich. Der Plan, auf den Sie sich heute verlassen, wendet sich morgen gegen Sie. Und auch wenn ein Investor immer der gleiche bliebe, so kommt es doch zu relativen Veränderungen; die Wirtschaft entwickelt sich und verändert die Umgebung des Anlegers, in der er lebt, arbeitet und investiert.

Kein System, Programm oder Anlageplan kann diesen Großangriff der Veränderung überstehen, egal, wie durchdacht oder anpassungsfähig er ist. Baron Rothschild stellte fest, dass das einfachste System, der Zinseszins, das achte Weltwunder darstellte, aber nicht einmal darauf konnte man sich verlassen. Die Steuern kommen einem in die Quere, Banken gehen Bankrott, Kapital wird konfisziert, Kriege sorgen für Verwirrung, Regierungen wechseln, Gefängnisstrafen drohen, die Masse ist dagegen, der Sozialismus kommt … Es ist kein Zufall, dass die jährlich erscheinende Liste der reichsten Menschen der Welt praktisch nur aus solchen besteht, die ihren Reichtum selbst erschaffen und nicht geerbt haben – Reichtum zu erzeugen ist viel einfacher, als Reichtum zu erhalten.

Der springende Punkt ist nicht, dass es keine Hoffnung gibt; es verhält sich aber so, dass der ständige Ratschlag keine gangbare Alternative bietet. Die gangbare Lösung ist der individuelle Ratschlag – das Erkennen und Verwerten einzelner Gelegenheiten mit einem sehr guten Risk-Reward-Verhältnis. Diese individuellen Ratschläge lassen sich in ein Netz von Ansätzen einflechten, die im Laufe der Zeit angepasst werden können, um die Ziele zu erreichen. Diesem Ziel ist dieses Buch gewidmet.

Viele erwarten, dass die Bollinger-Bänder allein oder in der Kombination mit verschiedenen Indikatoren ständige Ratschläge geben können und werden. Sie rufen einen Chart auf und nach einem groben Überblick richten sie ihr Augenmerk auf die rechte Seite – auf der sich die jüngsten Balken befinden – und versuchen, eine Handelsentscheidung zu treffen. Liegt eine passende Gelegenheit vor, dann stehen die Chancen für den Erfolg ganz gut. Wenn nicht, dann sind ihre Chancen nicht besser, als wenn sie eine willkürliche Entscheidung getroffen hätten, oder sogar schlechter, da auch die Gefühle ins Spiel kommen. Dieser fehlerhafte Ansatz wird letztendlich Schwierigkeiten zur Folge haben.

Was aber funktioniert, ist das Erkennen und Verwerten einzelner Gelegenheiten mit einem sehr guten Risk-Reward-Verhältnis. Solche Gelegenheiten können öfters auftreten, mehrmals pro Jahr bei einer Aktie, oder vielleicht auch gar nicht. Unsere Aufgabe ist es, diese Muster zu finden und zu nutzen. Das bedeutet, dass wir eine Anzahl von Aktien, Werten und Indices durchforsten und nach Gelegenheiten suchen. Oft sieht man einen Chart an, und es ist sonnenklar, was zu tun ist. Aber noch viel öfter ist es nicht so klar. Wir sind die Goldsucher, die mit dem Sieb im Fluss stehen und nach Nuggets schürfen. Das heißt aber nicht, dass wir ständig Sand durchsieben, ob nun Gold vorhanden ist oder nicht. Es bedeutet, dass wir den richtigen Zeitpunkt und den richtigen Ort finden müssen, um nach Gold zu suchen.

Unsere Website http://www.BollingeronBollingerBands.com soll Ihnen bei der Suche nach diesen Gelegenheiten behilflich sein. Dort wartet eine täglich aktuelle Liste von Aktien, die nach den Methoden in diesem Buch gehandelt werden können, auf Sie. Diese Listen wurden aus einer großen Anzahl von Aktien ausgewählt. Sie können natürlich auch mit Hilfe des Stock Screeners, der die Aktien nach den in diesem Buch vorgestellten Kriterien selektiert, Ihre eigene Auswahl treffen.

Dieses Buch zielt darauf ab, mit Hilfe der Bollinger-Bänder und einiger Indikatoren Gelegenheiten zu finden. Natürlich ist dieses Buch kein Wundermittel, sondern eine Sammlung von Hilfsmitteln und Vorgehensweisen. Im Buch der Prediger steht geschrieben: Für alles gibt es eine bestimmte Stunde. Und für jedes Vorhaben unter dem Himmel gibt es eine Zeit. Und genau so ist es auch beim Investieren. Alle diese Hilfsmittel und Strategien haben ihre Zeit und ihr Anwendungsgebiet. Bei sorgfältiger und durchdachter Anwendung können diese Hilfsmittel Ihnen helfen, Ihre Ziele zu erreichen, sofern sie erreichbar sind.

Zusammenfassung der wichtigsten Punkte

- Ständige Ratschläge funktionieren auf Dauer nicht.
- Mit Bollinger-Bändern lassen sich Gelegenheiten mit gutem Risk-Reward-Verhältnis finden.
- Indikatoren können dabei helfen.
- Die Technische und die Fundamentale Analyse lassen sich zu Ihrem Vorteil miteinander verbinden.

Kapitel 5

Sei dein eigener Herr

IM VERLAUF DIESES Buches werden verschiedene Konzepte und Regeln besprochen. Zeitrahmen werden Ihnen nahe gelegt, Indikatoren werden empfohlen und Handelsansätze werden besprochen. Manchmal sind die Empfehlungen sehr exakte Vorgaben, andernorts bleiben sie absichtlich eher vage. Aber alle haben etwas gemeinsam: Sie müssen sich damit wohl fühlen, wenn Sie damit Erfolg haben wollen.

Der eine Investor wird nur sehr geringe Verluste akzeptieren, bevor er seine Position schließt. Ein anderer nimmt die Bewegungen der kurzfristigen Volatilität in der Hoffnung auf mittel- oder langfristige Gewinne viel toleranter hin. Gegenwärtig scheint bei den Momentum-Anlegern eine Regel in Mode zu sein, die einen Ausstieg bei maximal 7 bis 8 % Verlust nahe legt. Das erscheint mir äußerst absurd, da die Anleger selbst festlegen, nach welcher Disziplin sie vorgehen. Ein Stop-Loss von 8 % kann für den einen Trader gut funktionieren, aber für einen anderen macht eine solche Regel jeden Gewinn unmöglich oder sorgt sogar für Verluste. Es gibt einfach keine in Stein gemeißelten Regeln, die für alle verschiedenen Arten von Investoren die gleiche Gültigkeit haben.

Die folgenden zwei Beispiele sollen zeigen, wie Investoren bestehende Regelwerke zurechtbiegen, um sie ihren Anforderungen anzupassen:

Eine meiner Websites zur Aktienanalyse (http://www.EquityTrader.com) bewertet Performance und Potential. Die Performance-Bewertung ist eine dem Risiko angepasste, zeitlich näher gewichtete, historische Angabe, die sich für mittelfristige Vorhersagen auf täglicher Basis eignet. Die Potential-Bewertung entstammt einem Fuzzy-Logic-Modell, das sowohl technische als auch fundamentale Regeln einbindet, und sie ist kurzfristiger ausgerichtet – eher ein Hilfsmittel für Trader als für Anleger. Durch den direkten Kontakt mit vielen Anwendern erfahre ich, dass sie aus den verschiedenen Möglichkeiten der EquityTrader(ET)-Hilfsmittel ihre eigene Auswahl treffen und sie miteinander kombinieren, manchmal auf ganz einzigartige Weise, und damit profitabel arbeiten. Genau so soll es ein.

Futures Truth und andere ähnliche Einrichtungen testen und berichten über die Gewinnträchtigkeit und die Eigenschaften vieler Tradingsysteme, die zum Kauf angeboten werden. In vielen Fällen erkennen die Käufer solcher Systeme schnell, dass ihre Ergebnisse oft deutlich von den Erwartungen abweichen. Dies bestätigt uns eine alte Binsenweisheit: Zeige einem Dutzend Investoren ein Tradingsystem, und wenn du ein Jahr später wiederkommst, siehst du ein Dutzend Tradingsysteme. Aus verschiedenen Gründen haben die Anwender das System – zum Teil gravierend – auf ihre Bedürfnisse angepasst. So kann so gut wie jedes System weithin verbreitet werden, ohne dass die Verwässerung seiner Effizienz zu befürchten ist[11].

Um erfolgreich zu sein, muss ein Investor lernen, für sich selbst zu denken. Das liegt daran, dass wir alle einzigartige Individuen mit unterschiedlichen Zielen und verschiedenen Risk-Reward-Kriterien sind. Investoren müssen einen Anlageplan erstellen, der nicht nur gewinnbringend ist, sondern an den sie sich auch halten können. Kein System – egal wie gewinnbringend – wird zum Erfolg führen, wenn es für den Anleger nicht anwendbar ist. Die Vorstellung, dass nur ein maßgeschneiderter Handelsansatz eine echte Chance auf Erfolg birgt, kommt einer allgemein gültigen Wahrheit des Tradings am nächsten.

Unabhängigkeit und selbständiges Denken sind der Schlüssel. Es ist sehr bequem, mit der Masse zu gehen und das zu tun, was andere tun – oder was sie Ihnen sagen, dass Sie tun sollen. Aber dieser Weg ist gefährlich. Denken Sie an Robert Frosts Gedicht „The Road not Taken“:

Two roads diverged in a yellow wood,
And sorry I could not travel both
And be one traveller, long I stood
And looked down one as far as I could
To where it bent in the undergrowth;

Then took the other, as just as fair,
And having perhaps the better claim,
Because it was grassy and wanted wear;
Though as for that the passing there
Had worn them really about the same,

And both that morning equally lay
In leaves no step had trodden black.
Oh, I kept the first for another day!
Yet knowing how way leads on to way,
I doubted if I should ever come back.

I shall be telling this with a sigh
Somewhere ages and ages hence:
Two roads diverged in a wood, and I –
I took the one less travelled by,
And that has made all the difference [12]

Ihr Weg, von Ihnen erschaffen, erhalten und begangen, wird dieser weniger begangene sein, denn es wird Ihr und nur Ihr Weg sein; kein anderer wird Ihnen folgen können, so wenig wie Sie anderen erfolgreich auf ihren eigenen Wegen folgen können. Sie teilen nicht ihre Vision, ihre Empfindungen oder ihre Sorgen, und sie kennen Ihre nicht. In der Welt der Börsen gibt es keinen Heiligen Gral außer dem, den Sie für sich selbst erschaffen.

Zusammenfassung der wichtigsten Punkte

- Denken Sie selbständig!
- Erkennen Sie Ihre Risikotoleranz!
- Erkennen Sie Ihre Ziele!
- Folgen Sie Ihrem eigenen Weg!
- Seien Sie diszipliniert !

Teil II

Die Grundlagen

Teil II beschäftigt sich mit den Grundlagen der Bollinger-Bänder. Die Kapitel 6, 7 und 8 erörtern die Geschichte der Bänder und Kanallinien, die Konstruktion der Bollinger-Bänder und die jeweils davon abgeleiteten Indikatoren. Zum Schluss betrachtet das Kapitel 9 die Statistik, für diejenigen, die am Deus ex Machina interessiert sind.

Kapitel 6
Geschichte

DIE GESCHICHTE DER Bänder und Kanallinien ist lang und interessant. Hier sollen nur die wichtigsten Punkte beleuchtet werden, damit Sie eine ungefähre Vorstellung der Ursprünge dieses Handwerks und einen Sinn für die richtige Sichtweise erhalten.[13]

Vielleicht sollten wir mit den Definitionen beginnen. Trading-Bänder sind Bänder, die unter und über einem bestimmten Maß von zentraler Tendenz konstruiert werden – z. B. ein Gleitender Durchschnitt, der um einen gewissen Prozentsatz nach oben und nach unten verschoben wird. Trading-Bänder müssen nicht unbedingt symmetrisch sein, aber sie beziehen sich auf einen zentralen Punkt. Envelopes werden um die Preisstruktur herum konstruiert, z. B. über einem Gleitenden Durchschnitt der Hochs und unter einem Gleitenden Durchschnitt der Tiefs. Envelopes können symmetrisch sein, aber meistens sind sie es nicht, und sie beziehen sich auch nicht auf einen zentralen Punkt. Channels sind parallele Linien, die um den Kursverlauf gezogen werden und ihn an bestimmten wichtigen Punkten berühren.

Die früheste Erwähnung, die ich finden konnte, stammt von Wilfrid LeDoux, der 1960 den Twin-Line Chart urheberrechtlich schützen ließ (Abbildung 6.1). Ein einfacher, aber eleganter Ansatz, der das Verbinden der monatlichen Hochs mit einer schwarzen Linie und der monatlichen Tiefs mit einer roten Linie beinhaltete. Es gab mehrere Regeln, von denen die klarste war, dass man kaufen sollte, wenn die rote Linie (monatliche Tiefs) um mindestens zwei Punkte tiefer lag als ein von der schwarzen Linie (monatliche Hochs) gebildetes Tief. Der Hintergrund dieser Technik war

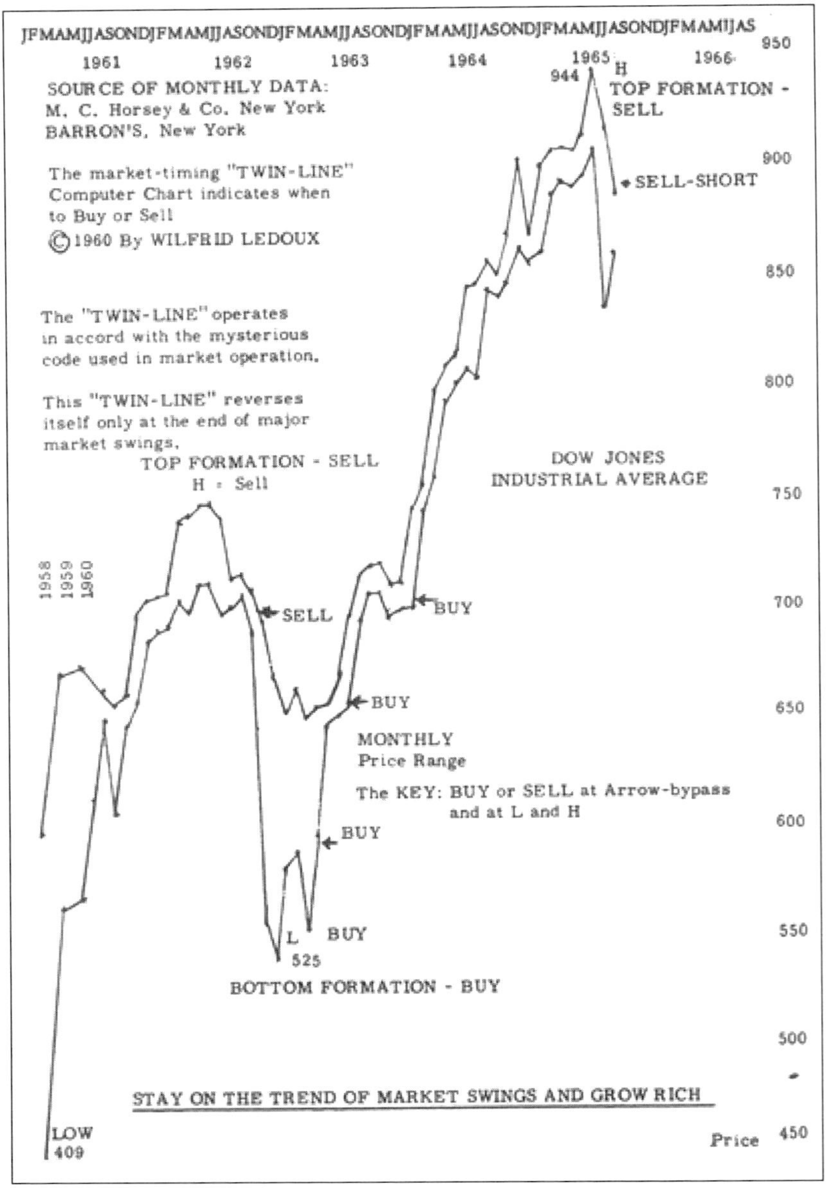

Abbildung 6.1 Twin-Line Chart, ein frühes Beispiel für die Anwendung von Trading Envelopes. *Quelle: The Encyclopedia of Stock Market Techniques*

die klarere Darstellung der Chartmuster, die zu größeren Marktbewegungen führten, um die Käufe und Verkäufe einer Aktie mit maximaler Effizienz durchzuführen. Obwohl diese Technik nicht getestet wurde, weisen die bisher gesehenen Beispiele darauf hin, dass sie wunderbar funktioniert.

Mr. LeDoux nahm den Handel 1918 auf und erlitt schon 1921 durch eine unglückliche Begebenheit kompletten Schiffbruch, was ihn zu seinen Studien veranlasste. Seine ersten Hilfsmittel waren um 1930 die ROBOT Charts, so genannte Detectographen, die auf der Beziehung von Hochs und Tiefs zueinander beruhten, deren Technik wir aber leider nicht mehr feststellen konnten. Unglücklicherweise lässt sich auch der genaue Zeitpunkt, zu dem er anfing, Channels anzuwenden, nicht feststellen. Hier muss es deshalb genügen, dass er vor der Veröffentlichung der Twin-Line Charts 1960 gelegen hat.

Seine Verwendung von Monatscharts ist sehr interessant. Natürlich ist dies auf die eher langfristige Orientierung seiner Zeit zurückzuführen. In jenen Tagen wurden die Begriffe *overbought* und *oversold* ausschließlich auf langfristige extreme Hochs und Tiefs angewendet, genau die Art von Extrempunkten, die auf einem Monatschart sehr gut zu beobachten sind. Besonders in Anbetracht der Tatsache, dass diese Begriffe heute oft auf den kürzestmöglichen Zeitrahmen angewendet werden, ist es offensichtlich, dass sich die Märkte verändern.

Ungefähr zu der Zeit, als Mr. LeDoux seine Twin-Line Charts patentieren ließ, deutete Chester W. Keltner auf die weiteren Entwicklungen hin, als er 1960 in seinem Buch „How to Make Money in Commodities" die Zehn-Tage-Gleitender-Durchschnitt-Regel veröffentlichte (siehe Abbildung 6.2). Keltner fing mit der Berechnung des typischen Kurses an – man addiere das Hoch, das Tief und den Schlusskurs und dividiere das Ergebnis durch drei.[14] Dann zeichnete er den 10-Tages-Durchschnitt des typischen Kurses auf dem Chart ein. Danach fügte er den 10-Tages-Durchschnitt der Tagesbewegung (Hoch–Tief) dem Chart hinzu. Im Falle eines Abwärtstrends berechnete er eine Linie, die dem 10-Tages-Durch-

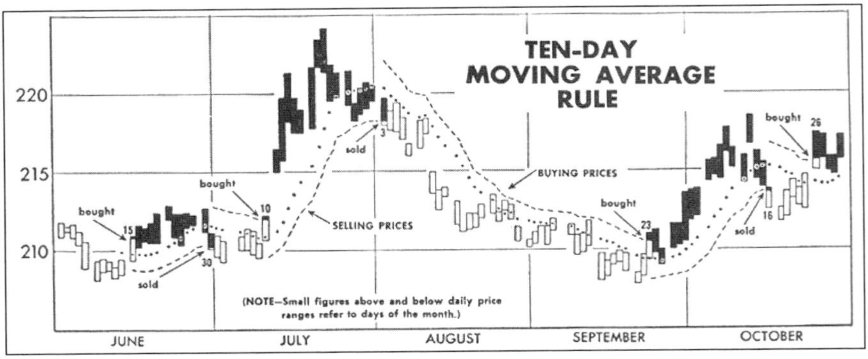

Abbildung 6.2 Keltners Kauf- und Verkaufslinien. Die Kauf- und Verkaufspreise können zu Bändern kombiniert werden.

Quelle: Chester W. Keltner: How to make money in commodities

schnitt des typischen Kurses plus dem 10-Tages-Durchschnitt der Tagesbewegung entsprach, und zeichnete sie ein. Dadurch erhielt er die Kauflinie, an der eine Short-Position geschlossen und eine Long-Position eröffnet wird (ein Wechsel der Position von Short zu Long). Im Aufwärtstrend wurde der Durchschnitt der Tagesbewegung vom Durchschnitt des typischen Kurses abgezogen, damit man eine Verkaufslinie erhielt. Fällt der Kurs unter die Verkaufslinie, werden Long-Positionen geschlossen und Short-Positionen eröffnet (ein Wechsel der Position von Long zu Short). In Tabelle 6.1 sind Keltners Formeln zusammengefasst.

Keltner-Kauflinie

10-Tages-Durchschnitt des typischen Kurses + 10-Tages-Durchschnitt (Hoch-Tief)

Keltner-Verkaufslinie

10-Tages-Durchschnitt des typischen Kurses – 10-Tages-Durchschnitt (Hoch-Tief)

Tabelle 6.1 Formeln für Keltner-Bänder

Keltners Techniken sind in mehrerer Hinsicht bedeutend:

Als Erstes möchte ich die Verwendung des typischen Kurses hervorheben. Der typische Kurs gibt dem Trader einen besseren Überblick über das Preisniveau, auf dem der Großteil des Handels stattfindet, als der meistens für Berechnungen verwendete Schlusskurs. Unter Verwendung des Eröffnungskurses enthält der typische Kurs auch einen Bezug zur Kursveränderung zwischen den Handelsperioden. Vor allem in der heutigen Marktsituation kann diese Information wichtig sein, da die angezeigten Kurse unter Umständen die manchmal signifikante Zwischenhandelsaktivität nur unvollständig oder gar nicht wiedergeben. So wird z. B. eine Quotierung einer NYSE-Aktie die Bewegungen des Kurses während der Handelsperiode anzeigen, aber meist werden außerbörsliche Aktivitäten oder der vor- und nachbörsliche Handel nicht angezeigt. Zudem kann es zu bedeutenden Bewegungen an ausländischen Börsen kommen, deren Börsenzeiten sich oft mit denen der NYSE überschneiden und wahrscheinlich ebenso wenig in ihrer Quotierung angezeigt werden. Um die Klarheit und Einfachheit diese Buches zu erhalten, werden wir weiterhin den Schlusskurs verwenden, aber wir möchten Ihnen die Verwendung des typischen Kurses trotzdem sehr empfehlen.

Zweitens zeichneten sich mit Keltners Verwendung der Tagesbewegung zur Abstandsbestimmung zwischen dem Band und dem Durchschnitt schon die viel anpassungsfähigeren Methoden ab, die später angewendet wurden. Die Tagesbewegung bringt auch den Aspekt der Volatilität ins Spiel, was unserer Meinung nach ein unerlässlicher Erfolgsfaktor ist.

Wenn man drittens die Kauf- und Verkaufslinie gleichzeitig und durchgehend auf dem Chart eintragen und nicht Keltners abwechselnde Schachbrettmuster anwenden würde, so wäre das Ergebnis eines der ersten Beispiele für ein Trading Band (Abbildung 6.3) im später gebräuchlichen Sinne.

In den sechziger Jahren wählte Richard Donchian den einfachen und eleganten Ansatz, den Markt seine eigenen Envelopes anhand der Vier-Wochen-Regel festzulegen. Die Idee war unglaublich einfach. Man kauft,

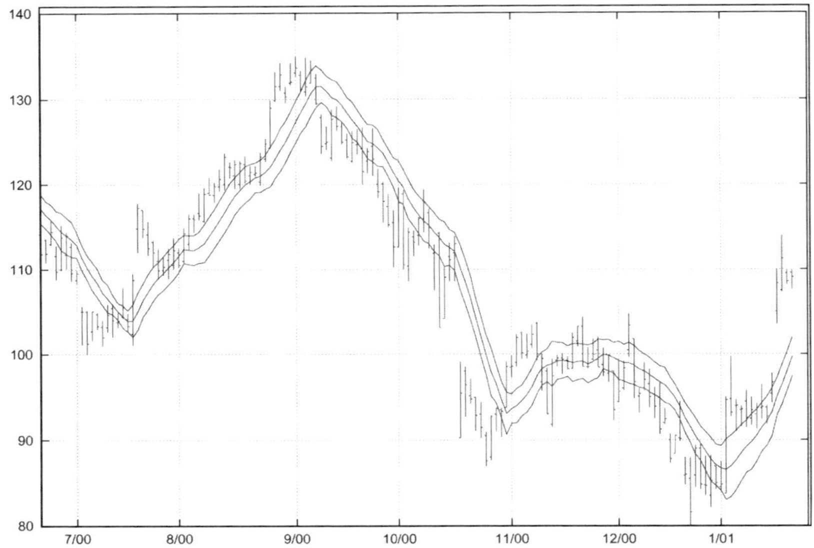

Abbildung 6.3 Keltner-Kanal, IBM, 150-Tage. Keltners Kauf- und Verkaufslinien wurden durchgehend eingetragen und ergeben ein Band.

wenn das Vier-Wochen-Hoch überschritten wird, und man verkauft, wenn das Vier-Wochen-Tief unterschritten wird. In einem späteren Test mehrerer computerisierter Handelssysteme stellte sich dieser Ansatz als der beste heraus, der von Dunn&Hargitt, einer damals sehr angesehenen Handels- und Analysefirma, überprüft wurde.

Bald darauf wurde die Vier-Wochen-Regel zur Konstruktion von Envelopes herangezogen, indem man Linien auf dem Stand des jeweils höchsten und des tiefsten Kurses der letzten vier Wochen zog. Das Konzept, eine obere Begrenzung beim Hoch der Periode *n* und eine untere Begrenzung beim Tief der Periode *n* zu setzten, wird noch heute als Donchian-Channel bezeichnet (Abbildung 6.4). Man erzählt sich, dass diese Idee die Grundlage für eines der erfolgreichsten Handelssysteme unserer Tage bildet, das von den Turtles verwendet wird.[15]

1966 wurde durch den Investment-Rundbrief *Investment Quality Trends* (IQT), der von Geraldine Weiss herausgegeben wurde, eine neue Art von

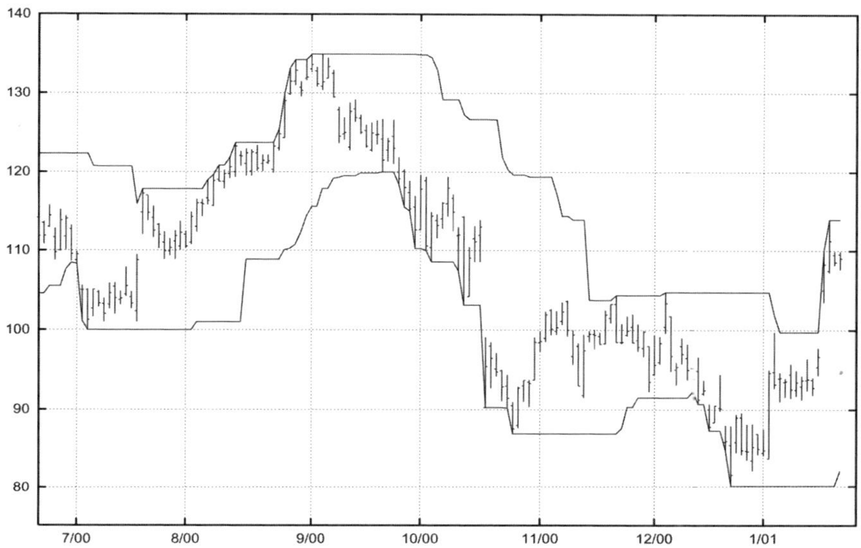

Abbildung 6.4 Donchian-Channel, IBM, 150-Tage. Ein bei Rohstoffhändlern sehr beliebter Ansatz.

Envelope eingeführt, das Bewertungsenvelope (Abbildung 6.5). Unter Verwendung einer historischen Sichtweise veröffentlichte IQT Monatscharts, auf denen Überbewertungs- und Unterbewertungslinien eingezeichnet wurden, die auf der Dividendenrendite beruhten.

Wir verstehen den Ansatz folgendermaßen: IQT verwendet die großen und geringen Erträge während einer strategischen Beobachtungsperiode als Bezugswert, um zukünftige Über- oder Unterbewertungen auf der Basis der momentanen Dividenden hochrechnen zu können. Bei einer Aktie mit steigenden Dividenden ähnelt das Envelope einem aufwärts gerichteten Megaphon – ein Kegel, der immer breiter wird. Dies war eine frühe Form der Rationalen Analyse, die wir definiert haben als „die Kombination von Technischer Analyse und Fundamentaler Analyse in einer relativen Beziehung". Daher leistete Mrs. Weiss wirklich Pionierarbeit. Zu dieser Zeit wandten nur wenige Rundbriefe ein streng quantitatives System an. Damit war in den Zeiten vor dem einfachen und weit verbreiteten Einsatz von Computern natürlich sehr viel Arbeit verbunden.

Die nächste große Entwicklung kam 1970, als J. M. Hurst sein Buch „The Profit Magic of Stock Transaction Timing“ veröffentlichte. Hursts Interesse galt den Zyklen, und er verwendete „gekrümmte Kanäle mit konstanter Breite“, um die zyklischen Muster der Kursverläufe anzuzei-

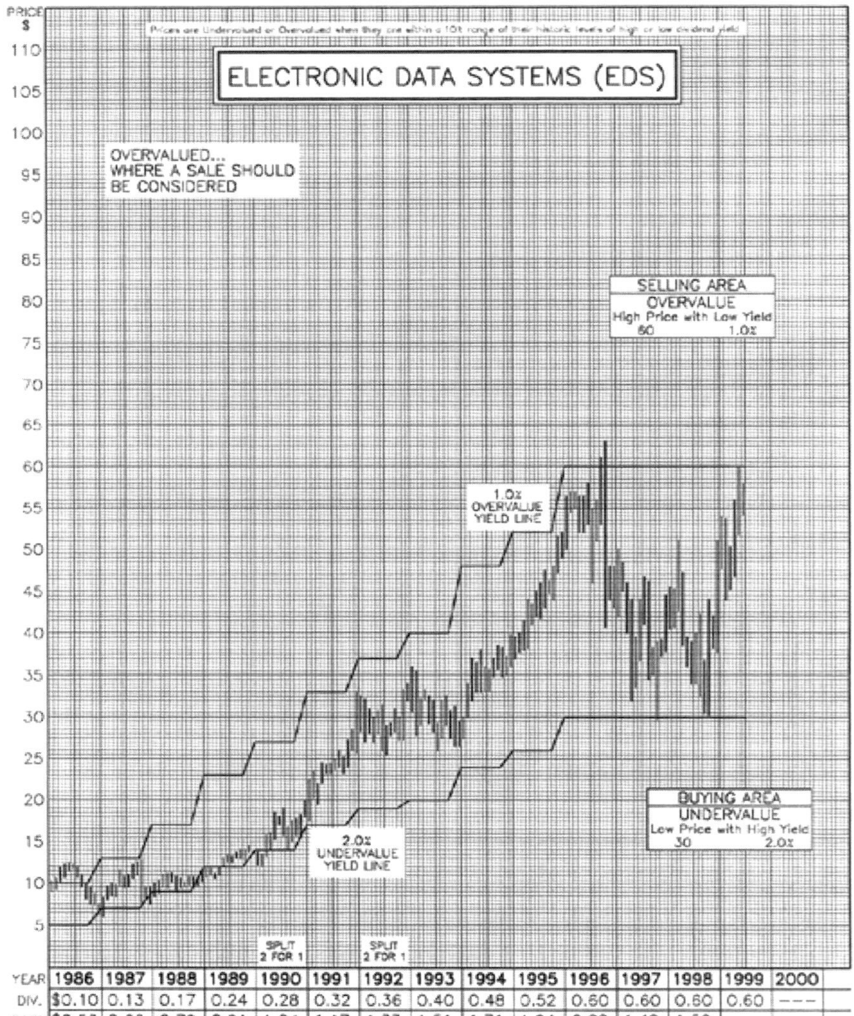

Abbildung 6.5 Bewertungsenvelope, Kombination von Technischer und Fundamentaler Analyse, Electronic Data Systems (EDS).

gen. Er zeichnete auf der Basis der verschiedenen zyklischen Komponenten der Kursbewegungen mehrere Envelopes von Hand ein (Abbildung 6.6). Die Envelopes waren ineinander verschachtelt und an den wichtigen Umkehrpunkten deckungsgleich. Im Anhang seines Buches gab er auch einige Hinweise, wie sein Ansatz mechanisiert werden könnte (Abbildung 6.7), aber die im Buch gezeigten Beispiele scheinen alle händisch gezeichnet zu sein.

Der Verdacht liegt nahe, dass dieser Ansatz die technischen Möglichkeiten der damaligen Zeit überstieg. Seither gab es zwar mehrere Versuche, Hursts Arbeit zu systematisieren, aber bisher sind uns keine diesbezüglichen Erfolge bekannt.[16]

Hier wird der weitere Verlauf der Entwicklungsgeschichte der Trading-Bänder etwas undurchsichtig, sodass es kaum möglich ist, einzelnen Personen bedeutende Schritte zuzuschreiben. In der nächsten Phase fanden mehrere Analysten Interesse an der Thematik und arbei-

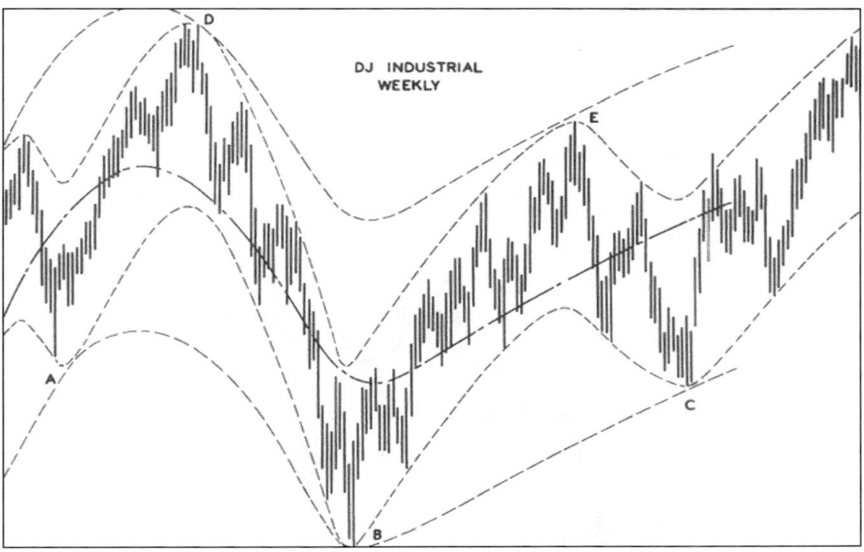

Abbildung 6.6 Handgezeichnete Envelopes *Quelle: J. M. Hurst: The Profit Magic of Stock Transaction Timing*

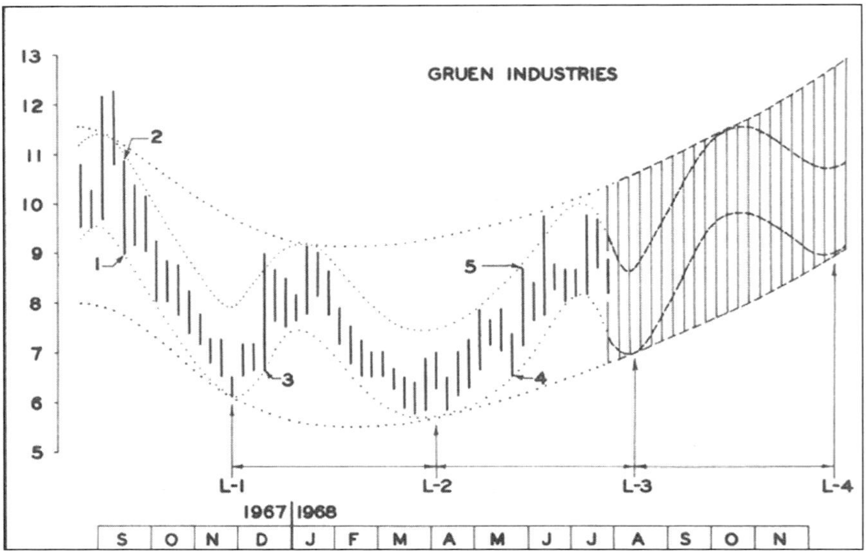

Abbildung 6.7 Die Envelopes werden mit Hilfe von Zyklen eingezeichnet.

Quelle: J. M. Hurst: The Profit Magic of Stock Transaction Timing

teten zur selben Zeit an ähnlichen Ideen. Der Hauptansatz zu jener Zeit war die Parallelverschiebung eines Gleitenden Durchschnittes nach oben und nach unten, um so Bänder entlang des Kursverlaufes zu erzeugen (Abbildung 6.8). Die Verschiebung erfolgte normalerweise um eine bestimmte Anzahl von Punkten oder als prozentueller Abstand vom Durchschnitt (Tabelle 6.2). Hurst bevorzugte offensichtlich die Verwendung von Gleitenden Durchschnitten in seinem Buch, aber wir sind der Meinung, dass die mechanische Verschiebung der Durchschnitte erst später kam, wahrscheinlich in den frühen siebziger Jahren. Sofort wurden die Unzulänglichkeiten dieser Methode offenkundig. Zum einen musste die Breite empirisch von Fall zu Fall neu festgestellt

Oberes Band	= 21-Tages-Durchschnitt x 1,05
Mittleres Band	= 21-Tages-Durchschnitt
Unteres Band	= 21-Tages-Durchschnitt : 1,05

Tabelle 6.2 Formeln für prozentuelle Bänder

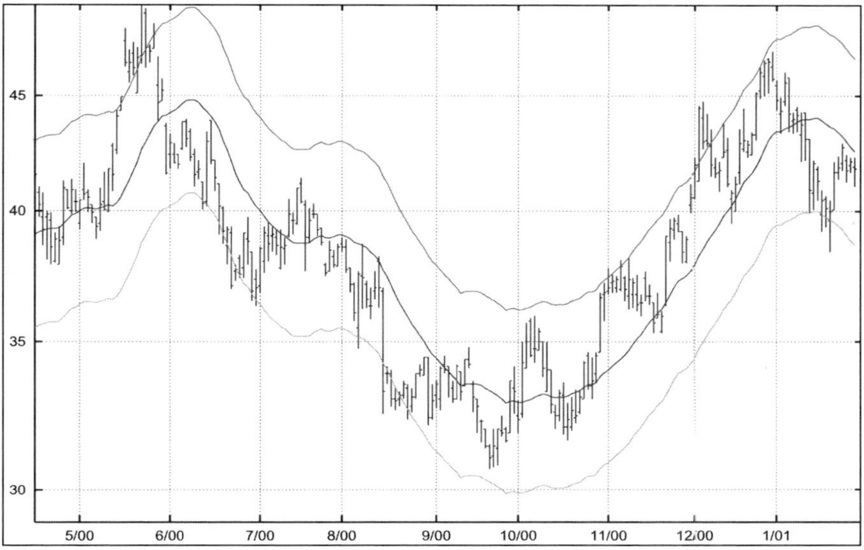

Abbildung 6.8 Aktie mit prozentuellen Envelopes, Deere&Co., 200 Tage. Dies sind die Frühsten modernen Bänder: Prozentuelle Bänder.

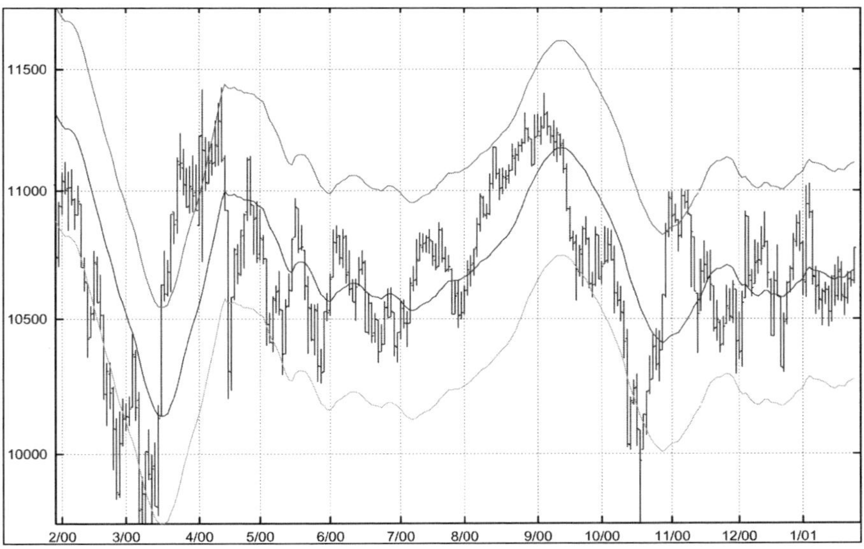

Abbildung 6.9 Dow Jones Industrial Average mit 21-Tage-Durchschnitt und 4-Prozent-Bändern. Viele Markttimingsysteme basieren auf prozentualen Bändern des Dow Jones Industrial Average.

werden. Zum anderen musste auch, nachdem dies geschehen war, die Breite von Zeit zu Zeit neu angepasst werden. Während die auf der Basis von Punkte- oder Prozentabständen erstellten Bänder den Tradern also sehr nützliche Informationen zu den Hoch- und Tiefständen liefern konnten, so waren sie doch schwer einzusetzen und setzten einiges an Vermutungen voraus.

In den frühen achtziger Jahren veröffentlichte William Schmidt von Tiger Software ein computerisiertes Black-Box-System, mit dem Namen *Peerless Stock Market Timing*, das viele verschiedene Arten von Signalen generierte. Ein Teilbereich des Systems verwendete prozentuelle Bänder (Abbildung 6.9). Die Signale wurden generiert, indem die Bewegung von Indikatoren mit der Kursveränderung innerhalb von prozentuellen Bändern verglichen wurde. Manche allgemeinen Marktsignale umfassten den Dow Jones Industrial Average und Breitenoszillatoren[17] und manche Signale für Aktien beinhalteten Volumenoszillatoren. Diese Arbeit zeigte einen breiten Trend an, dessen Absicht die systematische Entscheidungsfindung auf der Basis der Technischen Analyse war.

Bis jetzt waren alle Methoden und Ansätze, die sich mit Bändern beschäftigten, symmetrischer Natur. In den frühen achtziger Jahren schufen Marc Chaikin und Bob Brogan die ersten voll adaptierbaren Bänder, die sie Bomar-Bänder (BOb und MARc) nannten. Diese Trading-Bänder umschlossen 85 Prozent der Kursbewegungen des letzten Jahres (Tabelle 6.3). Es kann gar nicht genug darauf hingewiesen werden, wie wichtig

Bomar-Bänder

Oberes Band:	enthält 85 Prozent der Kurse über dem Durchschnitt im Zeitraum der letzten 250 Perioden.
Mittleres Band = 21-Tages-Durchschnitt	
Unteres Band:	enthält 85 Prozent der Kurse unter dem Durchschnitt im Zeitraum der letzte 250 Perioden.

Tabelle 6.3 Formeln für Bomar-Bänder

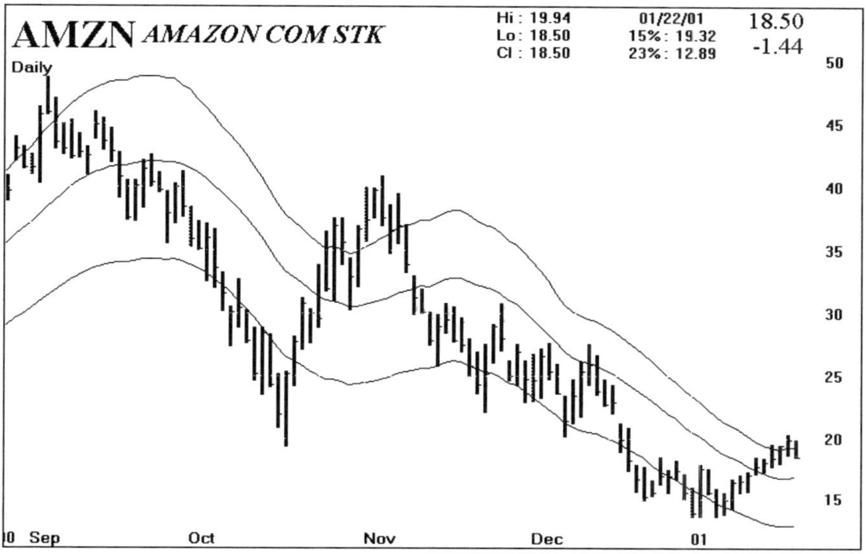

Abbildung 6.10 Bomar-Bänder *Quelle: Instinet's Research and Analytics*

diese Leistung war. Im Aufwärtstrend wurde das obere Bomar-Band entsprechend breiter, während das untere Bomar-Band schmaler wurde. Im Abwärtstrend zog sich das obere Band zusammen und das unter Band weitete sich aus (Abbildung 6.10). Somit brachen die Bomar-Bänder nicht nur mit der Vorstellung, dass Trading-Bänder symmetrisch sein mussten, sondern sie entwickelten sich im Lauf der Zeit entsprechend des Kursverlaufes weiter.

Das größte Verdienst der Bomar Bänder war, dass die Analysten nicht länger selbst herausfinden mussten, welche Einstellungen für die Bänder die richtigen waren. Stattdessen hatten sie Zeit, sich auf ihre Entscheidungen zu konzentrieren, während der Computer die Bandbreite für sie festlegte. Leider waren die Bomar-Bänder für die damalige Zeit äußerst rechenintensiv und stehen auch heute praktisch nicht zur Verfügung, mit Ausnahme der Instinet-Forschungs- und Analyseplattform. Daher erreichten sie nie die breite Akzeptanz und Anerkennung, die sie eigentlich verdienen.

Der verstorbene Jim Yates von DYR Associates sorgte in den späten

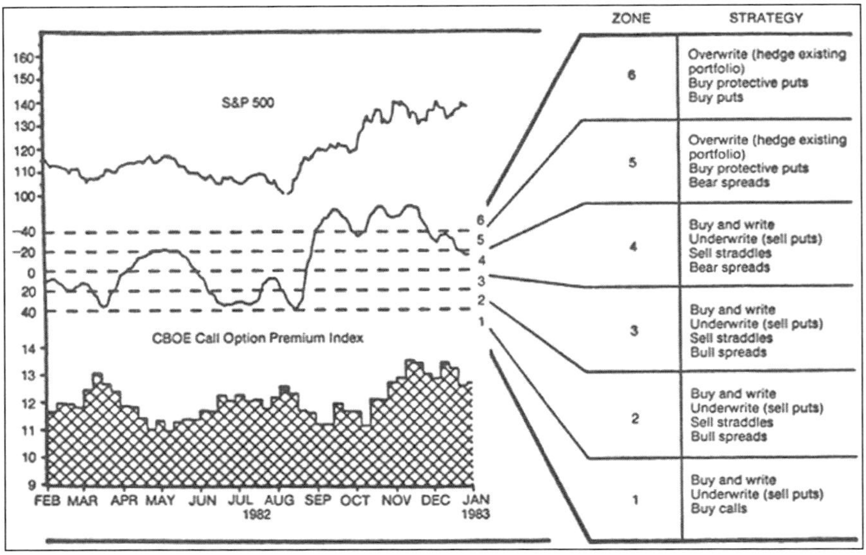

Abbildung 6.11 Der Indikator des impliziten Risikos *Quelle: James Yates: The Options Strategy Spectrum*

siebziger und frühen achtziger Jahren für wichtige Erkenntnisse unter Verwendung der implizierten Volatilität im Bereich des Optionshandels. Er entwickelte eine Methode zur Feststellung, ob ein Papier relativ zur Erwartung des Marktes überkauft oder überverkauft war. Mr. Yates zeigte, dass die Erwartung der Volatilität verwendet werden konnte, um ein Bezugssystem zu errichten, innerhalb dessen rationale Entscheidungen zum Aktien- und Optionshandel getroffen werden konnten. Dieses Bezugssystem bestand aus sechs Zonen und zeichnete die passende Optionsstrategie für jede dieser Zonen auf (Abbildung 6.11). Daraus entstand das Spektrum der Optionsstrategie, das bis heute ein von seinem Sohn Bill betreutes wertvolles Hilfsmittel blieb.

Jim erstellte Zonen (Bänder) auf der Basis der implizierten Volatilität der Optionen. Dann legte er anhand dieser Bänder fest, welche Strategie unter den momentanen Marktgegebenheiten die richtige wäre. Dies war eine brillante Erkenntnis, die einen großen Teil meiner zukünftigen Arbeit vorausahnen ließ.

Am Anfang der achtziger Jahre war ich im Optionshandel aktiv, bei dem der Schüssel im Verständnis der Volatilität und ihrer vielen Erscheinungsformen liegt. Ich hatte Jim Yates zu dieser Zeit leider noch nicht kennen gelernt. Mein Interesse galt hauptsächlich der Technischen Analyse und im Speziellen den Trading-Bändern. Mir fiel auf, dass der Schlüsselfaktor bei der Festlegung der Bandbreite in der Volatilität zu suchen war. Also begann ich mit einem Testlauf, der unterschiedliche Volatilitätsausmaße darauf hin untersuchte, ob sie sich zur Einstellung der Bandbreite eigneten. Schnell stellte sich heraus, dass die Kalkulation der Standardabweichung die besten Ergebnisse lieferte. Dies war in erster Linie auf das Erheben der Abweichung in die zweite Potenz des Durchschnittes bei der Berechnung zurückzuführen.[18]

Zu Beginn berechnete ich die langfristige Standardabweichung und wendete sie beim Setzen der Bänder an – eigentlich eine angepasste Version der prozentuellen Bänder und nach wie vor bei manchen Anwendungen interessant. Im Lauf der Zeit liefen die Bänder aber nicht mehr synchron und verlangten nach einer neuen Kalibrierung. Dies brachte mich auf die Idee, dass die Standardabweichung genau so wie der Gleitende Durchschnitt sozusagen „mit der Bewegung" berechnet werden muss (Abbildung 6.12). Der Rest ergab sich fast von selbst.

Die Entwicklungsarbeit für die Bollinger-Bänder wurde auf einem S-100 Computer mit 32 KB Arbeitsspeicher geleistet. Das Betriebssystem war ein CP/M von Digital Research; die Programmiersprache war MBASIC, das erste Microsoft-Produkt von Bill Gates. Für die Tests verwendete ich eine Tabellenkalkulation namens SuperCalc. Dies alles ereignete sich vor den Tagen des heute allgegenwärtigen PC, als Giganten wie Digital Equipment und IBM die Erde beherrschten und der Apple Macintosh nur ein schwaches Glimmen in den Augen von Jobs und Wozniac war.

In den Jahren, die seit der Entdeckung der Bollinger-Bänder vergangen sind, wurden mehrere Versuche unternommen, weiter anpassungsfähige Bänder zu entwickeln, aber keiner dieser Versuche scheint die Leben-

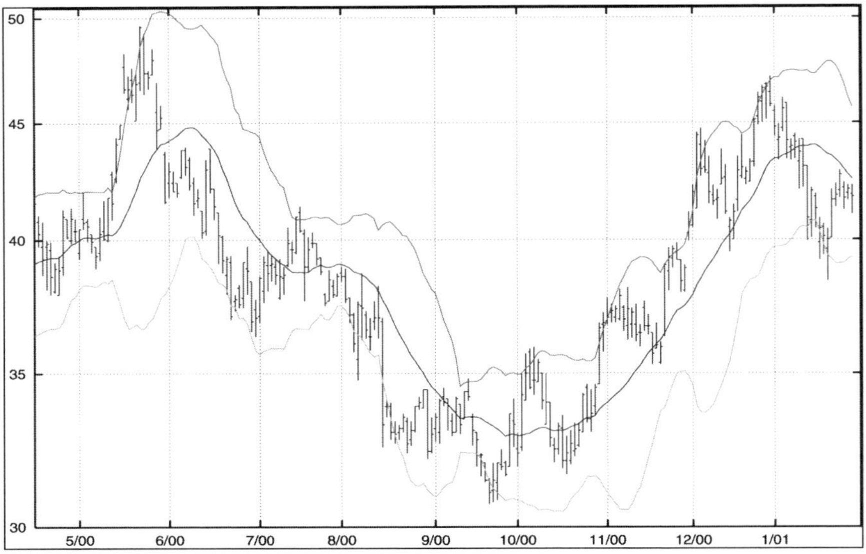

Abbildung 6.12 Bollinger-Bänder, Deere & Co., 200 Tage

digkeit und die Zweckmäßigkeit der Bollinger-Bänder zu besitzen. Ich muss wohl nicht erwähnen, wie sehr mir die große Akzeptanz der Bänder, die meinen Namen tragen, schmeichelt. Während die schnelle Verbreitung der Bollinger-Bänder zum Teil sicher an der Unterstützung des Financial News Network liegt, wo ich von 1983 bis 1990 als Chefmarktanalyst arbeitete, so waren sie aber sicher auch das richtige Hilfsmittel zur richtigen Zeit, ein Hilfsmittel, das ein bis dahin unbefriedigtes Bedürfnis stillen konnte.

Sollten Sie sich schon gefragt haben, wie die Bollinger-Bänder zu ihrem Namen gekommen sind, hier ist die Geschichte: Ich hatte sie schon seit einiger Zeit verwendet, ohne ihnen einen Namen zu geben. Eines Tages verwendete ich einen Chart mit den Bändern in einem Programmteil, der von Bill Griffeth moderiert wurde, der mich in seiner bekannt geradlinigen Art fragte, wie diese Bänder denn genannt wurden, während ich noch ihre Anwendung erklärte. Schnell, unvorbereitet und live nannte ich sie einfach Bollinger-Bänder.

Zusammenfassung der wichtigsten Punkte

- Bänder haben eine lange Geschichte.
- Viele Analysten haben wichtige Beiträge dazu geleistet.
- Prozentuale Bänder waren am gebräuchlichsten.
- Die Bollinger-Bänder entstanden 1983.
- Der Schlüssel zu den Bollinger-Bänder, ist die Volatilität.
- Anpassungsfähigkeit ist äußerst wichtig.

Kapitel 7
Konstruktion

DIE KONSTRUKTION VON Trading-Bändern ist eine sehr geradlinige Angelegenheit. Sie beginnen mit einer zentralen Tendenz und legen dann die Bänder darüber und darunter. Die Fragen sind: Welche zentrale Tendenz sollte verwendet werden und wie wird das Intervall festgelegt? Bei den Bollinger-Bändern ist die zentrale Tendenz ein einfacher Gleitender Durchschnitt, und das Intervall wird von einem Maß der Volatilität bestimmt, von einer sich verändernden Standardabweichung.

Was bedeutet „sich verändernd" hier? Das bedeutet, dass die Analyse auf jede einzelne Periode neu angewendet wird. Bei einem Gleitenden Durchschnitt ergeben sich die Werte jeder einzelnen Periode aus den vorhergegangenen Werten. Bei einem 20-Tage-Durchschnitt werden die vorherigen 20 Tage als Berechnungsgrundlage verwendet. Am nächsten Tag wird der älteste Datensatz verworfen und der neueste wird in die Berechnung einbezogen. Auch bei der Volatilität geht man so vor; für jede Periode werden die gerade vergangenen Perioden zur Berechnung herangezogen.

In welcher Beziehung steht dies zu Trading-Bändern oder Envelopes? Meiner Meinung nach werden Trading-Bänder über und unter einem zentralen Punkt konstruiert, normalerweise ein Durchschnitt. Envelopes werden ohne Bezug zu einem zentralen Punkt erstellt – z. B. als Gleitender Durchschnitt aller Hochs oder Tiefs, oder Kurven, die sich an wichtigen Hochs und Tiefs à la Hurst ausrichten.

Die Schwierigkeiten mit den Trading-Bändern sind offensichtlich. Die Breiteneinstellung der prozentualen Bänder muss ständig angepasst werden, damit sie auch über längere Zeiträume hinweg richtig funktionieren. Marc Chaikin hat uns eine Möglichkeit gezeigt, wie die richtige Bandbreite eingestellt werden kann; seine Bomar-Bänder verschoben einen 21-Tage-Durchschnitt nach oben und nach unten, sodass 85 Prozent der Kurse des vergangenen Jahres innerhalb der Bänder lagen. Dies genügte zwar für seine Zwecke, aber in unserem Fall entwickelt sich der Kursverlauf viel zu dynamisch, als dass er vom langen Beobachtungszeitraum der Bomar-Bänder effizient erfasst werden kann. Versuche mit verkürzter Zeitspanne bei der Kalkulation der Bomar-Bänder zeigten, dass diese Methode auf kurzfristige Zeiträume nicht anwendbar ist. Marc Chaikin hatte den Nagel auf den Kopf getroffen, was die Ermittlung der richtigen Bandbreite anhand der Marktbewegung betrifft, aber man suchte noch nach einer Methode, die viel anpassungsfähiger war.

Mein frühestes Interesse in der Börsenwelt galt den Optionen. Die gesamte Optionsanalyse beruhte in allen Fällen letztlich auf der Volatilität – genauer gesagt, der Einschätzung zukünftiger Volatilität. Der Schlüssel zum Erfolg in diesem Spiel war sehr leicht zu verstehen, aber umso schwerer anzuwenden; man musste die Volatilität besser kennen und verstehen als die anderen. Tatsächlich schien die Volatilität der Schlüssel zu vielen Geheimnissen zu sein, deshalb studierte ich die Volatilität in all ihren Erscheinungsformen: historische Einschätzungen, zukünftige Bewertungen, statistische Messungen etc. Und was die Trading-Bänder betraf, so war es sonnenklar, dass sich ein Erfolg nur dann einstellen konnte, wenn die Volatilität dabei berücksichtigt wurde.

Nachdem die Volatilität als beste Methode zur Bestimmung der Breite der Bänder feststand, gab es trotzdem noch viele Auswahlkriterien. Volatilität kann auf mehrere verschiedene Arten gemessen werden: als Funktion eines Schwankungsbereiches während einer bestimmten Zeiteinheit; als das Ausmaß der Streuung um eine Trendlinie; als Abweichung vom Erwarteten – die Möglichkeiten scheinen unerschöpflich[19]. Ein anfänglicher Kurzüberblick führte zu einer Auswahlliste von sieben Maßsystemen. Schon früh im Entscheidungsprozess wurde klar: Je anpassungsfähiger der Ansatz, desto besser funktioniert er. Von allen untersuchten Maßstäben stach die Standardabweichung (Sigma, σ) diesbezüglich heraus.

Um eine Standardabweichung zu berechnen, muss zuerst der Durchschnitt der Datensätze ermittelt werden. Danach wird dieser Durchschnitt von jedem Datensatz subtrahiert. Daraus resultiert eine Liste der Abweichungen vom Durchschnitt – manche negativ, manche positiv. Je volatiler die Zahlenreihe, desto größer die Streuung der Liste. Im nächsten Schritt wird aus den Elementen der Liste eine Summe gebildet. Natürlich wird die Liste in dieser Form zum Ergebnis 0 führen, da die Plus- und Minuswerte sich gegenseitig aufheben. Um die Streuung zu bestimmen, müssen die Minuszeichen aus der Rechnung entfernt werden, indem man sie einfach weglässt. Der daraus resultierende Messwert, die absolute Standardabweichung, war eine der ersten Kalkulationen, die in Erwägung gezogen wurden. Auch das Erheben der Werte auf der Liste in die zweite Potenz eliminiert die Minuszeichen – die Multiplikation zweier negativer Zahlen ergibt eine positive Zahl. Diese Variante wurde letztendlich zur Ermittlung der Standardabweichung gewählt. Die restlichen Schritte bereiten keine Schwierigkeiten – nach dem Quadrieren der Liste der Abweichungen wird die durchschnittliche quadrierte Abweichung berechnet und daraus die Quadratwurzel gezogen (Siehe Tabelle 7.1).

Das Erheben der Abweichungen in die zweite Potenz ermöglicht es uns nicht nur, die Berechnung fortzuführen, sondern hat noch einen Neben-

$$\sigma = \frac{\Sigma\,(\chi_i - \mu)^2}{N}$$

wenn: χ = Datensatz,
μ = der Durchschnitt,
N = die Anzahl der Datensätze ist

Tabelle 7.1 Formel für die Standardabweichung

effekt: Die Abweichungen werden vergrößert. Je größer die Abweichung, desto extremer die Vergrößerung. Und darin liegt der Schlüssel, denn sobald der Kurs stark steigt oder fällt und die Abweichungen vom Durchschnitt anwachsen, steigen auch die Werte der Standardabweichung durch die Quadrierung entsprechend an und die Bänder passen sich effizient den neuen Kurswerten an. Das Ergebnis erweckt den Anschein, als würden die Bänder dem Preis nachjagen. Bitte unterschätzen Sie diese Eigenschaft nicht. Dies ist der Schlüssel zur Fähigkeit der Bänder, Muster klar darzustellen und brauchbare Definitionen der Hochs und Tiefs zu liefern.

Die Standardeinstellung der Bollinger-Bänder liegt bei 20 Tagen – die ungefähre Anzahl der Handelstage in einem Monat – und ±2 Standardabweichungen. Wenn Sie den Berechungszeitraum verkürzen, müssen Sie entsprechend die Anzahl der Standardabweichungen, die die Bandbreite bestimmen, reduzieren; bei einer Verlängerung des Berechnungszeitraumes muss die Bandbreite erweitert werden, wie im Folgenden erläutert wird (oder auch anhand der herkömmlichen Methode, die in Teil I, Kapitel 4 beschrieben wurde).

Der Grund für diese Anpassung liegt in der Berechnung der Standardabweichung selbst. Mit einem Stichprobenumfang von 30 oder mehr liegen circa 95 % aller Daten innerhalb der ±2 Standardabweichung. Mit einem Stichprobenumfang von unter 30 sollte der Begriff *Standardabweichung* nicht mehr verwendet werden, aber die Berechnung ist ausreichend robust, um weiterhin gut zu funktionieren.[20] Tatsächlich enthalten die Bänder so gut wie alle erwarteten Datensätze bis hinunter zu einer Stichprobengröße von nur 10. Aber man muss die Veränderungen der Einstellungen für die Bandbreite berücksichtigen, wenn der Berechnungszeitraum schrumpft und die Ergebnisse der Berechnung sich entsprechend verändern, um den umschriebenen Bereich zu erhalten.

Der herkömmliche Ansatz war die Verwendung der Daten aus Tabelle 3.2, bei dem die Bandbreite zwischen 1,5 und 2,5 Standardabweichungen variiert wird, während der Berechnungszeitraum von 10 auf 50 Perioden ansteigt. Bei der Vorbereitung auf dieses Buch wurden mehrere Märkte getestet, um herauszufinden, ob diese Tabelle wirklich stimmt. Dabei zeigte sich, dass heutzutage viel geringere Anpassungen vorgenommen werden müssen. Wir haben sechs Tests durchgeführt: IBM, der S&P-Index, der NIKKEI-225-Index, Gold, Dollar/D-Mark und der NASDAQ-Composite-Index. In jedem Fall wurden die Daten von 10 Jahren verwendet, bis auf die Währungen, bei denen die Daten von 8 Jahren zur Verfügung standen. Wir berechneten 10-, 20-, 30- und 50-Perioden-Bollinger-Bänder. Bei allen wählten wir die Bandbreite so, dass 89 % der Kurse umschlossen wurden, der Durchschnittswert der 20-Tage-Bänder aller sechs Tests.[21]

Die sechs Testergebnisse waren sehr konsistent. Auf der Basis dieser Tests möchte ich Folgendes empfehlen: Wenn Sie eine 20-Tages-Berechnung und eine Standardabweichung von 2 als Ausgangspunkt nehmen, sollten Sie die Bandbreite bei 10 Perioden auf 1,9 Standardabweichungen verringern und bei 50 Perioden auf 2,1 Standardabweichungen erhöhen (siehe Tabelle 7.2).

Periode	**Multiplikator**
10	1,9
20	2,0
50	2,1

Tabelle 7.2 Empfohlene Parameter für die Einstellung der Bollinger-Bänder

Diese Anpassungen sind natürlich bedeutend geringer als die in Kapitel 3 erwähnten. Wahrscheinlich wirken hier mehrere Faktoren zusammen, z. B. eine größere Auswahl an Testdaten oder eine verbesserte Vorgehensweise oder Plattform für die Tests, aber keiner davon ist wichtiger als die Entwicklung der Märkte. Die ursprünglichen Parameter für die Bollinger-Bänder wurden vor fast 20 Jahren festgelegt und seither haben sich die Märkte entscheidend verändert. Damals waren z. B. Stock-Index-Futures ganz neue Instrumente, die sich noch nicht bewährt hatten. Zweifellos haben sich die Märkte seither weiterentwickelt und genau so müssen sich auch unsere Ansätze weiterentwickeln.

Lassen Sie mich die Erkenntnisse zusammenfassen: Bei 20 Zeiteinheiten und einer Standardabweichung von 2 werden in den meisten Märkten zwischen 88 und 89 Prozent der Kurse von den Bändern umschlossen. Um diesen Prozentsatz der Umschließung konstant zu halten, muss die Bandbreite auf 1,9 reduziert werden, wenn der Berechnungszeitraum auf 10 Tage beschränkt wird; weitet man den Beobachtungszeitraum auf 50 Tage aus, so muss die Bandbreite von 2 auf 2,1 angehoben werden.

Liegt der Beobachtungszeitraum unter 10 oder über 50, so ist eher die Veränderung der Periodizität der Balken sinnvoll. Sollten Sie z. B. einen kürzeren Zeitraum als 10 Tage beobachten wollen, so liegt die Abänderung der Darstellung vom Tageschart zum Stundenchart nahe. Ein Handelstag an der NYSE besteht aus sieben Handelsstunden; die erste halbe Stunde von 9.30 Uhr bis 10 Uhr zählt dabei als ganze Stunde. Daher entsprechen 35 Stunden fünf Handelstagen. Versuchen Sie im Allgemeinen, die Berechnungsgrundlage bei ungefähr 20 bis 30 zu halten, damit Sie erfahrungsgemäß gute Ergebnisse erhalten. Das ist sicher besser, als die Bänder zu weit zu verschieben und damit unerwartete Resultate zu erzeugen.

Warum aber ein einfacher Gleitender Durchschnitt? Jahrelang warb ein Team aus Vater und Sohn für „die besseren Bollinger-Bänder“ im *Investor's Business Daily*. Was war ihr „Geheimnis“? Sie verwendeten einen exponentiellen Gleitenden Durchschnitt als Mittel der Tendenz. Aber trotzdem empfiehlt dieses Buch weiterhin einen einfachen Gleitenden Durchschnitt. Der Grund dafür ist, dass zur Berechnung der Volatilität, anhand derer die Bandbreite festgelegt wird, ebenfalls ein einfacher Gleitender Durchschnitt herangezogen wird; daher ist die Verwendung desselben Durchschnittes zur Ermittlung des mittleren Bezugspunktes intern konsistent. Kann man einen exponentiellen oder einen gewichteten Durchschnitt verwenden? Natürlich, es funktioniert mit jedem Durchschnitt. Aber dann fügen Sie der Berechnung einen zusätzlichen Faktor hinzu,

Abbildung 7.1 Bollinger-Bänder, einfacher 20-Tage-Durchschnitt, Deese & Co., 150 Tage. Klassische Bollinger-Bänder.

der vielleicht später wieder berücksichtigt werden muss. Bei unseren Tests konnte kein klarer Vorteil durch die Verwendung eines exponentiellen Durchschnittes festgestellt werden, wie aus den Abbildungen 7.1, 7.2 und 7.3 ersichtlich ist. Da also ein zwingendes Argument fehlt, halten wir uns weiter an den einfachsten und logischsten Ansatz.

Was geschieht im Falle einer unstimmigen Anpassung der Berechnungszeiträume? Ein öfters auftauchendes Problem ist hier die Anwendung längerer Zeiträume für die Volatilität und kürzerer Zeiträume für den Durchschnitt. Die zugrunde liegende Idee ist das Erfassen der Information aus dem dominanten Volatilitätszyklus für die Bandbreite und gleichzeitig die Verwendung des besten Trendmaßes für den zentralen Bezugspunkt – z. B. die Verwendung eines 50-Tage-Durchschnittes für den zentralen Bezugspunkt und einer 20-Tage-Volatilität für die Bandbreite (Abbildung 7.4). Mir ist es zwar schleierhaft, warum man ein komplexes System mit noch einer Variablen ausbauen möchte, aber wenn es jemanden glücklich macht …

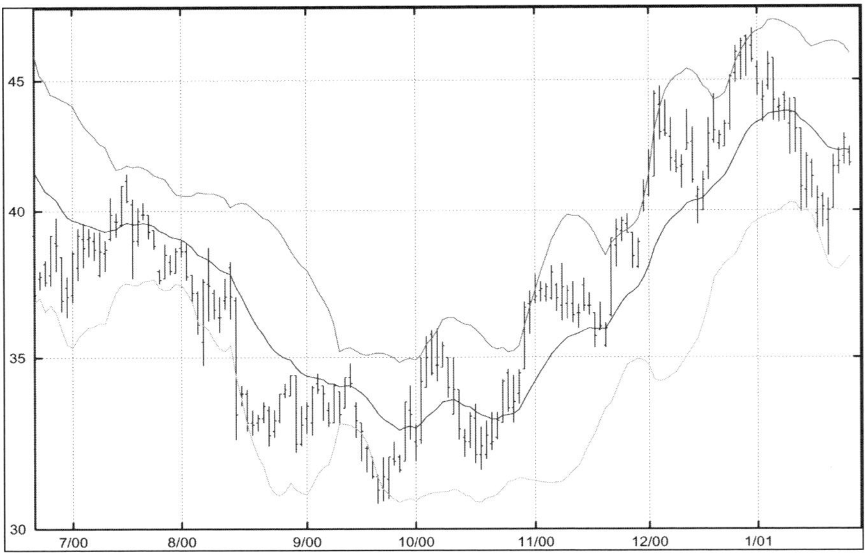

Abbildung 7.2 Bollinger-Bänder, exponentieller 20-Tage-Durchschnitt, Deere & Co., 150 Tage. Der exponentielle Durchschnitt ist schneller, deshalb müssten einige Perioden hinzugefügt werden, um ihn vergleichbar zu machen.

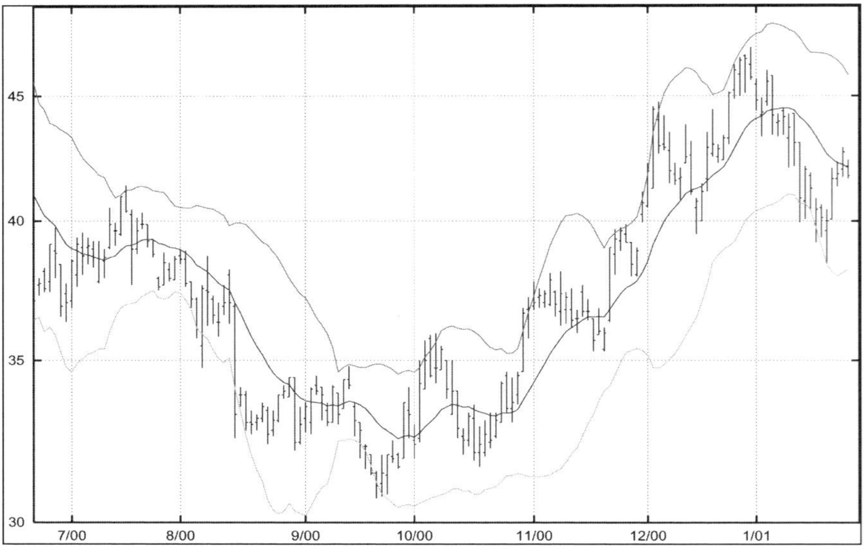

Abbildung 7.3 Bollinger-Bänder, gewichteter 20-Tage-Durchschnitt, Deere & Co., 150 Tage. Der gewichtete Durchschnitt ist noch schneller.

Abbildung 7.4 Bollinger-Bänder, 50-Tage-Durchschnitt, Deere & Co., 150 Tage. Eine gelungene Mischung, oder eher eine misslungene?

Eine letzte Variation, die gerne eingesetzt wird, ist die simultane Anzeige mehrerer Bänder. Dies kann auf zwei Arten erreicht werden. Zum einen können verschiedene Bänder mit denselben Berechnungszeiträumen, z. B. 20, aber unterschiedlichen Bandbreiten, z. B. 1 und 2 Standardabweichungen, eingezeichnet werden (Abbildung 7.5). Zum anderen können natürlich auch mehrere Bänderpaare mit ganz verschiedenen Einstellungen kombiniert werden, wie z. B. 20 Perioden mit 2 Standardabweichungen und 50 Perioden mit 2,1 Standardabweichungen (Abbildung 7.6). Von diesen beiden Möglichkeiten ist die letztere interessanter. Bei einigen Gelegenheiten stoßen die ungleichen Elemente aufeinander und zeigen interessante Knotenpunkte an. Obwohl diese Technik nicht unbedingt empfohlen wird, so ist sie doch recht interessant und sollte einer näheren Betrachtung unterzogen werden, nachdem Sie die Grundlagen gemeistert haben.

Das Leben ist ohnehin kompliziert genug. Bleiben Sie bei den norma-

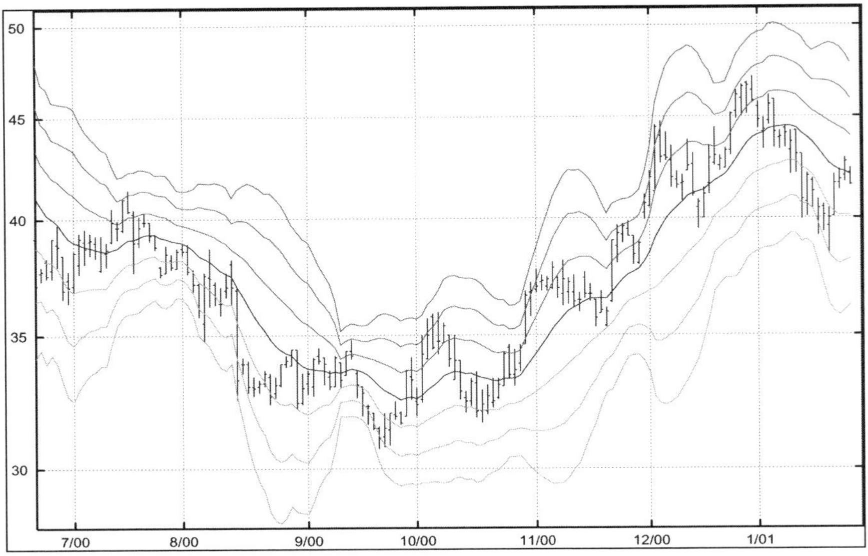

Abbildung 7.5 Mehrere Bollinger-Bänder, gleiche Zeiträume, verschiedene Bandbreiten, Deere & Co., 150 Tage. Manche Kenner behaupten, dass sie anhand dieser Darstellung die Sachverhalte besser erkennen.

Abbildung 7.6 Mehrere Bollinger-Bänder, verschiedene Zeiträume, normale Bandbreiten, Deere & Co., 150 Tage. Es ist interessant, wo sich die Bänder treffen.

len Einstellungen, und überlassen Sie das wilde Zeug denen, die so etwas mögen. Wenn Sie erst die grundlegenden Techniken gemeistert haben und der Meinung sind, dass Sie Ihren Erfolg mit Hilfe solcher Variationen steigern können, dann können Sie das getrost tun. Eine solide Basis im Bereich der Mustererkennung (siehe Teil III) und der Anwendung der Indikatoren (Teil IV) ist notwendig, um damit zu experimentieren und die Vor- und Nachteile der Varianten zu verstehen. Aber verlaufen Sie sich nicht im Wald der Möglichkeiten, bevor Sie die Grundlagen fest im Griff haben.

Zusammenfassung der wichtigsten Punkte

- Verwenden Sie als Basis einen einfachen Gleitenden Durchschnitt!
- Legen Sie die Bandbreite anhand der Standardabweichung fest!
- Die Standardeinstellungen sind 20 Tage und 2 Standardabweichungen.
- Variieren Sie die Bandbreite in Abhängigkeit der durchschnittlichen Länge!
- Halten Sie die Berechnung einfach!

Mit uns gehen private Anleger ganz entspannt ihren Weg
private professional software
Die neue Wertpapieranalyse und -verwaltungssoftware
Einfach unverbindlich unsere 3 Monate gültige Demo-CD über das Internet anfordern: www.market-maker.de
MARKET MAKER Software AG
D-67605 Kaiserslautern
Fon: +49 (0)631 36 49-0
Ein Unternehmen der Verlagsgruppe Handelsblatt GmbH
MARKET MAKER AG
62,40 83,80 17,40 57,70 69,70 89,50 18,34 25,00 53,50 59,80 71,50 80,40 71,50 40,00 51,00 21,60 27,60 45,50 83,80
71,50 40,00 51,00 21,60 27,60 45,50 330,50 38,71 45,40 173,00

Kapitel 8
Bollinger-Bänder-Indikatoren

VON DEN BOLLINGER-BÄNDERN können zwei Indikatoren direkt abgeleitet werden: %b und BandBreite. Der erste, %b, zeigt an, wo wir in Relation zu den Bollinger-Bändern stehen, und ist der Schlüssel bei der Entwicklung von Handelssystemen, die den Preis und die Bewegungen des Indikators miteinander verbinden. Der zweite, die BandBreite, sagt uns, wie weit die Bänder auseinander liegen. Die BandBreite ist der Schlüssel zum Engpass und kann beim Erkennen des Anfangs oder des Endes eines Trends eine wichtige Rolle spielen. Wenden wir uns zuerst dem %b zu und dann der BandBreite.

Tabelle 8.1 zeigt die Formel für %b. Beachten Sie, dass die Formel als Ergebnis 1 zeigt, wenn der Schlusskurs auf dem oberen Band liegt, 0,5 beim mittleren Band und 0 beim unteren Band. %b ist keine eingeschränkte Formel. Das Ergebnis übersteigt den Wert 1, wenn der Schlusskurs über dem oberen Band liegt, und fällt unter 0, wenn der Schlusskurs unter dem unteren Band liegt. Beim Ergebnis 1,1 sagt uns die Formel, dass wir um 10 Prozent der BandBreite über dem oberen Band liegen, und bei -0,15 erfahren wir, dass wir um 15 Prozent unter der BandBreite des unteren Bandes liegen (Abbildung 8.1).

(Schlusskurs – unteres Band) : (oberes Band – unteres Band)

Tabelle 8.1[22] %b-Formel

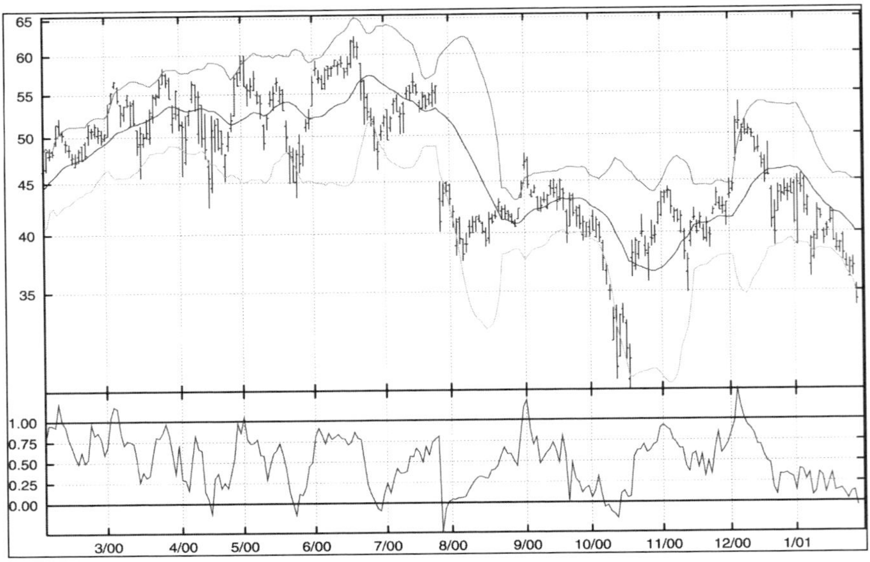

Abbildung 8.1 Bollinger-Bänder mit %b, Nokia, 250 Tage. %b sagt uns, wo wir in Relation zu den Bändern liegen.

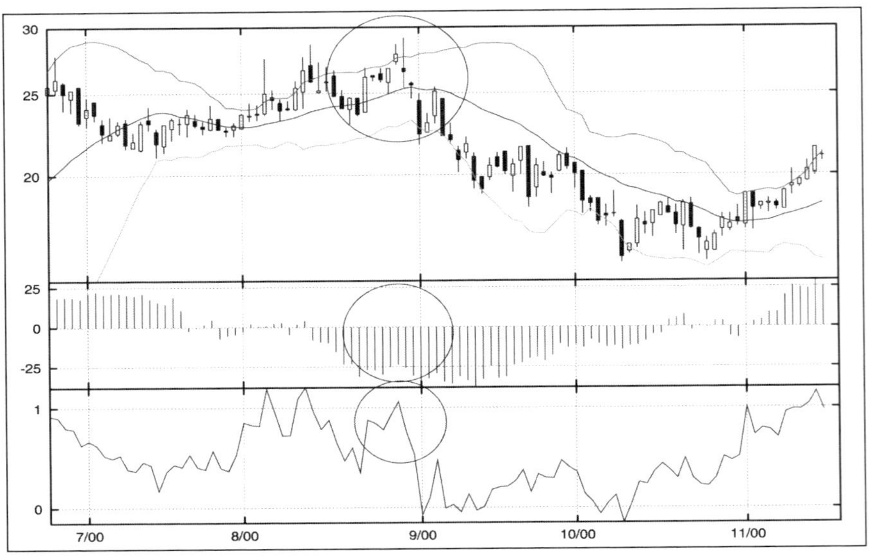

Abbildung 8.2 Bollinger-Bänder mit %b und 21-Tage-Intraday-Intensity, unbestätigtes Tief, Guilford Pharaceuticals, 100 Tage. Beachten Sie die Übereinstimmung des Schlusskurses über dem oberen Band mit dem negativen Indikator – ein klassisches Verkaufssignal.

%b erlaubt es uns, die Kursschwankungen innerhalb der Bollinger-Bänder mit der Veränderung eines Indikators wie z. B. eines Volumenoszillators zu vergleichen (Abb. 8.2). Stellen Sie sich folgenden Ansatz vor: Wenn der Kurs außerhalb des oberen Bollinger-Bandes schließt und die Intraday Intensity (II) der letzten 21 Tage negativ ist, verkaufen Sie. Um ein solches System zu programmieren, könnten Sie Folgendes schreiben: Wenn %b größer als 1 und 21-Tage-II kleiner 0 ist , verkaufen. Mehr dazu in Teil IV.

Ein weiterer wichtiger Anwendungsbereich von %b ist die Unterstützung bei der Mustererkennung (Abbildung 8.3). Nehmen wir an, Sie möchten ein System mit folgender Aussage erstellen: Stellt sich das zweite Antesten eines Tiefs als erfolgreich heraus, dann kaufen Sie am ersten starken Aufwärtstag. Als Programm würde dies lauten: Wenn %b beim ersten Tief unter 0 und beim zweiten Tief über 0 liegt, dann kaufen am nächsten Aufwärtstag, an dem das Volumen über dem 50-Tage-Durchschnitt und die Kursschwankungsbreite über dem 10-Tages-Durchschnitt liegt. Dazu mehr in Teil III.

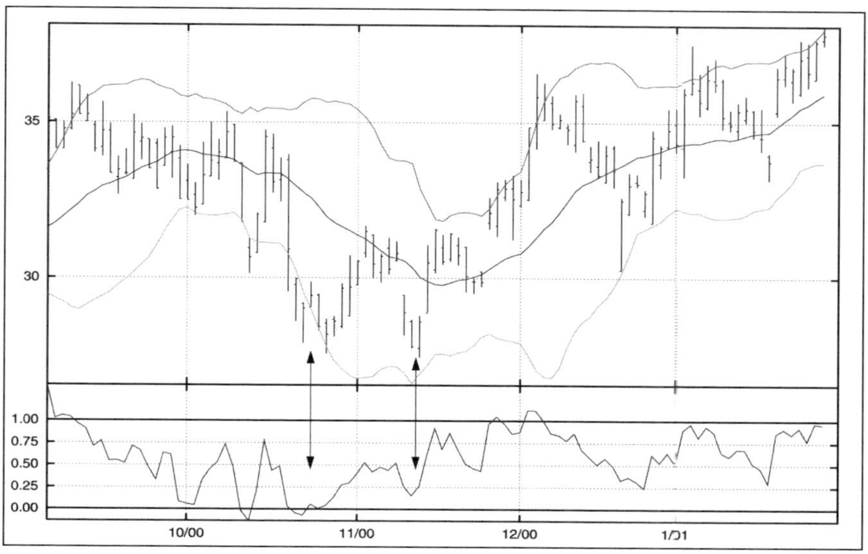

Abbildung 8.3 Bollinger-Bänder mit %b, W-Formation, Sears, 100 Tage. Beachten Sie die W-Formation mit dem neuen Tief im Kurs, aber nicht im %b.

%b ist ein ganz und gar relatives Hilfsmittel, das keinerlei absolute Information zu geben vermag. Wir erfahren nur, wo wir in Relation zum Bezugssystem der Bollinger-Bänder stehen, wodurch verschiedenste Arten von Vergleichen ermöglicht werden. Nehmen wir an, Sie haben die Bollinger-Bänder nicht nur auf dem Kurs, sondern auch auf einen Indikator berechnet und Sie möchten bei unbestätigter Stärke verkaufen. Sie schreiben also: wenn %b (Kurs) größer als 0,9 und %b (Indikator) weniger als 0,3, verkaufen. Aber ich greife vor – dazu kommen wir in Kapitel 20.

Der zweite Indikator, der sich von den Bollinger-Bändern ableitet, ist die BandBreite. Um die BandBreite zu berechnen, subtrahieren Sie das untere Band vom oberen und normalisieren das Ergebnis, indem Sie es durch das mittlere Band dividieren (Tabelle 8.2).[23] Die BandBreite kann für alle Arten von Bändern berechnet werden, solange sie auf einer zentralen Tendenz wie einem Gleitenden Durchschnitt beruhen.

(oberes Band – unteres Band) : mittleres Band

Tabelle 8.2 Formel für BandBreite

Die Bandbreite ist bei der Feststellung eines Engpasses, einer Situation, in der die Volatilität auf ein so geringes Niveau sinkt, dass schon allein dieser niedrige Stand zu einem sicheren Vorzeichen für eine bevorstehende Volatilitätssteigerung wird, äußerst nützlich (Abbildung 8.4). Der einfachste Ansatz hierzu ist es, auf das 6-Monate-Tief der BandBreite zu achten. Darauf kommen wir in Kapitel 15 zurück.

Die BandBreite lässt sich gut dazu verwenden, den Anfang eines steigenden oder fallenden Trends anzuzeigen. Viele Trends nehmen ihren Ursprung in einer seitlichen Kursbewegung, bei der die BandBreite sehr schmal ist. Ein Ausbruch aus dieser Schiebezone, begleitet von einer plötzlichen Ausweitung der BandBreite, bedeutet oft den Beginn eines nachhaltigen Trends (Abbildung 8.5).

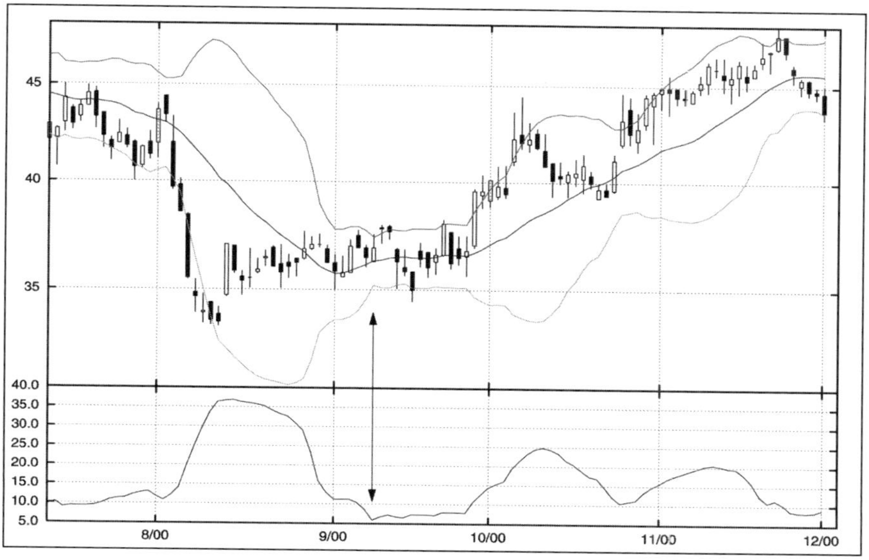

Abbildung 8.4 Bollinger-Bänder mit BandBreiten, Engpass, Clorox, 100 Tage. Hohe Volatilität erzeugt geringe Volatilität und umgekehrt.

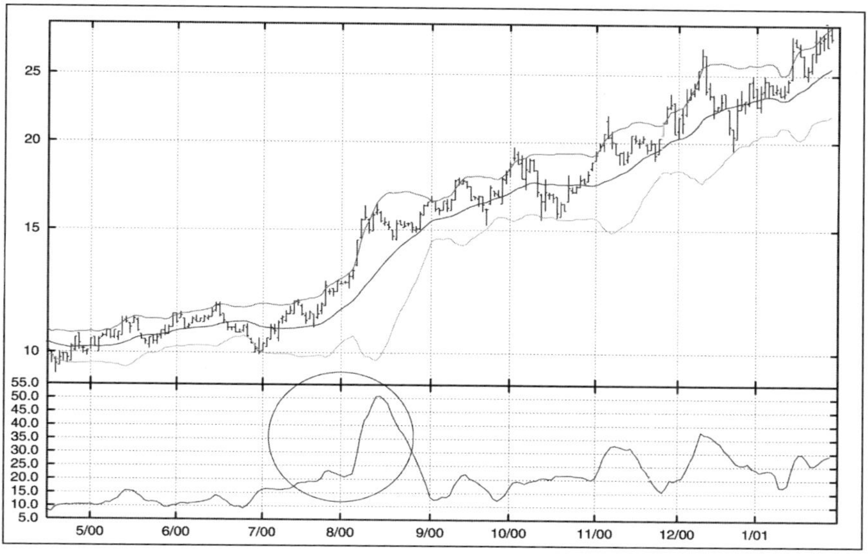

Abbildung 8.5 Bollinger-Bänder mit BandBreite, Anfang eines Trends, Standard Pacific, 200 Tage. Beachten Sie den großen Ausschlag der Volatilität am Beginn des Trends.

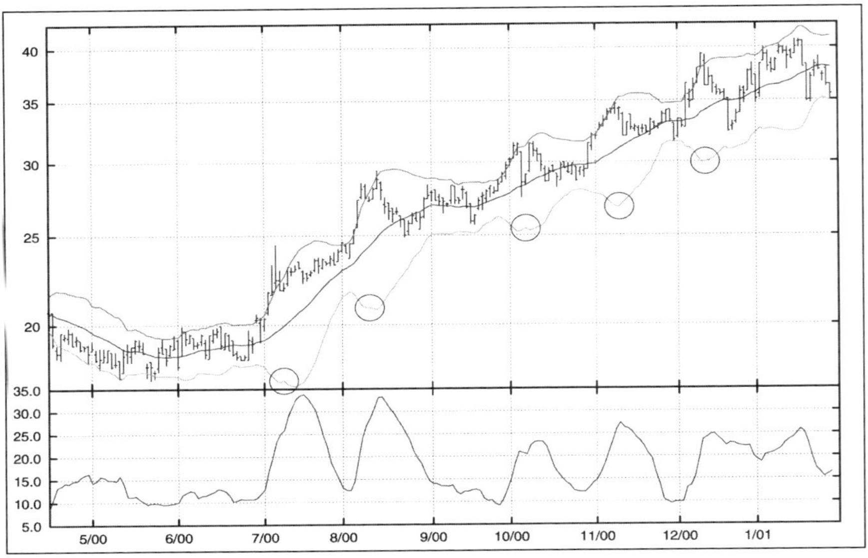

Abbildung 8.6 Bollinger-Bänder mit BandBreite, Ende eines Trends, Lennar, 200 Tage. Beachten Sie die entgegengesetzte Richtung der Bänder am Ende jeder Aufwärtsbewegung.

Ein weiteres wichtiges Einsatzgebiet der BandBreite ist es, das Ende eines starken Trends anzuzeigen, der ursprünglich aus einem Engpass entstand. Sie werden feststellen, dass ein starker Trend zu einem intensiven Ansteigen der Volatilität und damit zu einem signifikanten Auseinanderlaufen der Bänder führt. Das gegenläufige Band – bei einem Aufwärtstrend das untere Band – verläuft gegen die Trendrichtung. *Sobald sich die Richtung des Bandes ändert – in unserem Fall wieder nach oben –, ist dieser Teilbereich des Trends beendet.* Dies lässt sich auch mit Hilfe der BandBreite zeigen und quantifizieren. Wird die BandBreite flacher oder wendet sie sich ausreichend nach unten, sodass das Bollinger-Band auf der dem Trend gegenüberliegenden Seite seine Richtung ändert, so weist sie auf das Ende des Trends hin (Abbildung 8.6).

Philippe Cahen, ein französischer Analyst, hat ein Werk über die Muster der Bollinger-Bänder, die durch die Veränderungen der BandBreite entstehen, verfasst. Zwei der Muster, die er beschreibt, nennt er „Blasen" und „Parallelen" (Abbildungen 8.7 und 8.8). In beiden Fällen stellt er

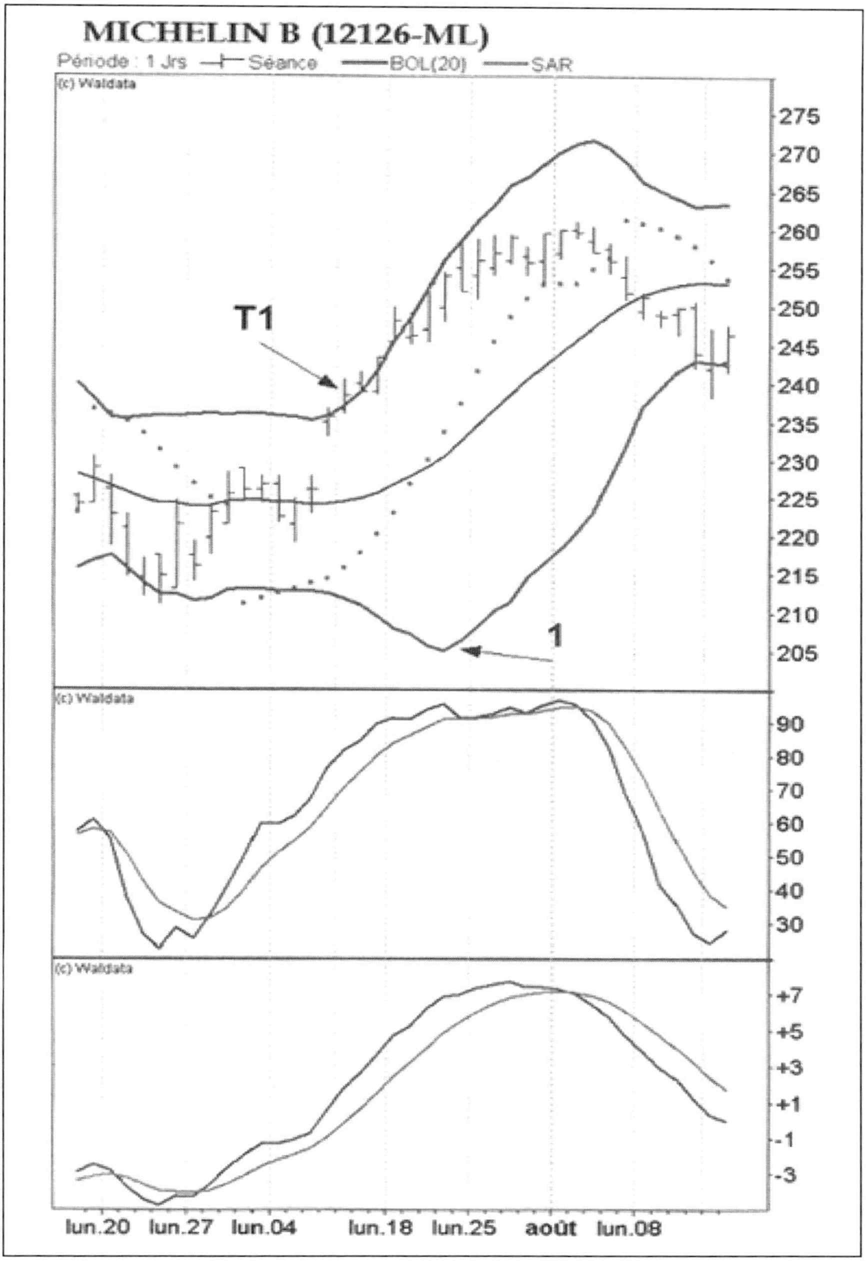

Abbildung 8.7 Gleich bleibende Volatilität während einer Kursbewegung.

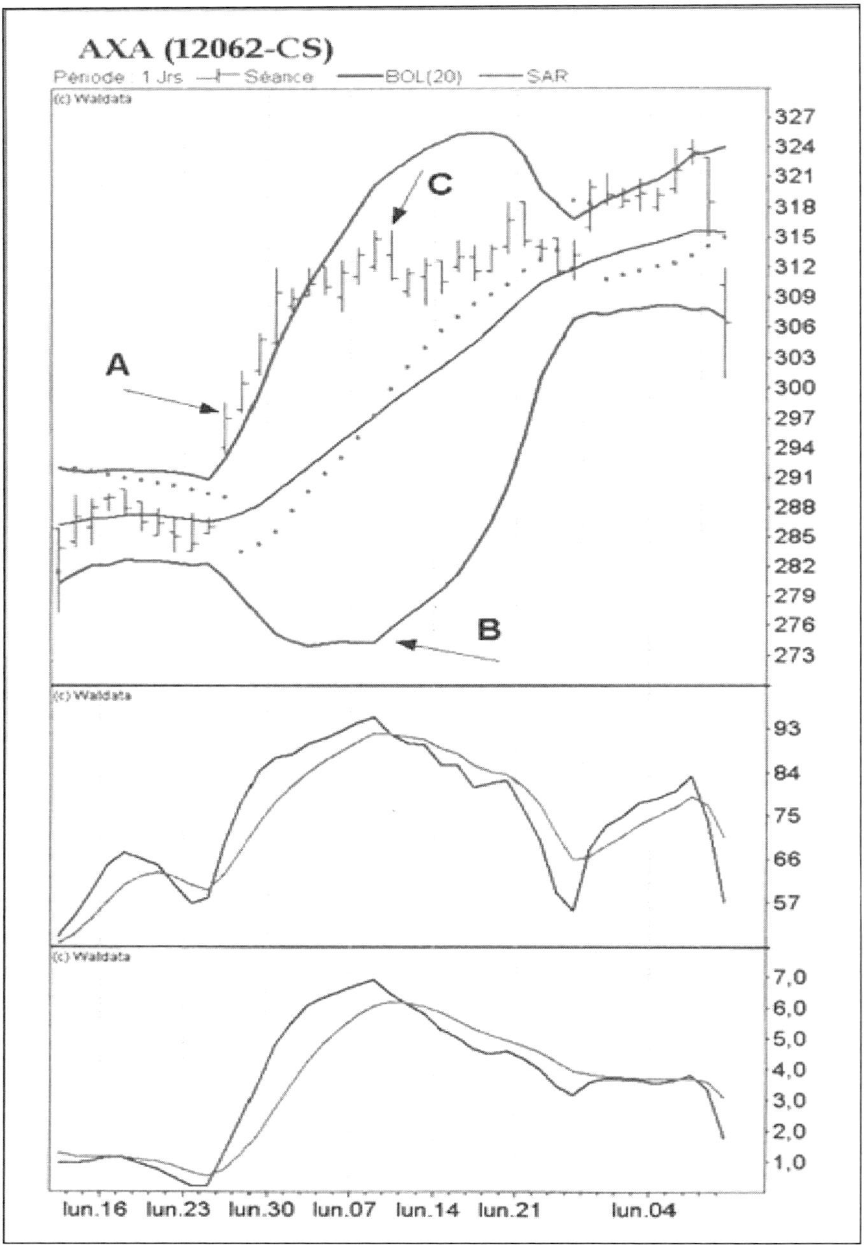

Abbildung 8.8 Veränderliche Volatilität während einer Kursbewegung

fest, dass die Volatilität eine charakteristische Handschrift hat, die durch die Darstellung mittels der Bollinger-Bänder zum Erkennen bedeutender Handelsgelegenheiten führt.[24]

Zusammenfassung der wichtigsten Punkte

- %b zeigt die Lage des Schlusskurses in Relation zu den Bändern an.
- %b findet bei der Erstellung von Handelssystemen und Signalen Verwendung.
- Die BandBreite zeigt die relative Breite der Bänder an.
- Anhand der BandBreite lässt sich ein Engpass identifizieren.
- Anhand der BandBreite lassen sich der Anfang und das Ende eines Trends identifizieren.

Kapitel 9
Statistik

FANGEN WIR MIT ein wenig Hintergrundinformation an:

Nehmen Sie eine Gruppe von Leuten und messen Sie deren Körpergröße. Dann tragen Sie die Größe der einzelnen Personen (z. B. 170 cm, 180 cm) in einem Chart ein. Sie erhalten ein Ergebnis mit einer normalen Verteilung wie in Abbildung 9.1 gezeigt, eine glockenförmige Kurve, deren höchster Punkt durch die durchschnittliche Größe gebildet wird. Je weiter wir uns von der durchschnittlichen Größe entfernen, desto weniger Eintragungen finden wir im Chart, d. h. desto weniger Leute mit dieser Körpergröße gibt es. An den Extrempunkten wird die Anzahl der Beispiele dann äußerst spärlich und geht auf den Wert 0 zu.

Wenn Sie dasselbe Experiment auf Aktienkurse anwenden, werden Sie feststellen, dass die Ausläufer zu den Extrempunkten hin viel zu breit sind. Es gibt zu viele große Gewinner und Verlierer, mehr als man erwarten würde, und nicht ausreichend kleine Veränderungen. Damit steht fest, dass Aktienkurse keine normale Streuung besitzen, und die bekannten statistischen Gesetzmäßigkeiten können hier wahrscheinlich nicht wie gewohnt angewendet werden.

Um eine gute Schätzung zu erhalten, nimmt man Stichproben. Nehmen Sie einen Behälter mit ein paar hundert grünen und roten Kugeln darin. Wenn Sie wahllos dreißig Kugeln herausnehmen, dann sollte die Verteilung von Grün und Rot bei Ihrer Stichprobe das Verhältnis der Population – alle Kugeln im Behälter – widerspiegeln. Je größer die Stichprobe,

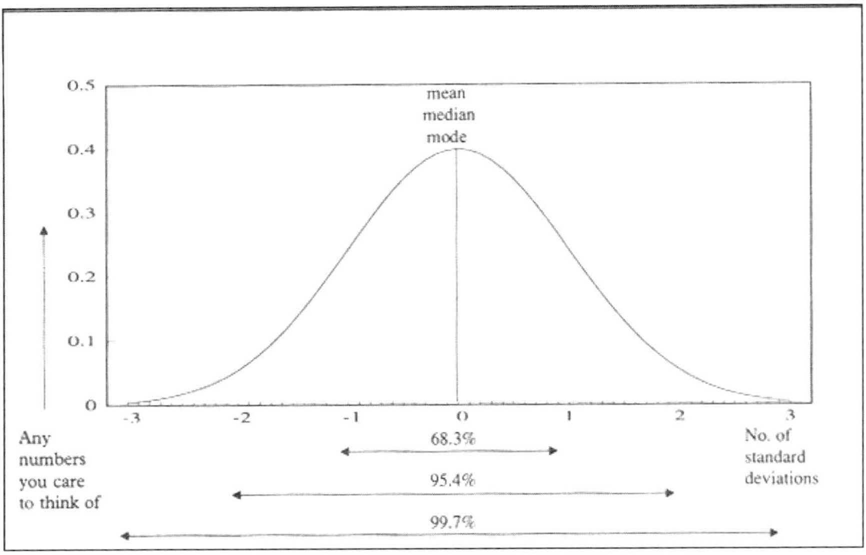

Abbildung 9.1 Normale Streuung

desto besser wird die Abbildung oder Schätzung sein. Wenn Sie mehr als nur zwei Farben haben, dann muss auch die Stichprobe größer sein, um ein gutes Ergebnis zu bekommen.

Gut, wenn bisher alles klar ist, dann sollte der Rest auch kein Problem darstellen.

Die Anwendung der Standardabweichung zur Festlegung der Breite der Bollinger-Bänder lädt zum Gebrauch (oder Missbrauch?) statistischer Regeln ein. Während viele Rückschlüsse auf Grund der nichtnormalen Streuung der Aktienkurse und der normalerweise verwendeten kleinen Stichproben nicht zulässig sind, so scheinen doch einige statistische Grundideen anwendbar zu sein.

Der zentrale Grenzwertsatz sagt, dass, auch wenn die Daten – wie es bei Aktien der Fall ist – keine normale Streuung aufweisen, eine zufällig gewählte Stichprobe eine Untermenge mit normaler Streuung darstellen wird, auf die die Gesetze der Statistik angewendet werden können. Dies gilt auch für relativ kleine Stichproben. Daher ist es nicht überraschend, dass die statistisch untermauerten Erwartungen bis zu einem gewissen Grad eintreffen, auch wenn nicht alles so ganz koscher ist.

Das statistische Konzept der Regression zum Mittel wird am häufigsten mit den Bollinger-Bändern in Verbindung gebracht. Diese Annahme geht davon aus, dass alles früher oder später nach Hause kommt, wobei für Statistiker der Durchschnitt das Zuhause ist. Wenn die Kurse vom Durchschnitt abweichen, so kann ihre baldige Rückkehr zum Durchschnitt erwartet werden. Dies ist die statistische Grundlage für die Bezeichnungen *überkauft* und *überverkauft*. Die Regression zum Mittel impliziert, dass die Kurse, die an den Extrempunkten der Verteilung liegen – die oberen und unteren Bollinger-Bänder –, letztlich wieder zum Durchschnitt zurückkehren, den mittleren Bollinger-Bändern.

Während es einige Hinweise darauf gibt, dass die Regression zum Mittel auf das Verhalten von Handelsinstrumenten zutrifft, so sind diese doch nicht so stark ,wie sie sein sollten, daher sind Überschneidungen der Bänder keine automatischen Kauf- und Verkaufssignale mit dem Durchschnitt als Kursziel. Und genau deshalb ist es so wichtig, Indikatoren zur Überprüfung dieser Überschneidungen zu verwenden. Anhand der Indikatoren können wir rationale Entscheidungen darüber treffen, ob sich der Kurs eher zum Mittel zurückentwickeln wird oder ob der Trend weiter anhält. Bestätigt der gewählte Indikator die Überschneidung des Bandes, so erhalten Sie dadurch kein Kauf- oder Verkaufssignal, sondern eine Anzeige des anhaltenden Trends. Unbestätigte Überschneidungen weisen auf die Regression zum Mittel hin. So kombinieren wir Informationen aus der Statistik mit den Informationen aus der Technischen Analyse und bedienen uns der Stärken der jeweiligen Disziplin, um unsere Entscheidungsfindung zu optimieren.

Bei Stichprobengrößen, die unterhalb der statistisch relevanten Größe liegen, finden die grundlegenden statistischen Prozesse trotzdem noch

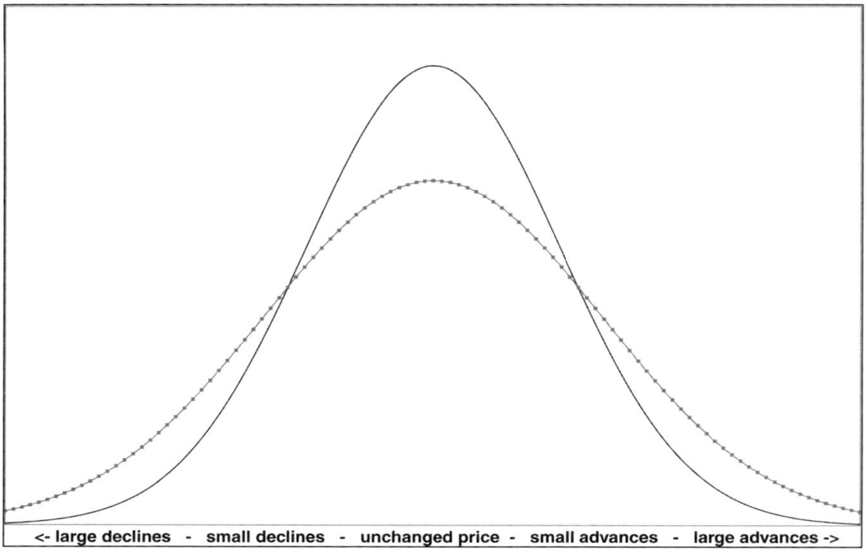

Abbildung 9.2 Kurtosis. Der Aktienmarkt hat keine normale Verteilung, es gibt zu viele große Veränderungen.

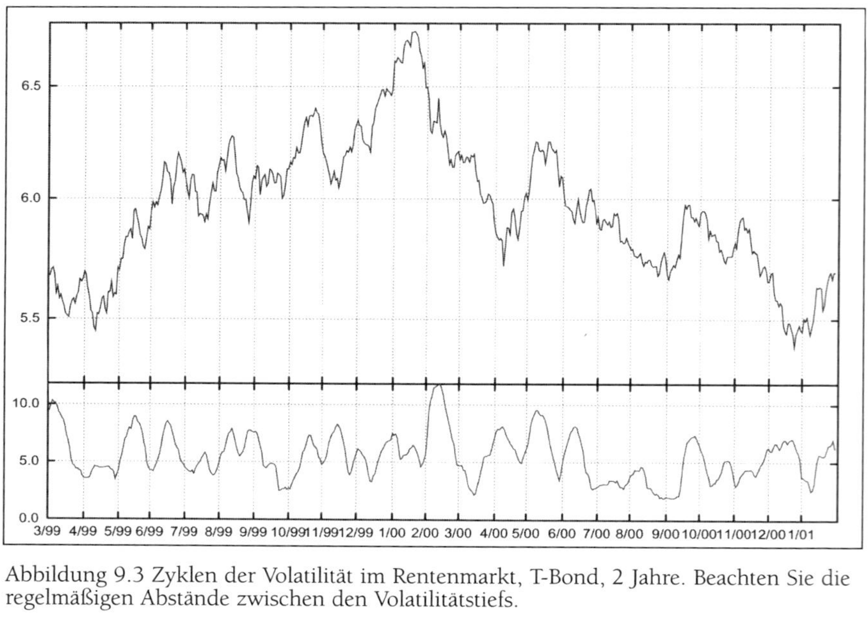

Abbildung 9.3 Zyklen der Volatilität im Rentenmarkt, T-Bond, 2 Jahre. Beachten Sie die regelmäßigen Abstände zwischen den Volatilitätstiefs.

immer Anwendung, sofern der zentrale Grenzwertsatz richtig ist. Dies wird im Falle der Bollinger-Bänder durch unsere Versuche bestätigt. Es sollten zwar kleinere Anpassungen durchgeführt werden, um mit der Veränderung der Stichproben (die Anzahl der Tage) auch die Proportionen der beschriebenen Datensätze zu erhalten, aber das Verhalten innerhalb und außerhalb der Bänder ist weitestgehend gleich bleibend, auch wenn die Periode zwischen 10 und 50 Tagen variiert wird. Und das, obwohl nur ungefähr 89 % aller Daten innerhalb der 2 Standardabweichungen enthalten sind, auch wenn wir 95 % erwarten würden.

Es gibt zwei mögliche Gründe, warum wir nicht den erwartet hohen Umschließungsgrad von fast 95 % bei 2 Standardabweichungen erreichen. Zum einen verwenden wir die Populationskalkulation und nicht die Stichprobenkalkulation, was zu etwas engeren Bändern führt.[25] Zweitens ist die Verteilung der Kurse nicht normal – in der Nähe der Extrempunkte tauchen mehr Daten auf als erwartet –, daher liegen auch mehr Dateneinträge außerhalb der Bänder. Zweifellos gibt es neben diesen Hauptgründen noch weitere zu berücksichtigende Faktoren.

Aber was ist diese nichtnormale Verteilung noch einmal? Und was ist mit diesem zu dicken Ausläufer? Dies illustriert die Abbildung 9.2: Der höhere Buckel ist die normale Streuung, so sollte es sein. Der kleinere Buckel zeigt die Verteilung, wie sie z. B. beim Aktienmarkt auftritt, weniger kleine und mehr große Veränderungen, als man erwarten würde. Der Unterschied zwischen den beiden Buckeln ist eine signifikante Größe bei Aktien und wird *Kurtosis* genannt.

Vielleicht einer der interessantesten Aspekte der Bollinger-Bänder ist die rhythmische Kontraktion und Expansion der Bänder. Besonders im Rentenmarkt, der sich in ziemlich regelmäßigen Volatilitätszyklen von 19 Tagen bewegt, ist dies deutlich zu sehen (Abbildung 9.3). Wie sich herausstellte, wurden zu diesem Thema schon sehr viele Untersuchungen durchgeführt. Suchen Sie nach Informationen zu GARCH und ARCH[26], um nähere Details zu erfahren. Die grundlegende Idee ist, dass der Kurs zwar weder zyklisch im herkömmlichen Sinn ist und auch nicht auf der Basis von Zyklen vorherbestimmt werden kann, auf die Volatilität trifft aber beides zu. Daher überrascht es uns nicht, ein regelmäßiges Muster der Kontraktion und Expansion der Bänder zu finden, da sie die Volatilität in Relation zu einem Durchschnittswert darstellen, auch wenn dieser Zyklus im Preis nicht feststellbar ist. Der Ausdruck *regelmäßig* stellt uns die Falle: Der Volatilitätszyklus der langfristigen Zinssätze scheint ein ziemlich konstantes Intervall von 19 Tagen zu haben, aber in den meisten anderen Finanzinstrumenten sind keine solchen Regelmäßigkeiten zu entdecken. Dennoch ist nicht die Regelmäßigkeit oder das Fehlen derselben interessant. Die interessanteste Schlussfolgerung ist, dass geringe Volatilität große Volatilität erzeugt und große Volatilität erzeugt geringe Volatilität. Darauf beruht der Engpass (siehe Kapitel 15).

Letztendlich verhält es sich so: Die Regeln, die sich auf die statistischen Aspekte der Bollinger-Bänder beziehen, stimmen im Allgemeinen, aber über die statistische Gültigkeit der Berechnungen zur Ermittlung der Bollinger-Bänder können nur wenige Aussagen gemacht werden. Offensichtlich sind Aktien keine Produkte auf einem Fließband in einer Fabrik, und es wäre töricht, sie als solche zu behandeln. Ebenso offensichtlich basiert die Statistik auf viel Arbeit und Kreativität, und einige statistische Hilfsmittel lassen sich sehr gut den Bedürfnissen der Investoren und Anleger anpassen.

Zusammenfassung der wichtigsten Punkte

- Statistische Regeln gelten im Allgemeinen, aber nicht immer, für Bollinger-Bänder.
- Die Regression zum Mittel ist weniger stark als notwendig.
- Verwenden Sie Indikatoren, um Überschneidungen der Bänder zu bestätigen.
- Die Volatilität ist zyklisch, auch wenn es der Kurs nicht ist.
- Hohe Volatilität erzeugt geringe Volatilität und geringe Volatilität erzeugt hohe Volatilität.

Teil III

Bollinger-Bänder

Teil III befasst sich eingehend mit der grundlegendsten Funktion der Technischen Analyse, der Mustererkennung, und zeigt, wie die Bollinger-Bänder dabei unterstützend eingesetzt werden können. Hochs, Tiefs und anhaltende Trends werden in eigenen Kapiteln behandelt. Zuletzt kommen wir zum ersten der drei Handelsansätze – derjenige, der auf dem Engpass beruht.

Kapitel 10
Mustererkennung

DIE MUSTERERKENNUNG BEZIEHT sich auf den Vorgang, mit dessen Hilfe wir wiederkehrende Ereignisse feststellen. Typischerweise haben solche Ereignisse eine bestimmte Handschrift, die aus einzelnen Teilen besteht. Fügen wir diese Teile zusammen, dann erkennen wir ein Muster und verhalten uns entsprechend. Nur selten, wenn überhaupt, wiederholen sich diese Muster in genau derselben Weise. Sie sind eher allgemein sehr ähnlich und hier liegt der Haken: Um bei der Mustererkennung erfolgreich zu sein, braucht man ein Bezugssystem, innerhalb dessen Grenzen die Muster analysiert werden können. Dieses Bezugssystem geben uns die Bollinger-Bänder.

Die Literatur über Technische Analyse ist voll von Beschreibungen technischer Muster. Doppeltops und Doppelbottoms, Kopf-Schulter-Formationen (normale und umgekehrte), aufsteigende und fallende Dreiecke sind nur ein Teil der gängigen Muster. Manche Muster deuten eine Trendumkehr an und andere weisen auf eine Fortführung eines Trends hin.[27]

Die Bollinger-Bänder helfen bei der Erkennung von Mustern, indem sie Definitionen liefern: hoch und tief, ruhig oder volatil, in einem Trend oder nicht – diese Definitionen lassen sich in verschiedenen Zeitrahmen, mit verschiedenen Handelsinstrumenten und an verschiedenen Märkten vergleichen. Wie sich die Muster entwickeln, so entwickeln sich die Bänder mit und stellen ein flexibles, relatives Bezugssystem zur Verfügung anstelle des starren, absoluten Bezugssystems, das aus dem Raster der Charts und der Härte einer Trendlinie entsteht.

Wertpapiere springen selten abrupt von einer bullischen Phase zu einer bärischen oder umgekehrt. Die Übergänge verlaufen meistens in einer Abfolge von Kursschwankungen, bei der oft eine Unterstützungs- oder Widerstandslinie einmal oder öfters getestet wird. M- und W-Formationen sind Beispiele für Muster, die an Wendepunkten des Marktes auftreten und uns sagen, dass der alte Trend durch einen neuen abgelöst wird. Dieser neue Trend kann eine Umkehr des bisherigen Trends sein, ein Übergang von einer Seitwärtsbewegung in einen Trend oder ein Übergang von einem Trend in eine trendlose Phase oder eine Konsolidierung. Am häufigsten findet man Doppelbottoms und Kopf-Schulter-Formationen. Nicht alle, aber sehr viele Umkehrformationen sind W- oder M-Muster, die man an den drei „Schüben" erkennt (Abbildungen 10.1 und 10.2).

Spitze Tops und V-förmige Tiefs kommen manchmal vor und zeigen eine nahezu übergangslose Wende an. Manche Umkehrformationen stellen sich als falsches Signal heraus; sie zeigen einfach das Ende des bisherigen Trends und den Anfang einer Seitwärtsbewegung an anstelle einer Trendwende in die andere Richtung. Es gibt auch längere, komplexere Muster: schrittweise Übergänge von einem Abwärtstrend zu einem Aufwärtstrend bei der Bildung einer Basis, Kongestionsmuster und komplexe Tops.

Oft sind Muster nur kleine Teile von größeren Mustern, die man nur mit einer längeren Zeiteinstellung sieht, wie z. B. durch den Wechsel von einer stündlichen Darstellung zu einer Tagesdarstellung. In den späten achtziger Jahren gab es ein Handelssystem[28], das drei Zeitrahmen verwendete und davon ausging, dass die Muster in allen drei Chartdarstellungen ähnlich sein mussten, bevor eine Transaktion durchgeführt wurde. Dieser „fraktale"[29] Marktansatz war eine der bisher aussagekräftigsten Demonstrationen der Bedeutung sich überschneidender Zeitrahmen.

Fraktale Ansätze findet man recht häufig. Nehmen wir z. B. eine langfristige W-Formation: Bei genauerer Betrachtung beinhaltet das W meist kleinere W-Formationen und oft findet man am Scheitelpunkt des W eine kleine M-Formation (Abbildung 10.3). Es gibt bei diesen Fraktalen

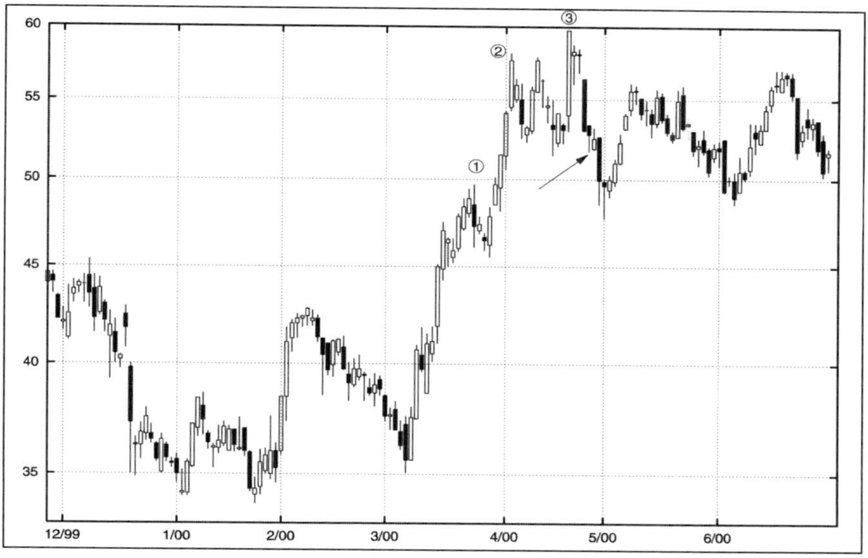

Abbildung 10.1 Drei Schübe bis zum Hoch, Pharmacia, 150 Tage. Den drei Schüben folgt eine scharfe Abwärtsbewegung, die den Trend bricht.

Abbildung 10.2 W-Muster, Bear Sterns, 100 Tage. Klassisches W-Muster. Beachten Sie die positiven Kerzen nach den Tiefs.

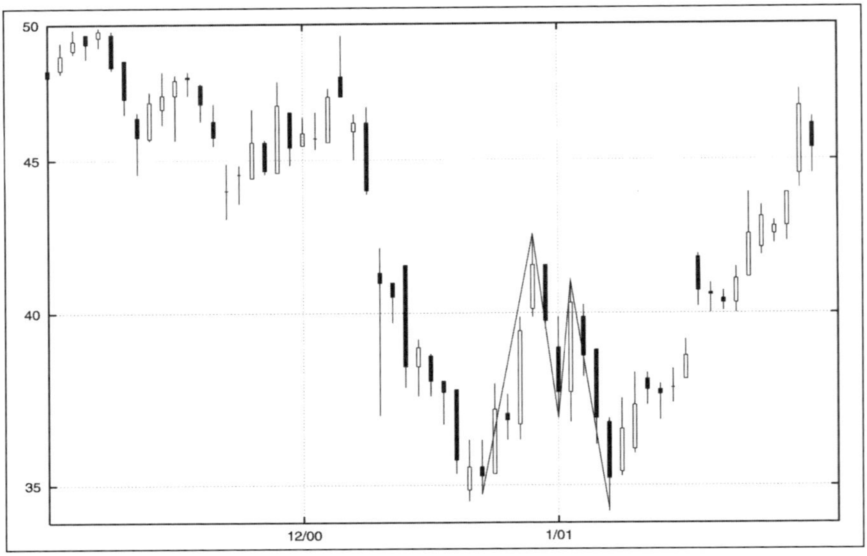

Abbildung 10.3 Ein M in einem Harley Davidson, 100 Tage. Sehen Sie das M innerhalb des W?

eigentlich keine Beschränkung, aber normalerweise werden nicht mehr als zwei, drei Abstufungen betrachtet.

Unabhängig von der Vergrößerung entstehen technische Muster aus einer Abfolge von Kursbildungen, die ein bestimmtes Muster mit einer erkennbaren Handschrift bilden – ein Muster und eine Handschrift, die anhand der Bollinger-Bänder erläutert werden können.

Ein ideales Beispiel für ein W (ein Double Bottom) besteht aus einem anfänglichen Kursverfall, gefolgt von einer Erholungsrally. Danach Bricht der Kurs wieder ein, bis er umkehrt und in einen Aufwärtstrend übergeht. Ob der zweite Rückgang ein neues Tief erreicht oder nicht, ist irrelevant – zumindest in absoluter Hinsicht. Das erste Tief wird außerhalb der Bollinger-Bänder liegen, aber das zweite liegt innerhalb. Das Volumen ist beim ersten Rückgang höher als beim zweiten (Abbildung 10.4).

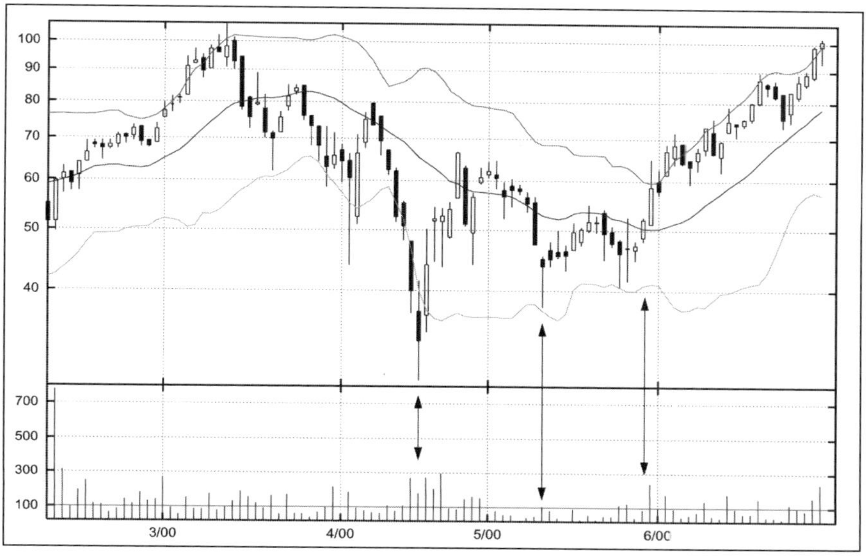

Abbildung 10.4 W-Muster, Bollinger-Bänder bestätigt durch das Volumen, Art Technology Group, 100 Tage. Starkes Volumen beim ersten Tief, schwaches Volumen beim zweiten Tief und starkes Volumen bei Umkehr.

Ein entsprechendes Hoch ist nicht unbedingt die genaue Spiegelung eines W-Musters. Meist bildet sich das Hoch über längere Zeit hinweg aus und besteht meist aus drei Aufwärtsschüben (oder mehr). Ein solches Hoch ist wahrscheinlich eine Variation der Kopf-Schulter-Formation.

Die Bollinger-Bänder lassen die im Chart ersichtlichen Muster oft deutlich besser erkennbar werden. Das ideale W fällt mit Schwung aus den Bändern hinaus und bildet dann ein zweites Tief innerhalb der Bänder. Auch wenn das zweite Tief ein neues absolutes Tief ist, so ist es trotzdem *kein neues relatives Tief*. Daher kann der darauf folgende Kursanstieg ohne die normalerweise mit einem neuen Kurstief einhergehende emotionale Belastung genutzt werden.

Um eine bessere Einteilung dieser Muster vornehmen zu können, denken Sie an Momentum-Bewegungen, die von einem Kurshoch oder -tief gefolgt werden. Normalerweise wird bei einem Kurseinbruch das erste Tief schnell und mit Schwung erreicht; das starke Momentum wird dabei häufig durch ein sehr hohes Volumen bestätigt. Die kurze Erholung wird von einem neuerlichen Rückgang gefolgt, der zu einem Kurstief führt, das zwar ein neuer Tiefststand sein kann, aber von geringem Momentum und schwachem Volumen begleitet wird. In vielen Fällen treten die durch das Momentum verursachten Spitzen und Täler außerhalb der Bollinger-Bänder auf, aber die darauf folgenden Kurshochs und -tiefs innerhalb der Bollinger-Bänder.

Man kann die Bildung von Hochs und Tiefs auch als Vorgang sehen, der das Momentum auffrisst. Daher können die Momentumindikatoren zusätzlich zu den bevorzugten Volumenindikatoren bei der Diagnose sehr nützlich sein. Ein brauchbarer analytischer Ansatz ist es, einen Volumenindikator und einen Momentumindikator anzeigen zu lassen (Abbildung 10.5), die voneinander unabhängig funktionieren. Zeigen beide gleichzeitig dasselbe Signal, so lässt das sehr zuverlässige Rückschlüsse auf den weiteren Kursverlauf einer Aktie zu.

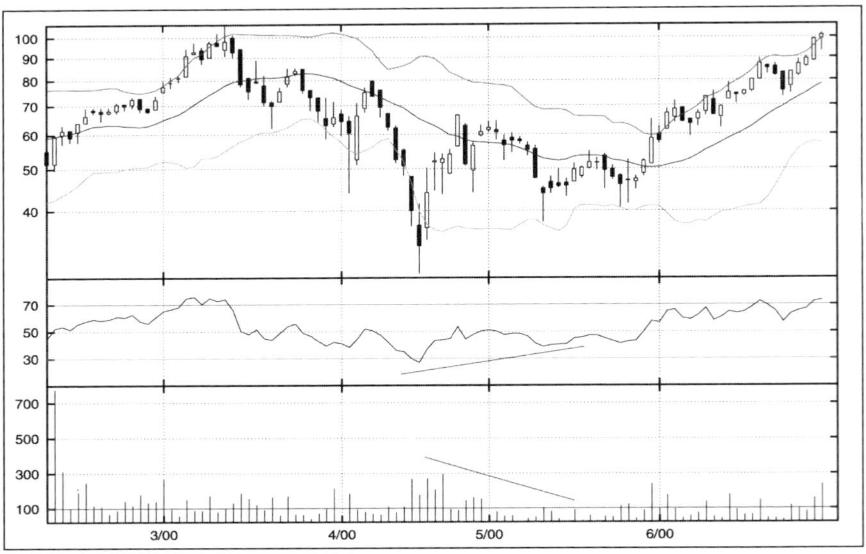

Abbildung 10.5 W-Bottom, Bollinger-Bänder, Volumen-Indikator aund Momentum-Indikator, Art Technology Group, 100 Tage. Das neuerliche Antesten des Tiefs erfolgt bei geringerem Abwärtsschwung und geringerem Volumen.

Obwohl die Feststellung von Hochs und Tiefs eine der wichtigsten Aufgaben der BBB ist, ergeben sich noch weitere Einsatzmöglichkeiten bei der Mustererkennung: die Identifikation von anhaltenden Trends, die Festlegung von Kursbereichen und die Erkennung des Engpasses.

Die Mustererkennung ist beim technischen Ansatz der Schlüssel zum Erfolg. Und die BBB sind, vor allem in Zusammenarbeit mit Indikatoren, der Schlüssel zum Erfolg bei der Mustererkennung. Im nächsten Kapitel stelle ich Ihnen eine Methode der Einteilung von Mustern vor, die Ihnen in allen Marktumgebungen hilfreich zur Seite stehen wird.

Zusammenfassung der wichtigsten Punkte

- M- und W-Muster sind die am häufigsten auftretenden Muster.
- Muster sind oft fraktal.
- Anhand der BBB lassen sich Muster oft leichter feststellen.
- Tiefs (Hochs) außerhalb der Bänder gefolgt von Tiefs (Hochs) innerhalb der Bänder sind typische Umkehrformationen, auch wenn ein neues Kurstief (Kurshoch) erreicht wird.
- Volumen- und Momentumindikatoren sind bei der Feststellung von Hochs und Tiefs sehr nützlich.

Kapitel 11
Fünf-Punkt-Muster

SO GUT WIE alle Muster, die von Aktienkursen gebildet werden, können mit einem einfachen Hilfsmittel, dem Preisfilter, schön in Gruppen eingeteilt werden. Bei diesem Ansatz werden die Hoch- und Tiefpunkte auf einem Chart miteinander verbunden, die um einen bestimmten Punktwert auseinander liegen, oder noch besser, um einen prozentuellen Betrag.

Ein brauchbarer Preisfilter auf Punktebasis kann beim Dow-Jones-Index 100 Punkte betragen, aber bei IBM vielleicht nur 2 Punkte. Da sich die Kursniveaus ständig ändern, stehen diese fixierten Punkteangaben für unterschiedliche Prozentanteile des Kurswertes. Im Allgemeinen ist es besser, einen prozentuellen Filter einzusetzen, der auf allen Kursniveaus denselben wirtschaftlichen Wert hat. Bei Aktien kommen Punktefilter nicht in Frage.[30] Ein Filter mit 8 % entspricht $^{8}/_{10}$ eines Punktes bei einem Kurs von 10, aber 8 Punkten bei einem Kurs von 100. Ein Filter von 8 Punkten entspricht 8 % bei einem Kurs von 100, aber 80 % bei einem Kurs von 10. Auf Grund der großen Kursunterschiede zwischen den verschiedenen Aktien sind diese Ergebnisse also äußerst variabel und damit lassen sich Punktefilter bei verschiedenen Werten nicht miteinander vergleichen.

Prozentuelle Filter zwischen 2 und 10 Prozent lassen sich bei Aktien meist ganz gut anwenden und ermöglichen einen direkten Vergleich unterschiedlichster Werte. Die Abbildungen 11.1 bis 11.6 zeigen prozentuelle Filter in praktischen Beispielen. Jeder Chart zeigt denselben Zeitraum mit unterschiedlichen prozentuellen Filtern. Die ermittelten Zickzack-Linien blenden einen steigenden Anteil an kleinen Bewegungen aus, bis im letzten Beispiel – Abbildung 11.6 – der ganze Chart nur noch auf einen einzelnen Zacken reduziert wird. Das Ziel dieser reduzierten Charts ist es, die Kursinformationen ausreichend zu filtern, sodass die Muster klar hervortreten, ohne wichtige Informationen zu überdecken.

Eine weitere gute Filtermethode neben den Zickzack-Charts sind die Point-and-Figure-Charts. Die Point-and-Figure-Charts, die wahrscheinlich die älteste westliche Darstellungsform für Charts sind, werden rein auf der Basis von Kursschwüngen erstellt, ohne dabei die Zeit oder das Volumen zu berücksichtigen. Die Point-and-Figure-Charts werden auf kariertem Papier eingezeichnet, wobei jedes Kästchen als Box bezeichnet wird. Die Kursniveaus werden links auf der y-Achse angezeigt.

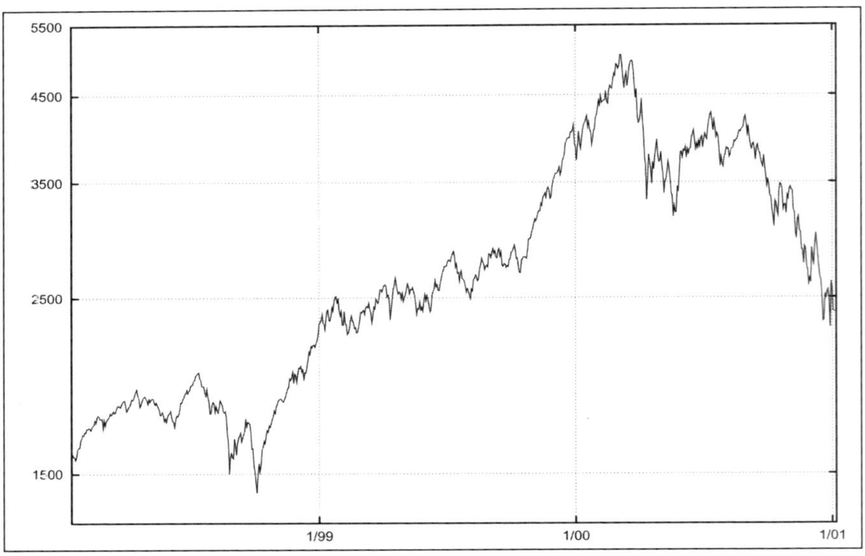

Abbildung 11.1 NASDAQ Composite, drei Jahre, kein Filter

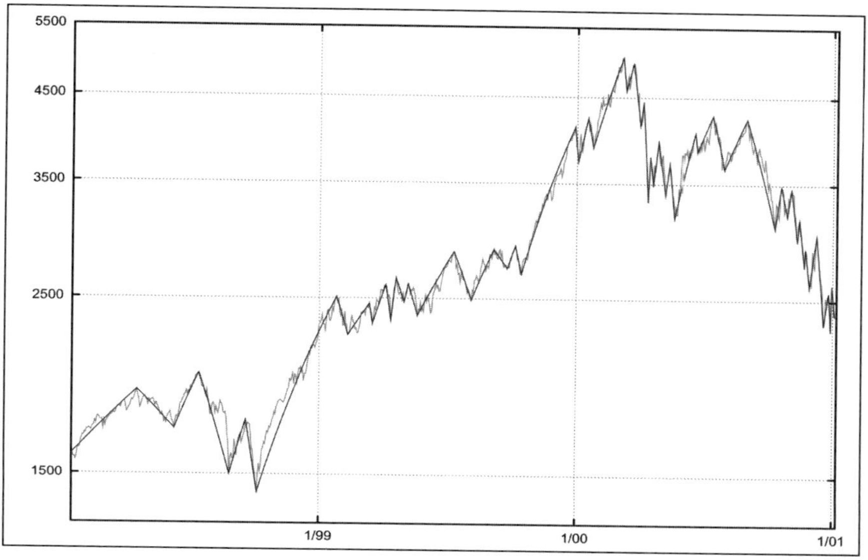

Abbildung 11.2 NASDAQ Composite, drei Jahre, 5-Prozent-Filter. Der Filter zeigt schon erste Auswirkungen.

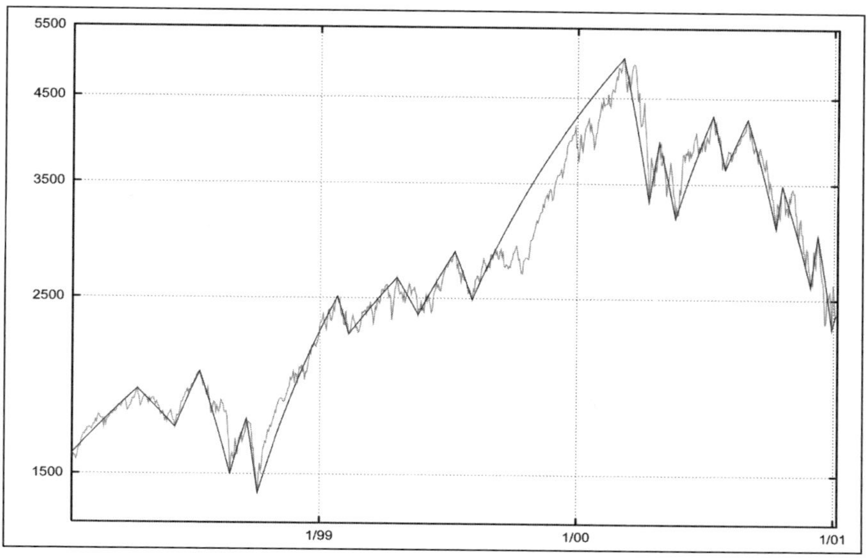

Abbildung 11.3 NASDAQ Composite, drei Jahre, 10-Prozent-Filter. Hier sind die wichtigen Kursschwünge schon recht gut zu erkennen.

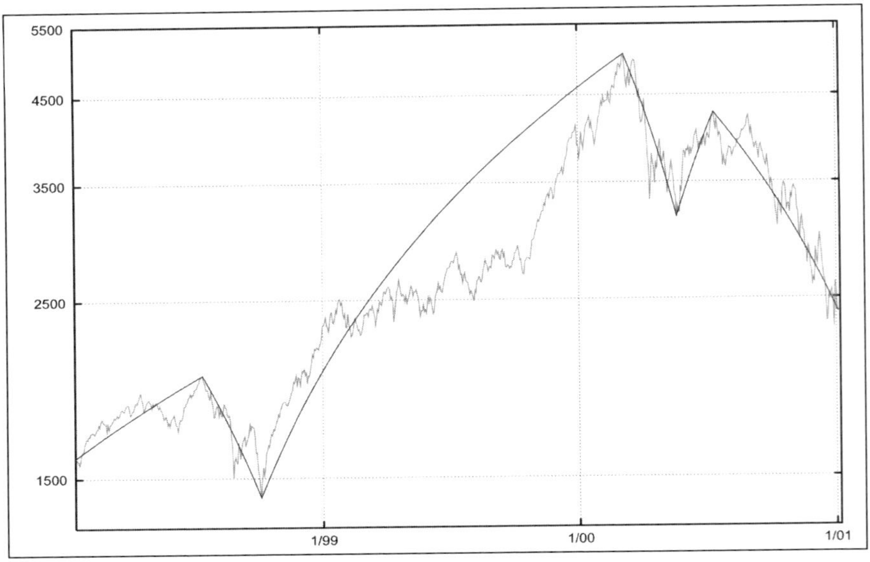

Abbildung 11.4 NASDAQ Composite, drei Jahre, 20-Porzent-Filter. Zu stark gefiltert: Wichtige Details gehen verloren.

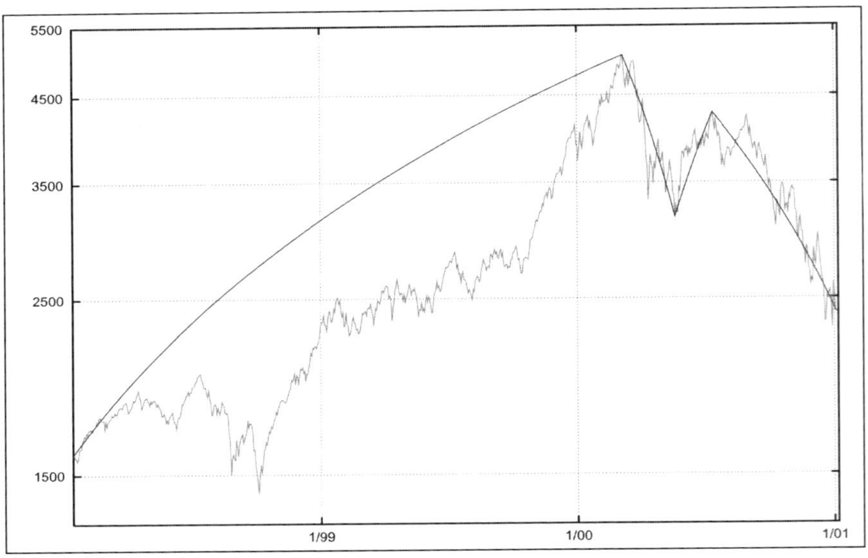

Abbildung 11.5 NASDAQ Composite, drei Jahre, 30-Prozent-Filter. Liefert nur noch einen groben Überblick. (Filter-Linien aufgrund des langen Zeitraums gebogen.)

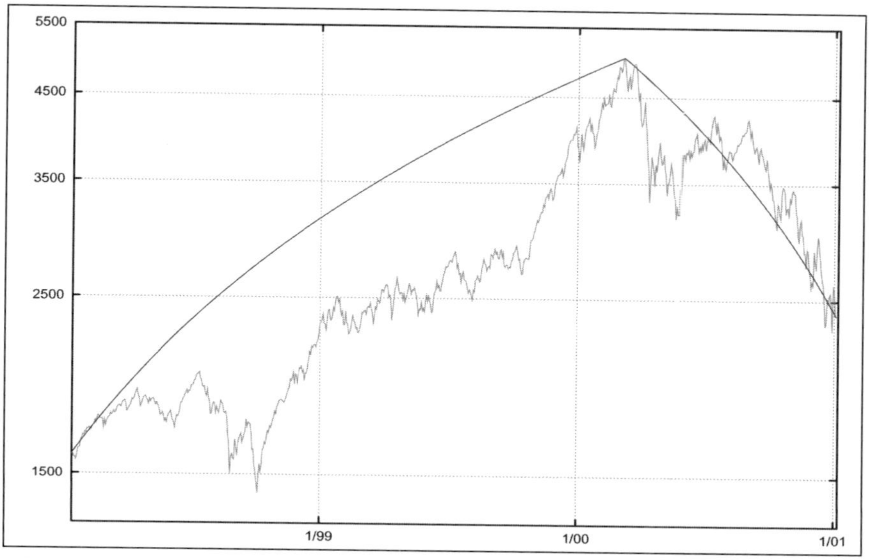

Abbildung 11.6 NASDAQ Composite, drei Jahre, 40-Prozent-Filter. Viel zu stark gefiltert. In dieser Darstellung bleibt überhaupt kein Signal übrig.

Schon im ausgehenden 19. Jahrhundert wurden Point-and-Figure-Charts in der einschlägigen Literatur erwähnt, unter Bezugnahme auf die „Figure Charts“, die an der Börse geführt wurden. Heute trägt man bei Aufwärtsbewegungen ein X und bei Abwärtsbewegungen ein O ein. In den ursprünglichen „Figure Charts“ wurden wahrscheinlich die tatsächlichen Kurswerte in den Boxen eingetragen, um die Kursveränderungen aufzuzeichnen. Die Parketthändler schrieben sie auf die Rückseite der Handzettel. Danach kamen die Point-and-Figure-Charts, bei denen beide Richtungen mit X eingetragen wurden, aber mit einer 0 oder 5, wenn der Kurswert auf 0 oder 5 endete; die bekannten Analysten deVilliers und Wheelan verwendeten diese Methode (Abbildung 11.7).

Die moderne Art der Point-and-Figure-Charts ist recht einfach zu erstellen, sodass man diese Charts auch leicht händisch erstellen kann (Abbildung 11.8). Man zeichnet ein X über dem anderen in die Boxen, solange der Kurs steigt; fällt der Kurs, wird in der nächsten Spalte rechts davon ein O eingezeichnet und bei einem Abwärtstrend alle weiteren dar-

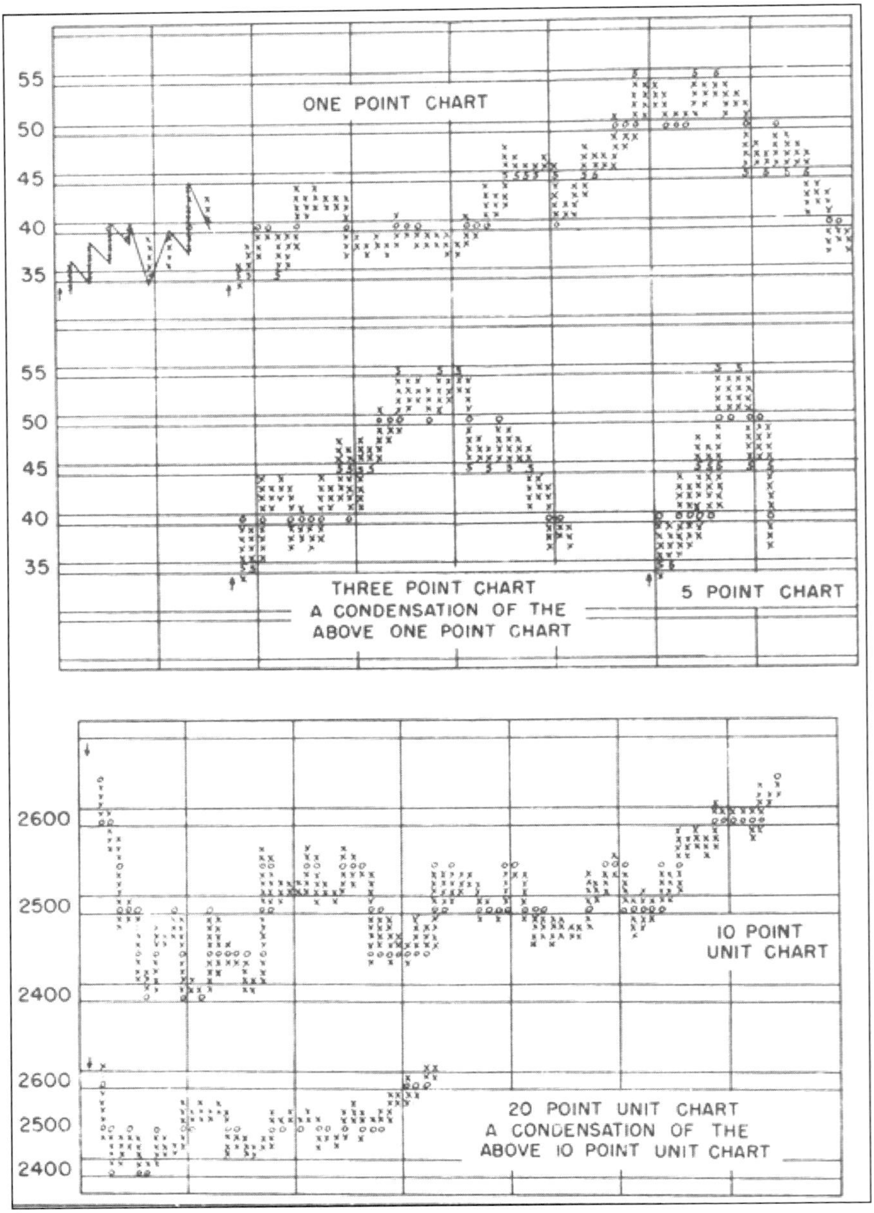

Abbildung 11.7 Point-and-Figure-Chart von Wheelan

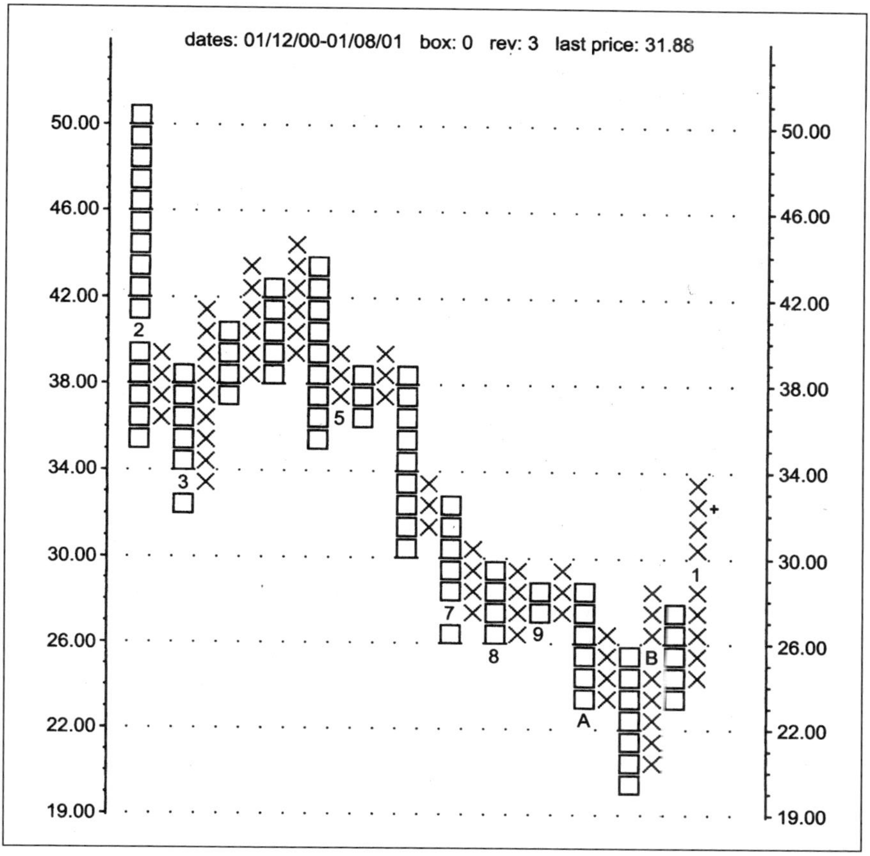

Abbildung 11.8 Moderner Point-and-Figure-Chart, IBM, ein Jahr

unter. Der Übergang von einer steigenden X-Spalte zu einer fallenden O-Spalte oder umgekehrt wird durch eine Kursumkehr ausgelöst, die ein bestimmtes Limit überschreiten muss, das normalerweise bei drei Boxgrößen liegt.

Die Anwender der Point-and-Figure-Charts standen lange Zeit vor dem Problem, welcher Filter oder welche Boxgröße die richtige sei. Im Allgemeinen verwendet man eine auf dem Kurs basierende Regel. Bei geringen Kurswerten steht eine Box für einen Viertelpunkt oder einen halben

Punkt. Bei höheren Kursen wird die Boxgröße so angepasst, dass sie für einen halben oder einen ganzen Punkt steht. Bei $10 kann die Boxgröße bei einem Punkt liegen, bei $80 schon bei eineinhalb Punkten. Die ChartCraft-Methode, die Abe Cohen entwickelte, ist die am weitesten verbreitete. In Tabelle 11.1 sehen Sie seine Empfehlungen für die Boxgrößen.

Preisspanne	**Boxgröße**
unter $5	1/4 Punkt
zwischen $5 und $20	1/2 Punkt
zwischen $20 und $100	1 Punkt
über $100	2 Punkte

Tabelle 11.1 Von ChartCraft empfohlene Boxgrößen

Um von einer negativen zu einer positiven Spalte zu wechseln, muss laut der ChartCraft-Methode ein Grenzwert von drei Boxgrößen überschritten werden. Damit kann die Boxgröße so gewählt werden, dass der Filter wirksam eingesetzt wird, während wichtige Informationen nicht verloren gehen. Damit liegt bei einer Aktie mit Kurswert $10 der Grenzwert für die Umkehr bei 1 $^1/_2$ Punkten ($^1/_2$ x 3) und bei einer $70-Aktie bei 6 Punkten (2 x 3).

Das Problem bei diesem Ansatz ist die Anpassungsfähigkeit – die plötzlichen großen Veränderungen bei den Kurswerten. So wechselt eine Aktie bei $19 die Richtung durch einen Kursunterschied von 1 $^1/_2$ Punkten, aber eine $20-Aktie benötigt dafür einen Kursunterschied von drei Punkten. Zwar werden die Werte für die Umkehr bei ansteigendem Kurswert prozentuell geringer, aber bei manchen Grenzwerten erzeugen die Kursanstiege auch prozentuell größere Umkehranforderungen auf Grund der ansteigenden Boxgröße. Für unser voriges Beispiel bedeutet das, dass unsere $19-Aktie eine Umkehrgröße von 7,8 % hat, aber die $20-Aktie benötigt eine Kursveränderung von 15 % für eine Umkehr. Erst nach einem Anstieg auf $40 fällt der Prozentsatz für den Umkehrwert wieder auf 7,5 % zurück.

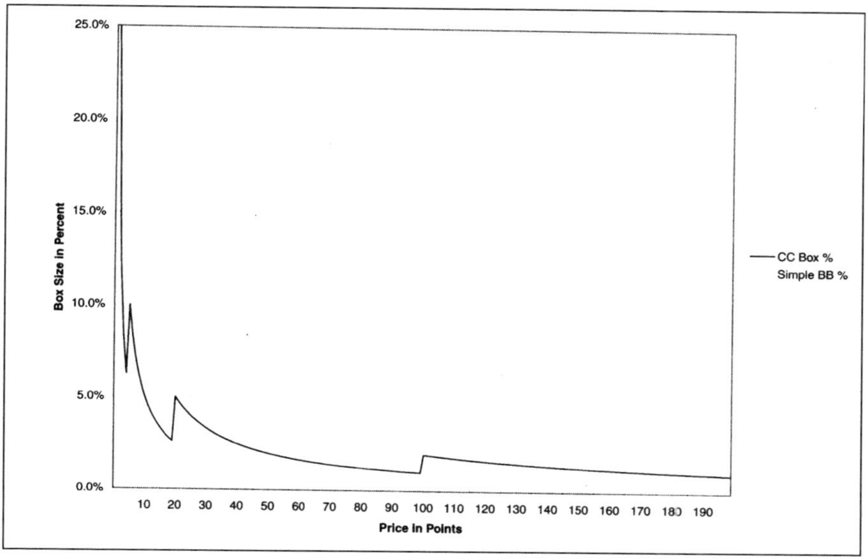

Abbildung 11.9 Angepasste Kurve auf der Basis von Cohens Point-and-Figure-Regeln zur Bestimmung der Boxgröße.

Eine einfache Methode, um gleitende Übergänge für die Boxgröße zu schaffen, nämlich die Bollinger-Boxes, wurde erstellt, um die durch die bisherigen Regeln entstehenden Probleme zu umgehen. Für die Erstellung der Bollinger-Boxes wurden alle historischen Methoden zur Ermittlung der Boxgröße von Wheelan bis Cohen tabellarisch erfasst. Danach wurden die Regelsätze grafisch ausgewertet, wobei der Kurs auf der x-Achse und die Boxgröße auf der y-Achse eingetragen wurde. Zu jedem der Regelsätze ergab sich so eine abgestufte Linie, an die eine Kurve angepasst wurde (Abbildung 11.9). Die Formel für die jeweilige Kurve wurde notiert und dieser Vorgang wiederholte sich für jede Methode zur Festlegung der Boxgröße. Diese Vorgehensweise ergab eine ideale Boxgröße, die vereinfacht als 17 % der Quadratwurzel des letzten gebildeten Preises angegeben werden kann (siehe Tabelle 11.2).

Zur Kontrolle wurde eine Quadratwurzelregel verwendet. Die früheste Erwähnung einer Quadratwurzelregel findet man in 1959 erschienenen *The Sophisticated Investor* von Burton Crane, in dem Fred Macauleys Artikel

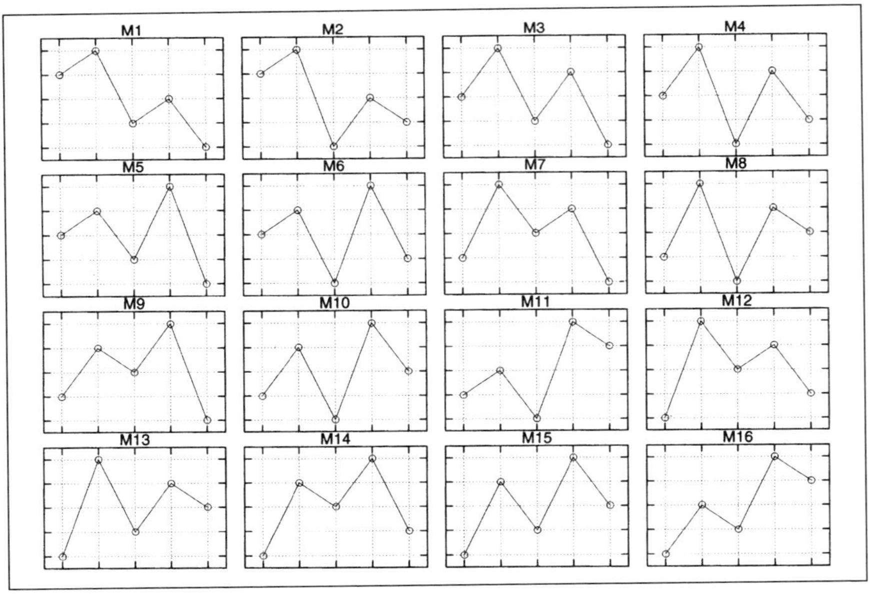

Abbildung 11.10 Arthur Merrills M-Muster. *Quelle: Arthur A. Merrill: M & W Wave Patterns*

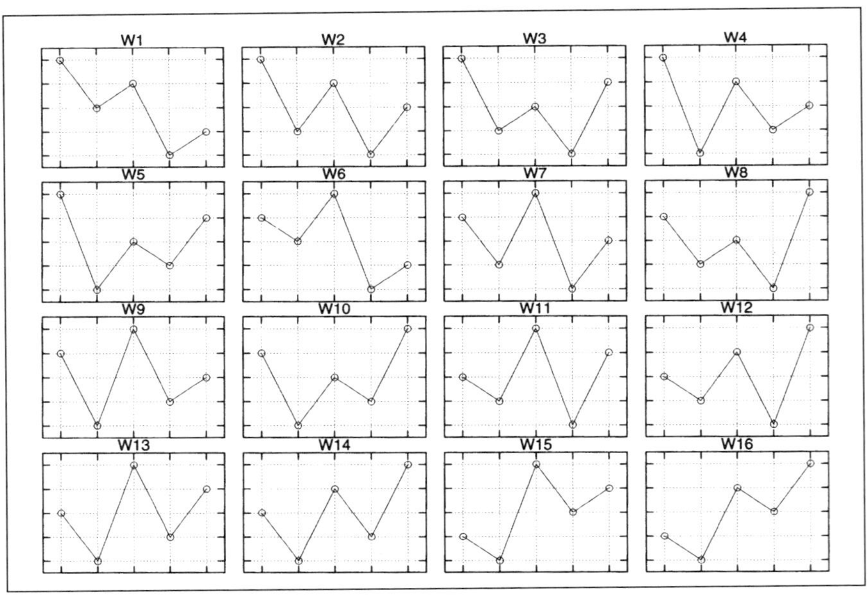

Abbildung 11.11 Arthur Merrills W-Muster. *Quelle: Arthur A. Merrill: M & W Wave Patterns*

Preis	Umkehr
$ 4,50	8 %
$ 8	6 %
$ 18	4 %
$ 69	2 %

Tabelle 11.2 Beispiele für Boxgrößen anhand der vereinfachten Bollinger-Boxes. (Wurzel aus Kurs) x 0,17 %

im Magazin *New York Times-Annalist* als ursprüngliche Quelle angegeben wird.[31] Die Quadratwurzelregel legt fest, dass die Volatilität eine Funktion der Quadratwurzel des Kurses ist; bei einem vergleichbaren Kursanstieg entwickeln sich die Kurse verschiedener Aktien so, dass sich die Quadratwurzeln der ursprünglichen Kurse um einen ähnlichen prozentuellen Anteil steigern. Diese Regel führt zu großen prozentuellen Gewinnen bei Aktien mit niedrigem Kurswert und zu großen Punktegewinnen bei Aktien mit hohem Kurswert. Aus dieser Perspektive gesehen verhalten sich Aktien mit geringem Kurswert volatiler als solche mit hohem Kurswert. Intuitiv empfinden wir diese Vorstellung als richtig. Im Allgemeinen erwarten wir, dass Aktien mit geringem Kurswert größere prozentuale Gewinne und Verluste erfahren als Aktien mit hohem Kurswert.

Zwischen den aufgezeichneten historischen Methoden gab es wenige Abweichungen und die Anpassung an die Quadratwurzelregel war fast perfekt.

Der Gebrauch der Bollinger-Boxes bei der Erstellung von Point-and-Figure-Charts befreit uns von den künstlichen Grenzen, die uns von den Übergängen der Boxgröße auferlegt wurden. Natürlich lässt sich dies mit Hilfe eines Computers leichter bewerkstelligen, zumal heutzutage praktisch die gesamte Technische Analyse mit Computern durchgeführt wird.[32]

Nach der Entwicklung eines idealen Ansatzes zur Filterung der Aktienkurse können wir nun zur Einteilung der entstehenden Muster übergehen. Der erste Versuch, Kursmuster systematisch einzuteilen, wurde 1971 von Robert Levy durchgeführt. Er verwendete für seine Einteilung Fünf-Punkt-Muster auf der Basis von Kursschwüngen, die von der Volatilität jeder Aktie bestimmt wurden, und überprüfte diese Muster dann auf ihre Signifikanz. Obwohl er keine nennenswerten Voraussagequalitäten entdecken konnte,[33] schuf er doch ein leistungsfähiges Hilfsmittel, die Fünf-Punkt-Einteilung.

Dieser Ansatz geriet für zehn Jahre in Vergessenheit, bis er von Arthur A. Merrill aufgegriffen wurde und in den frühen achtziger Jahren zu positiven Ergebnissen führte. Dabei verwendete Merrill denselben Fünf-Punkte-Ansatz, aber einen 8 % Filter anstelle des Volatilitätsfilters. Er ordnete die Muster in zwei Gruppen, 16 Muster mit dem generellen Aussehen eines M und 16 mit dem eines W.[34]

Technische Muster	Merrills Muster
Aufwärtstrends	M15, M16, W14, W16
Abwärtstrends	M1, M3, W1, W2
Kopf-und-Schulter-Formation	W6, W7, W9, W11, W13, W15
umgekehrte Kopf-Schulter-Format.	M2, M4, M6, M8, M10, M11
Dreieck	M13, W12
Keil	M5, W12

Tabelle 11.3 Merrills Einstellung der M- und W-Muster

Merrill kategorisierte die Muster in der Abfolge der Punkte von Hoch bis Tief und erstellte so eine Taxonomie der W- und M-Muster. Ein M1 ist ein stark fallendes Muster, die mittleren Muster M8 und M9 sind flach und ein M16 ist ein stark ansteigendes Muster (Abbildung 11.10). Dementsprechend ist ein W1 ein fallendes Muster, die mittleren W-Muster sind ebenfalls flach und W16 ist ein stark steigendes Muster (Abbildung 11.11).

Diese Muster finden Sie auch auf der Referenzkarte am Ende dieses Buches. Merrill zeigte, dass einige dieser Muster auf die weitere Kursentwicklung schließen lassen konnten. Nähere Informationen dazu finden Sie in seinem Buch *M&W Wellenmuster*. Merrill teilte auch einige der Muster nach den bekannten Bezeichnungen der Technischen Analyse ein (siehe Tabelle 11.3).

Während Merrill einen Filter mit fester Prozenteinstellung verwendete, filterte Levy die Muster anhand der Volatilität. Wir bevorzugen eine Kombination von beiden, die Bollinger-Boxes, um die Schwünge zu filtern, und die Volatilität, um die nachfolgenden Bewegungen zu bestimmen. Und genau dies bildet die Grundlage unserer institutionellen Handelsplattform PatternPower (http://www.patternpower.com).

Ein wichtiger Aspekt der M- und W-Muster liegt in der Tatsache, dass sie durch die Verwendung von BBB und Indikatoren deutlicher werden. In den beiden nächsten Kapiteln (Kapitel 12 und 13) werden wir die M- und W-Mustern, genauer betrachten, da sie sehr verschieden sind, und wir werden sehen, wie man sie mit den BBB kombiniert, um die Genauigkeit der Vorhersagen zu steigern. In Kapitel 14 werden dem Ganzen dann noch die Indikatoren hinzugefügt.

Zusammenfassung der wichtigsten Punkte

- Anhand von Preisfiltern können nicht relevante Bewegungen ausgefiltert und Muster klarer dargestellt werden.
- Prozentuelle Filter eigenen sich für Aktien am besten.
- Bollinger-Boxes bieten eine überlegene Möglichkeit des Filterns.
- Alle Kursmuster können als Abfolge von M- und W-Mustern beschrieben werden.

Kapitel 12
W-Bottoms

AB JETZT WERDEN wir M- und W-Muster verwenden, um die Kursbewegungen zu beschreiben. Alle Muster sind auf der Referenzkarte angeführt (die Sie am Ende des Buches finden), die M-Muster links und die W-Muster rechts. Reißen Sie sie heraus (wenn Sie das noch nicht getan haben), damit sie jederzeit schnell zur Hand ist, um etwas nachzusehen.

Fangen wir mit den tiefen Formationen an. Diese sind im Allgemeinen reiner, klarer und leichter festzustellen als die hohen Formationen. Den Unterschied macht dabei die zugrunde liegende Psychologie: Tiefstände bilden sich in einer Umgebung, die von Angst und Schmerz geprägt ist, im starken Kontrast zur Euphorie und Hoffnung, von denen die Höchststände gekennzeichnet sind.[35] Somit erwarten wir, dass sich Tiefstände schärfer und konzentrierter ausbilden, in kürzerer Zeit, aber dafür dramatischer. Denn Schmerz ist ein eindringlicheres Gefühl als Freunde. Entsprechend erwarten wir, dass sich Hochstände länger hinziehen, sich eher diffus entwickeln und nicht so leicht zu diagnostizieren sind. Die Anleger verspüren bei Hochständen einfach nicht so intensiv das Bedürfnis, darauf zu reagieren, als sie es bei Tiefständen tun.

Während der Forschungen für ein kürzlich abgeschlossenes Projekt untersuchten wir die Charakteristika von Kursmustern bei Zwischenhochs und Zwischentiefs. Generell zeigten sich Doppelbottoms und dreifache Tops und bei der Ausbildung brauchten die Topformationen länger als die Bottoms. Dies bestätigte die alte Wall-Street-Regel: „Nach unten geht es schneller" und stimmt auch mit dem überein, was aus einer psychologischen Sicht erwartet werden kann.[36]

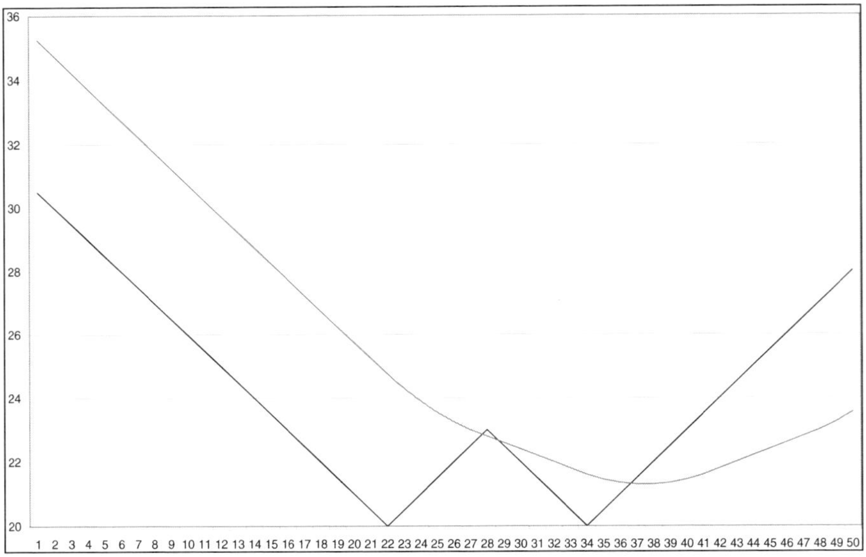

Abbildung 12.1 Die ideale W-Zeichnung. Typisches W-Muster – der Durchschnitt bremst zwar die erste Erholung, aber nicht die zweite.

Abbildung 12.2 Das höhere W, New York Times A, 200 Tage. Leichter Kurseinbruch auf ein höheres Niveau.

Bei Aktien ist der Übergang von einer fallenden Phase zu einer steigenden selten abrupt. Viel eher erholen sie sich ein wenig, fallen auf die Unterstützungslinie zurück und steigen dann. Das Muster, das dadurch entsteht, nennen wir einen Doppelbottom, ein W-Muster (Abbildung 12.1). Das W ist das am häufigsten auftretende bullische Übergangsmuster, aber nicht das einzige. Zwar treten solche Fälle selten auf, aber es gibt Aktien, die auf einen Tiefstand fallen, plötzlich scharf umkehren und blitzartig steigen. Wenn eine Aktie ein W-Muster bildet, ist meist ein besonderer Glücksfall eingetreten, oder aufgrund sehr guter Neuigkeiten konnte der Abwärtstrend gebrochen werden und das Schicksal der Aktie kehrte sich ins Gegenteil. Viel öfter allerdings fällt die Aktie auf ein neues Tief, geht für einige Zeit in eine seitliche Bewegung über und erst dann steigt sie wieder – eine Bodenbildung. Häufig sind dies Aktien mit fundamentalen Schwierigkeiten, die etwas Zeit brauchen, um zu Hause aufzuräumen. Jedenfalls ist das W-Muster das am häufigsten auftretende: ein Tief, gefolgt von einem Antesten der Unterstützungslinie, und danach ein Aufwärtstrend. Dies trifft meist auf Aktien zu, deren Kurs zwar korrigiert, bei denen es aber in Bezug auf die fundamentalen Informationen keine Probleme gibt, oder nur geringe, oder die Probleme wurden bereits gelöst, bevor sie richtigen Schaden anrichten konnten.

W-Muster können sich auf verschiedene Arten bilden und jede ist von bestimmten Gefühlen geprägt. Die rechte Seite der Formation kann höher (Abbildung 12.2), gleich hoch (Abbildung 12.3) oder tiefer (Abbildung 12.3) liegen als die linke Seite. Jede ist ein Merrill-Muster und jede zeigt ein bestimmtes psychologisches Schema. Ist die linke Seite höher, dann dominiert die Frustration, da die Anleger noch auf das „richtige" Antesten der Unterstützung warten und ihnen der Kurs in der Zwischenzeit davonläuft. Die Muster W4, W5 und W10 sind gute Beispiele dafür. Wenn die Tiefs auf beiden Seiten gleich sind, bestimmt das Gefühl der Zufriedenheit das Bild, da die Anleger ohne Schwierigkeiten beim Antesten der Unterstützungslinie kaufen können und schnell belohnt werden. Liegt das Tief auf der rechten Seite tiefer als das erste Tief, dann machen sich Angst und Unbehagen in der Masse der Anleger breit. Gute

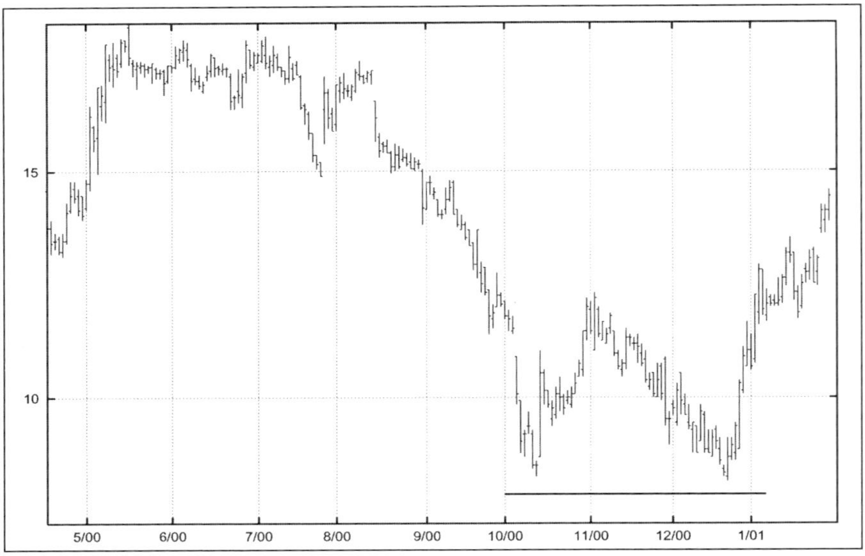

Abbildung 12.3 Das ausgeglichene W, JCPenney, 200 Tage. Kurseinbruch auf dasselbe Niveau.

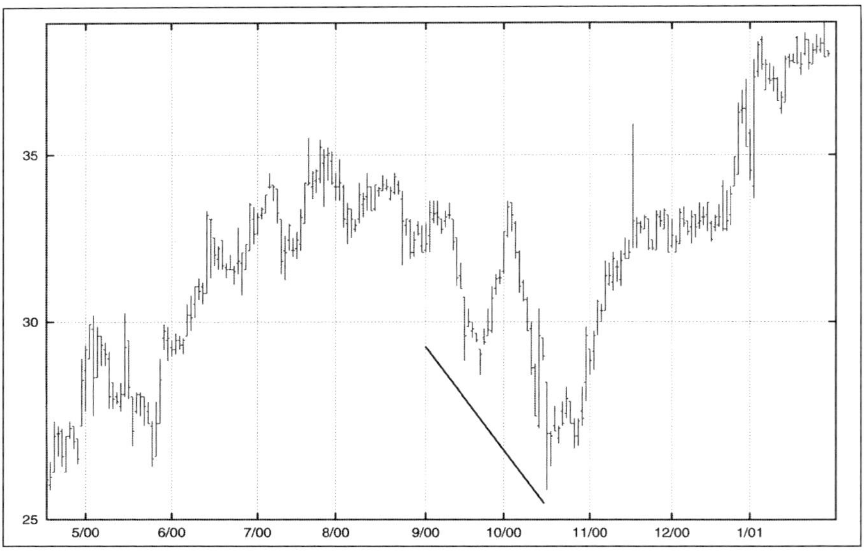

Abbildung 12.4 Das tiefere W, Starwood Hotels, 200 Tage. Kurseinbruch auf ein tieferes Niveau.

Beispiele hierfür sind W2, W3 und W8. Anleger, die beim vorherigen Tief gekauft haben, werden nun aus dem Markt vertrieben, und nur wenige sind mutig genug, um hier zu kaufen; gleichzeitig fließt aus Angst vor einem weiteren tieferen Tief kein neues Geld in den Markt. Der technische Analyst Richard D. Wyckoff nennt eine solche Situation eine Sprungfeder.

Normalerweise ist die linke Seite eines W-Musters – also das erste Tief – auf oder außerhalb des unteren Bandes (Abbildung 12.5). Die Reaktion trägt den Kurs wieder zurück in den Bereich innerhalb der Bänder, wobei das mittlere Band oft berührt oder überschritten wird. Der darauf folgende Kursrückgang spielt sich dann innerhalb der Bänder ab. Vergessen Sie nicht, unsere Definition eines Tiefs ist das untere Bollinger-Band. Liegt also das erste Tief außerhalb des unteren Bandes und das zweite Tief innerhalb der Bänder, *dann liegt das zweite Tief vom relativen Standpunkt aus höher als das erste, auch wenn es absolut gesehen tiefer liegt*. Ein absolutes W8 kann sich als relatives W10 herausstellen,

Abbildung 12.5 W-Muster, Bollinger-Bänder, AT&T Wireless, 140 Tage. Ein neues absolutes Tief, aber kein neues relatives Tief.

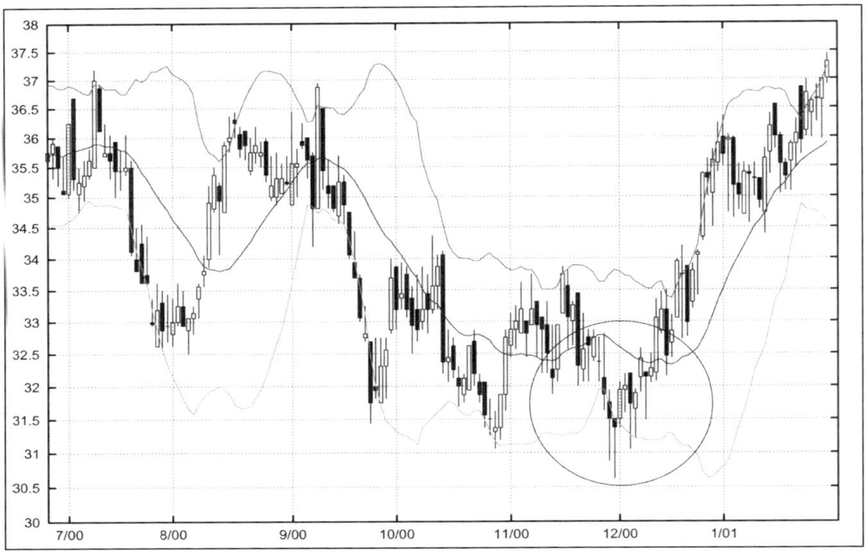

Abbildung 12.6 W-Muster, unteres Bollinger-Band rechts durchbrochen, Ashland, 150 Tage. Die Übertretung des unteren Bandes bricht die Regeln.

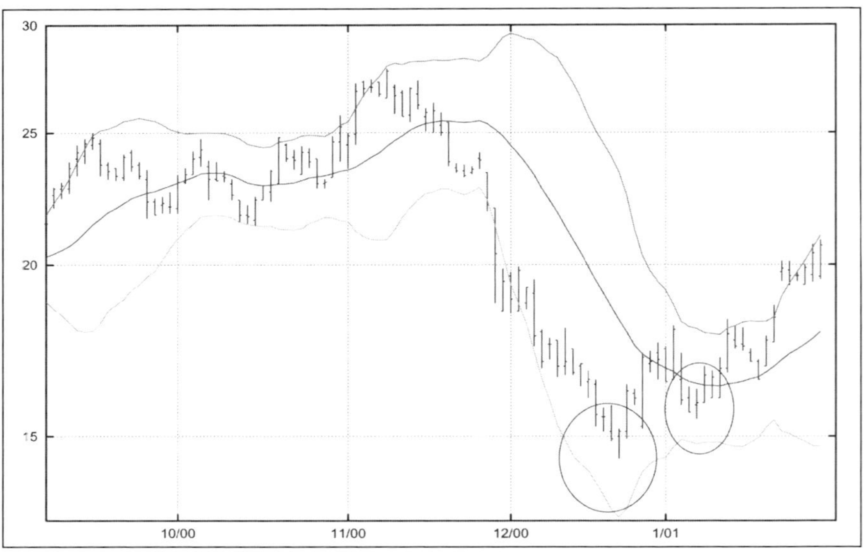

Abbildung 12.7 W-Muster, Kurse bleiben innerhalb der Bänder, The Limited, 100 Tage. Das ganze W liegt innerhalb der Bänder.

mit dem man viel leichter umgehen kann. Somit helfen Ihnen die BBB, eine der schwierigsten Situationen mit einem gewaltigen Gewinnpotential festzustellen und entsprechend zu handeln: die Marktbereinigung.

Es gibt auch Fälle, bei denen das zweite Tief auf oder unter das untere Band fällt und somit einen neuen relativen Tiefstand bildet (Abbildung 12.6). Dies passt aber nicht in unser Einteilungsschema und somit sind dies, zumindest für unsere Begriffe, keine gültigen W-Muster. Sollte die Vorstellung einer Formation, die sich nicht zuordnen lässt, Ihnen widerstreben, dann lesen Sie bitte das Kapitel 4 „Ständige Ratschläge" noch einmal.

Der Kurs muss nicht unbedingt mit dem ersten Tief unter das untere Band fallen, damit wir eine gültige W-Formation erhalten (Abbildung 12.7). Was wir dafür benötigen, ist ein zweites Tief, das beim Antesten der Unterstützung relativ gesehen höher liegt. Dies kann auch dadurch erfüllt werden, dass sich der Kurs beim ersten Tief dem unteren Band annähert, ohne es zu berühren oder zu kreuzen, um dann beim zweiten Tief zwischen dem unteren und dem mittleren Band zu bleiben. Bei solchen Situationen ist der Einsatz von %b sehr hilfreich, wie wir später sehen werden.

Oft enthalten solche Formationen wie ein Doppelbottom kleinere Muster, vor allem bei den nächsthöheren Vergrößerungen. Untersuchen Sie also ein W-Muster auf einem Tageschart, suchen Sie auch nach kleineren Mustern im Stundenchart, um die Wendepunkte der übergeordneten Formation zu bestätigen.

Gut, jetzt haben Sie also ein W gefunden, das allen Kriterien entspricht und das Ihnen gefällt – aber was tun? Kaufen Sie bei Stärke. Warten Sie auf einen Handelstag mit überdurchschnittlich großem positivem Kursbereich und hohem Volumen (Abbildung 12.8). Dieser Tag bestätigt Ihre Diagnose der Formation und legt den Grundstein für den Kursanstieg.

Abbildung 12.8 W-Muster, Kauf am Bestätigungstag, Chevron, 150 Tage. Ein Anstieg des Volumens mit großem positivem Kursbereich nach einem W ist ein Kaufsignal.

Ihr Stop sollte unter dem letzten Tief liegen – die rechte Seite des W – und nachgezogen werden, sobald dies sinnvoll erscheint. Entweder verwenden Sie einen ähnlichen Ansatz wie das Welles Wilder Parabolic System, das den Stop täglich nachzieht, oder Sie verschieben Ihren Stop händisch auf ein wenig unter den tiefsten Punkt der letzten Konsolidierungsphase.

Der Raum, den Sie den Kursschwankungen durch das Setzen Ihrer Stops einräumen, hat großen Einfluss auf Ihren Erfolg. Zu eng gesetzte Stops führen dazu, dass Sie zu schnell aus einer Position ausgestoppt werden, während Ihnen durch zu weite Stops zu viel von Ihrem Gewinn wieder abgenommen wird. Am besten ist es, mit recht weiten Stops anzufangen und sie dann langsam immer enger werden zu lassen, bis das Verhältnis von Risiko und möglichem Gewinn zu Ihrem Handelsstil passt.

Bei der Einteilung der Tiefstände stellt sich heraus, dass die fundamentalen und psychologischen Faktoren oft dieselben sind. Das erinnert uns

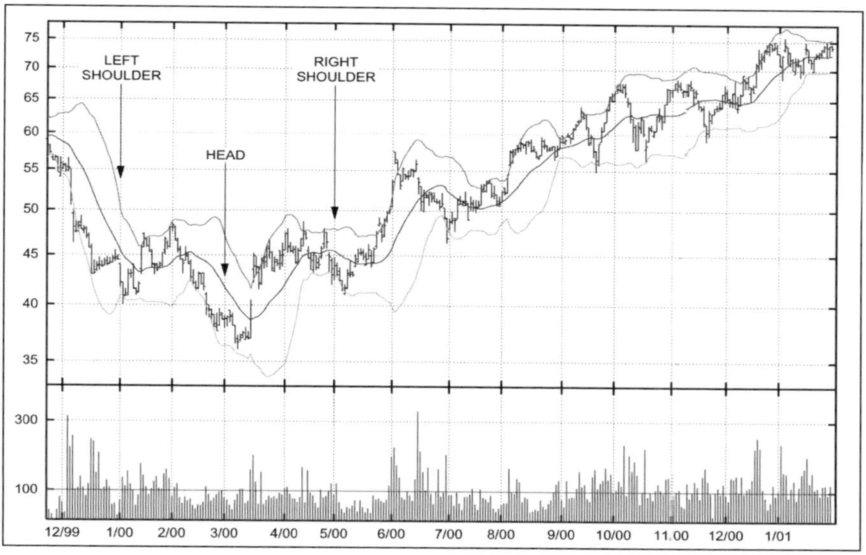

Abbildung 12.9 Kopf-Schulter-Formation, W8 und W10, PNC, 300 Tage. Ein komplexes W kann zu einer Kopf-Schulter-Formation werden.

an das Ziel und den wahren Zweck der Technischen Analyse: das Erkennen von Zusammenhängen im Markt, um Gelegenheiten zu finden, bei denen die Chancen für das Eröffnen einer Position günstig stehen. Damit dies funktionieren kann, müssen wir an die Muster glauben können, die wir sehen, und dafür ist es notwendig, dass wir die Faktoren verstehen, die letztlich zu einem Muster führen. Die Technische Analyse ist keine isolierte Wissenschaft, sondern vielmehr die Abbildung der Handlungen der Anleger und Investoren auf der Basis von fundamentalen und psychologischen Tatsachen – oder genauer gesagt, auf der Basis der Erwartung dieser Tatsachen.

Die Fachsprache der Technischen Analyse ist geprägt von Ausdrücken, die die verschiedenen Situationen beschreiben, manche genau, manche vage und manche unbegreiflich. Diese Begriffe sind nur insofern sinnvoll, als dass sie die grundlegende Realität nachbilden können. So kann z. B. ein W mit einer tiefer liegenden rechten Seite sich oft zu einer umgekehrten Kopf-Schulter-Formation entwickeln (Abbildung 12.9), wenn der letzte Test der Unterstützung erst dann stattfindet, wenn der Aufwärtstrend schon begonnen hat – ein W8 wird zu einem W14 oder W16 nach ein, zwei weiteren Kursschwüngen. In einfachen Worten wird die noch junge Aufwärtsentwicklung von Skepsis und Gewinnmitnahmen geprägt, was zu einem Einbruch führt, der die rechte Schulter bildet. Die Kopf-Schulter-Formation gehört aber eher in den Bereich der Topformationen, mit denen wir uns als Nächstes beschäftigen werden.

Zusammenfassung der wichtigsten Punkte

- W-Muster und ihre Varianten kommen sehr häufig vor.
- Spitze V-Muster kommen zwar vor, aber nur sehr selten.
- Ein W ist eher ein Übergang zu einer Bodenbildung als eine Umkehr.
- BBB helfen, W-Muster klarer zu sehen.
- Kaufen Sie bei Stärke nach einem W.
- Setzen Sie zur Risikokontrolle einen nachgezogenen Stop.
- Potentielle W-Muster werden täglich auf www.BollingeronBollingerBands.com aufgelistet.

Kapitel 13

M-Tops

TOPS UNTERSCHEIDEN SICH sehr von Bottoms, so wie die M-Muster von den W-Mustern. Geschwindigkeit, Volatilität, Volumen und Ausprägung – alle diese Punkte können verschieden sein. Daher sind auch Tops und Bottoms von entsprechender Wichtigkeit einfache Spiegelbilder. Die Muster sind ein Ergebnis der Psychologie. Panik ist ein viel härteres, kraftvolleres Gefühl als Gier, daher zeichnet sich die Panik auch auf dem Chart klarer ab. Das typische Bottom-Muster ist der Double Bottom oder W-Muster, aber Tops sind komplexer und bilden am häufigsten Dreifach-Tops aus. Analog zu den V-förmigen Panik-Bottoms kommt es auch manchmal zu spitzen Tops mit einer scharfen Umkehr des Aufwärtstrends, aber nur sehr selten. Weiter verbreitet sind die M-Muster, die Doppeltops, die aus einem Anstieg, einem Einbruch und einem Antesten des Widerstandes auf dem ungefähren Niveau des zuvor erreichten Hochs, gefolgt vom Beginn eines Abwärtstrends, bestehen. Das am häufigsten auftretende Muster ist das Dreifach-Top und seine Variante, die Kopf-Schulter-Formation (diesen Begriff kennen wahrscheinlich die meisten Anleger und Investoren).

Die Kopf-Schulter-Formation (Abbildung 13.1) wird gebildet von einem Kursanstieg und einem kurzen Einbruch, die die linke Schulter darstellen. Der Kopf entsteht durch einen neuerlichen Kursanstieg auf ein neues Hoch mit einem Kursrückgang auf das ungefähre Niveau des ersten Einbruches. Das wäre bisher ein typisches M15-Muster. Der folgende Kursanstieg erreicht kein neues Hoch mehr und endet im Idealfall ungefähr auf dem Niveau der linken Schulter und der Kurs fällt unter die Unterstützungslinie der beiden vorangegangenen Kurseinbrüche – die

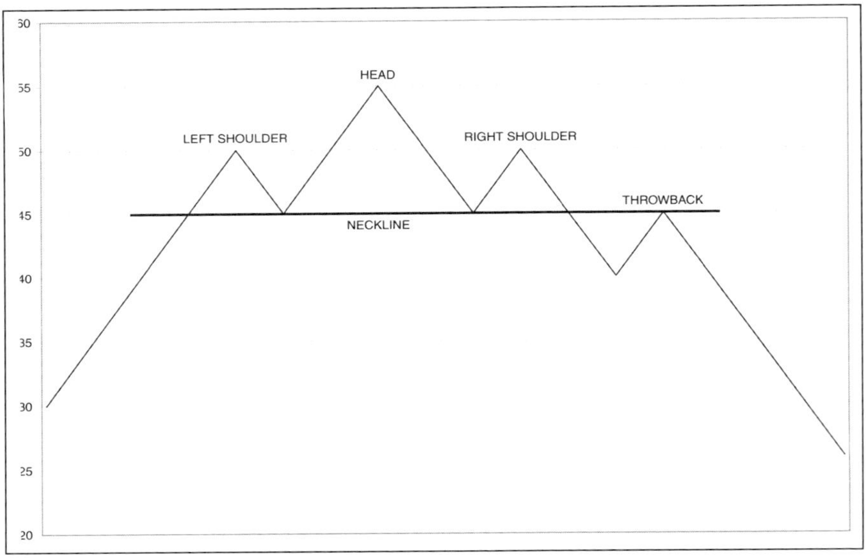

Abbildung 13.1 Idealisierte Kopf-Schulter-Formation; das bekannteste Chartmuster.

Halslinie. Damit ist die rechte Schulter ausgebildet. Das neue Muster könnte ein M15 sein, das sich nach zwei weiteren Kursschwüngen in ein M12 oder ein M7 verwandelt. Der letzte Teil der Formation ist ein letztes Aufbäumen des Kurses, der kurz auf das Niveau der Halslinie steigt, die Erholungsrally. Nach den letzten zwei Kursschwüngen haben wir ein M1 oder M3 und ab hier geht es ernsthaft bergab. Auch das Volumen einer Kopf-Schulter-Formation folgt einem bestimmten Muster – es ist am stärksten auf der linken Seite, wird in der Mitte schwächer und legt rechts mit dem beginnenden Kursverfall wieder zu.

Sowohl das Kursmuster als auch das entsprechende Volumen sind stark mit der zugrunde liegenden Psychologie verknüpft. Euphorie und Gier charakterisieren die linke Seite des Musters, wobei der Hauptteil der Informationen durch Gerüchte verbreitet wird. Das Volumen ist bei großen Umsätzen natürlich hoch. Der Kopf bildet sich meist, wenn die verbreiteten Gerüchte bestätigt werden. Obwohl ein neues Hoch erreicht wurde, wird dies durch das Volumen nicht bestätigt. Hier kommt die alte

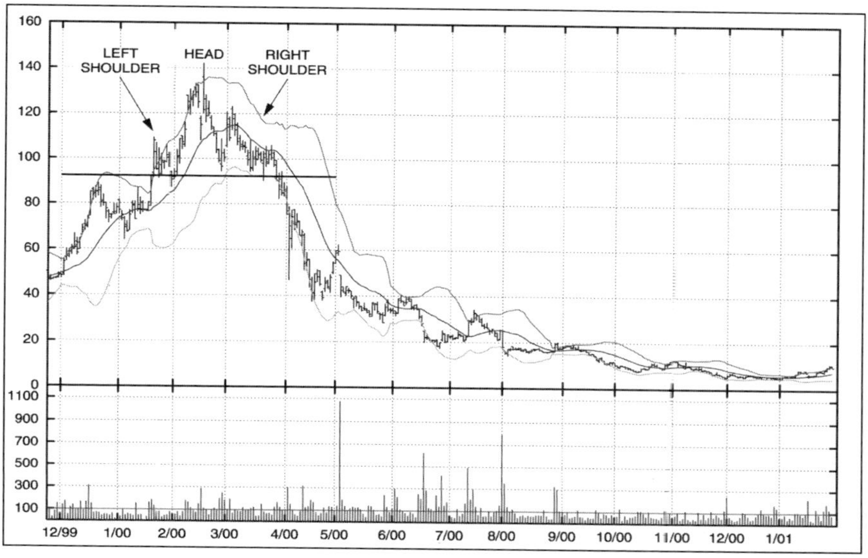

Abbildung 13.2 Kopf-Schulter-Formation, Vishay, 250-Tage. Selten wird diese Formation perfekt ausgebildet. Suchen Sie nach den Schlüsselmerkmalen, um sich zu vergewissern.

Weisheit „Sell the news“ ins Spiel, da diejenigen, die schon in Erwartung der Information gekauft haben, jetzt ihre Gewinne realisieren. Diese Verkäufe in Verbindung mit den Leerverkäufen der Pessimisten führen zur Ausbildung der rechten Seite des Kopfes und bereiten den Weg für einen letzten schwachen Ausbruch von Optimismus, die rechte Schulter. Der Handel ist bei geringem Volumen richtungslos. Dann beginnt der wirkliche Abstieg, die Halslinie wird durchbrochen und das Volumen steigt ebenso wie die Angst an. Letztlich ist das Schließen der Short-Positionen der Trader, die den Kursverfall vorhergesehen und nahe dem Höchststand leer verkauft haben, wahrscheinlich für die kurze Erholung des Kurses auf das Niveau der Halslinie verantwortlich. (Die Short-Positionen müssen durch Aktienkäufe geschlossen werden.) Diese kleine Erholungsrallye ist die letzte Chance, um mit einem blauen Auge davonzukommen, denn jetzt kommen noch tiefere Kurse. Ein gutes Beispiel sehen Sie in Abbildung 13.2.

Glücklicherweise bekommen wir von den BBB bei der Diagnose starke

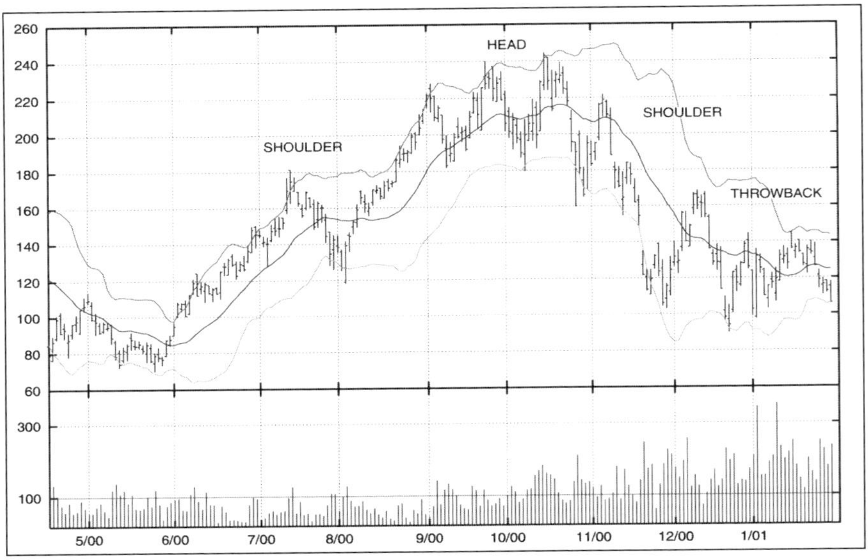

Abbildung 13.3 Kopf-Schulter-Formation mit BBB, S1, 300 Tage. Ein wenig unübersichtlich, aber alle Bestandteile sind vorhanden.

Unterstützung. Am leichtesten lassen sich Tops erkennen, wenn man sie in ihre Bestandteile zerlegt und sie als Abfolgen von M- und W-Mustern sieht. Es ist viel einfacher, mit diesen Einzelteilen umzugehen als mit der ganzen Formation, aber betrachten wir zuvor die ganze Formation in einem idealen Licht.

Das klassische Muster ist eine linke Schulter außerhalb des oberen Bollinger-Bandes, ein Kopf, der das obere Band berührt, und eine rechte Schulter, die deutlich unter dem oberen Band liegt (Abbildung 13.3). Im Idealfall kreuzt die Halslinie das mittlere Band an der rechten Schulter und der erste Einbruch würde den Kurs genau bis zum mittleren Band fallen lassen. Auch die Erholungsrally am Ende würde bis zum mittleren Band steigen und zum Schluss würde dramatischerweise der erste Teil des Abwärtstrends das untere Band durchbrechen. So sieht das Ideal aus, aber die Chancen, ein solches in allen Belangen perfektes Muster zu finden, stehen ziemlich schlecht. Viel häufiger bilden sich Muster, die sich an die meisten dieser Regeln halten.

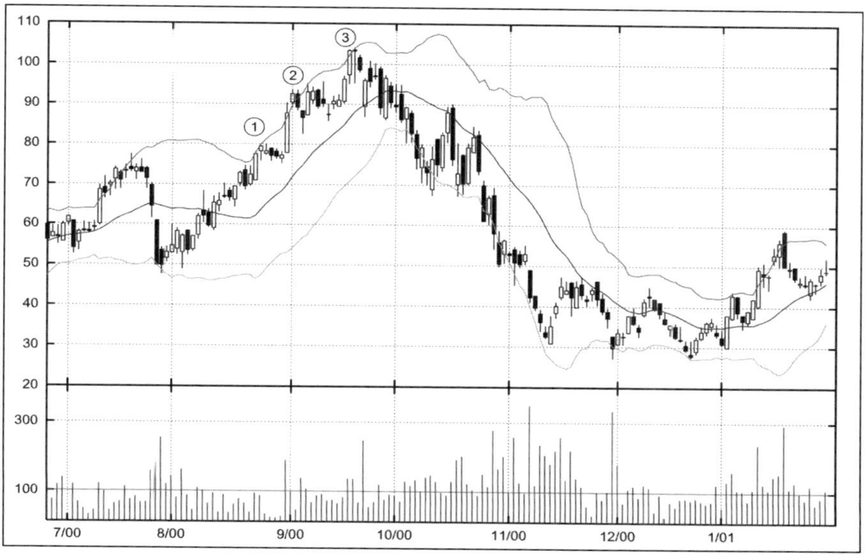

Abbildung 13.4 Drei Anläufe zum Hoch, Juniper, 200 Tage. Beachten Sie, dass nach dem letzten Hoch überwiegend schwarze Kerzen auftreten.

Es gibt eine bestimmte Art der Kopf-Schulter-Formation, auf die ich gesondert hinweisen möchte: drei Anläufe zum Hoch (Abbildung 13.4). Dieses Muster entwickelt sich oft als Vorbote einer größeren, längeren Topformation. Normalerweise liegt der erste Anlauf außerhalb des oberen Bandes, der zweite Anlauf führt zu einem neuen Hoch und berührt das obere Band. Der dritte Anlauf erreicht vielleicht ein neues geringfügiges Hoch – meistens aber nicht – und berührt das Band nicht. Im Verlauf des Musters nimmt das Volumen stetig ab. Dies spiegelt das schwächer werdende Momentum wider, das bei vielen Aktien während der Ausbildung eines Tops zutrifft. Die typischen Bausteine sind M15 oder M16.

Der erste Teil einer Kopf-Schulter-Formation ist ein M-Muster, das die linke Schulter und den Kopf bildet. M14, M15 oder eine Mischung der beiden sind typische Kandidaten. Der nächste Teil ist ein weiteres M, das den Kopf und die rechte Schulter beschreibt. Dafür wären die Muster M3, M4, M7 oder M8 typisch. Den Abschluss bildet ein drittes M, die rechte Schulter und die Erholungsrally, normalerweise ein M1 oder M3.

Andererseits möchten Sie vielleicht die Formation ab dem ersten Tal nach dem Kopf als Abfolge von W-Mustern sehen, da sich die Richtung nun mit dem tieferen Hoch und möglichen tieferen Tief eher gewendet hat. Bei der Erholungsrally sollten Sie nach einem W1 oder W2 suchen.[37]

Natürlich können Sie auch noch mehr ins Detail gehen und jedes M und W einzeln sehen – in einer Kopf-Schulter-Formation sind insgesamt fünf enthalten – und jedes davon auf seine Gültigkeit überprüfen. Aber dafür besteht keine Notwendigkeit, außer vielleicht für kurzfristig orientierte Trader, die innerhalb einer Formation nach günstigen Gelegenheiten suchen. Für Position Trader genügt es im Allgemeinen, die Formationen und ihre Entwicklung zu beobachten und ihre Verlaufsrichtung zu erkennen.

Wie wir schon bei den Bottoms gesehen haben, enthalten die Topformationen wie die Kopf-Schulter-Formation kleinere Muster, die durch die Verkürzung des Zeitrahmens sichtbar werden. Beobachten Sie also die Entstehung einer Kopf-Schulter-Formation auf einem Tageschart, achten Sie zur Bestätigung auch auf die Ausbildung von kleineren Mustern im Stundenchart.

Haben Sie eine mögliche Formation entdeckt, warten Sie auf ein Zeichen der Schwäche, um Ihre Analyse zu bestätigen, bevor Sie etwas unternehmen. Das kann ein Tag mit überdurchschnittlichem Volumen und Kursschwankungen sein. Ein weiterer Aspekt beim erfolgreichen Einstieg in einen Trade, der im letzten Kapitel nicht erwähnt wurde, ist Geduld. Oft kommt es nach den ersten Anzeichen der Schwäche zu einer kleinen Rally gegen den Trend, der sich als Einstiegspunkt hervorragend eignet. So bietet z. B. die Erholungsrally nach dem Durchbrechen der Halslinie oft eine schöne Gelegenheit zum Einstieg (Abbildung 13.5). Natürlich trifft dies auch auf Bottoms zu, aber bei Tops ist dies oft klarer ersichtlich. Viele professionelle Trader machen sich ein solches Muster zur Bedingung, bevor sie eine Position eröffnen, da sie dadurch das

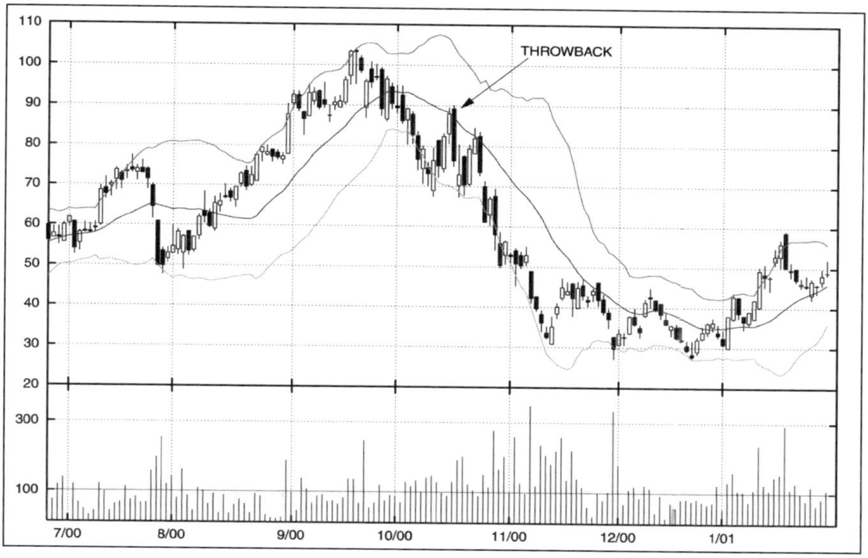

Abbildung 13.5 Möglichkeit zum Verkauf nach der Erholungsrally, Integrated Device, 150 Tage. Handelt es sich um eine rechte Schulter oder um eine Erholungsrally? Ganz egal! Was hier zählt, ist der günstige Einstiegspunkt mit geringem Risikofaktor.

Risiko und den möglichen Gewinn besser abschätzen können, und einen Stop genau oberhalb des höchsten Kurses der Erholung setzen. Damit erreicht man ein sehr gutes Chance-Risiko-Verhältnis.

Bei den Tops ist die Relativität der Schlüssel zum Erfolg, genau wie bei den Bottoms. In vielen Fällen wird unsere Einschätzung eher vorsichtig sein, obwohl der Kurs gerade ein neues absolutes Hoch erreicht hat. Das einzige Erfolg versprechende Hilfsmittel sind die BBB. Ein Hoch, das außerhalb der Bänder liegt und von einem zweiten Hoch innerhalb der Bänder gefolgt wird, ist immer verdächtig, besonders wenn das zweite (höhere) Hoch das obere Band nicht erreicht. Dies ist der einzige uns bisher bekannte Weg, wie man durchgehend auf die Gefahren eines neuen Hochs oder die Gelegenheiten eines neuen Tiefs hingewiesen wird. Eine besonders klare Abfolge ist ein Hoch außerhalb des oberen Bandes, ein Einbruch, eine Berührung des oberen Bandes, ein weiterer Einbruch und ein letzter Anstieg, der das obere Band nicht erreicht. In Teil IV werden wir Ihnen zeigen, wie Sie diese Informationen mit Indikatoren kombinieren und dadurch mehr Vertrauen in Ihre Fähigkeit, wichtige Knotenpunkte bei Aktien zu erkennen, gewinnen können.

Zusammenfassung der wichtigsten Punkte

- Tops sind komplexer als Bottoms.
- Das bekannteste Top ist die Kopf-Schulter-Formation.
- „Drei Anläufe zum Hoch" ist eine weit verbreitete Formation.
- Das klassische Top wird von abnehmendem Momentum begleitet.
- Warten Sie auf ein Zeichen der Schwäche.
- Verkaufen Sie bei Aufwärtsbewegungen gegen den Trend!
- Potentielle M-Muster werden täglich auf www.BollingeronBollingerBands.com aufgelistet.

Kapitel 14
Entlang der Bänder gehen

WIR HABEN DIE Tops und die Bottoms betrachtet, aber wie sieht es mit länger anhaltenden Trends aus, dem vielleicht schwierigsten Gebiet bei der Positionspflege? Der Fehler, den die meisten Trader bei der Anwendung von Bändern oder Kanallinien begehen, ist das blinde Verkaufen, sobald das obere Band berührt wird, und das unreflektierte Kaufen bei einer Berührung des unteren Bandes. Wenn solche Berührungen Teile eines übergeordneten Musters sind oder von den Indikatoren nicht bestätigt werden, dann können sie sehr wohl Kauf- oder Verkaufssignale sein – oder vielleicht doch nicht. Die Berührung eines Bandes für sich allein ist niemals ein Signal.

Ein gutes Beispiel dafür, dass eine Berührung des oberen Bandes nicht unbedingt ein Verkaufssignal sein muss, gibt uns der US-Aktienmarkt. Im Juni 1998 begann eine starke Korrektur. Wir betrachten das Geschehen ab Oktober 1998, als die Tiefstände erreicht waren und der Markt sich wieder erholte (Abbildung 14.1). Ein W8 hatte sich ausgebildet und der S&P-Index ging in einen starken Aufwärtstrend über, der bis Mitte des nächsten Jahres anhielt. Während dieser Phase kam es zu mehreren Berührungen des oberen Bandes – die erste nur acht Tage nach dem Tiefstand. Keine dieser Berührungen waren Verkaufssignale, zumindest nicht für einen mittelfristig orientierten Anleger. Eine solche Abfolge von Berührungen nennen wir „entlang des Bandes gehen“ und sie kommt während anhaltender Trends häufig vor.

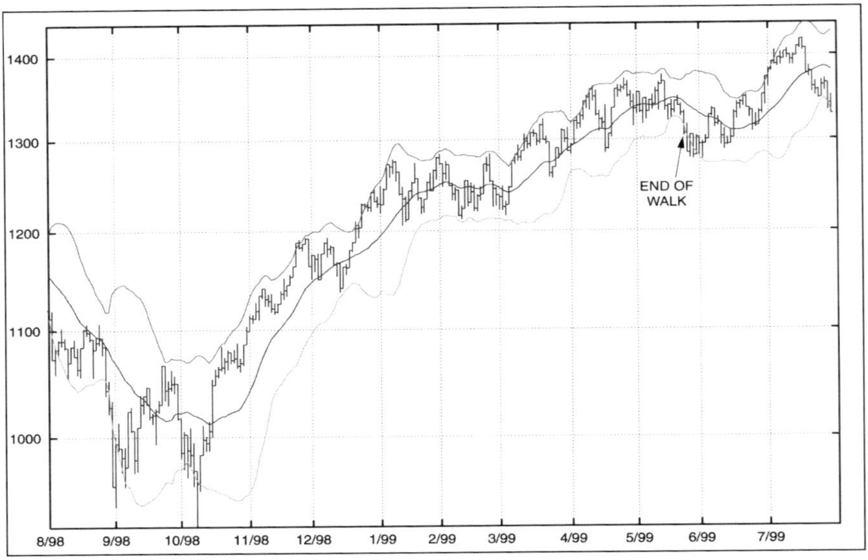

Abbildung 14.1 S&P 500 mit Bollinger-Bändern, Herbst 1998/Frühjahr 1999. Ein langer Spaziergang entlang des oberen Bandes. Das untere Band wird nie berührt.

Im Verlauf eines Anstieges wird das Gehen entlang des Bandes durch mehrere Berührungen des oberen Bandes charakterisiert, und es treten oft mehrere Tage auf, bei denen der Kurs über das obere Band hinausgeht (Abbildung 14.2). Während eines Abwärtstrends wird das untere Band mehrfach berührt oder gekreuzt. *Die Tage, an denen der Kurs außerhalb des Bandes liegt, sind Anzeichen für die Fortsetzung des Trends und keine Umkehrsignale.* Sie können zum ersten Teil eines Musters werden, das sich als Umkehrformation herausstellt, aber normalerweise sind sie selbst keine Umkehrsignale. Im Allgemeinen entwickelt sich ein Muster aus einer unbestätigten Spitze oder einem Tal innerhalb der Bänder, das ein Signal erzeugt, aber bevor ein solches Muster entsteht, können noch viele Beständigkeitssignale auftreten. Die offene Form[38] vieler Volumenindikatoren – im Besonderen der Intraday Intensity (II) oder Accumulation Distribution (AD) – ist sehr hilfreich, wenn es um die Untersuchung von Phasen geht, in denen der Kurs entlang eines Bandes geht (Abbildung 14.3). Das liegt daran, dass diese Indikatoren dazu neigen, in ihrer offenen Form trendbeschreibend zu wirken, und so in einem anhaltenden

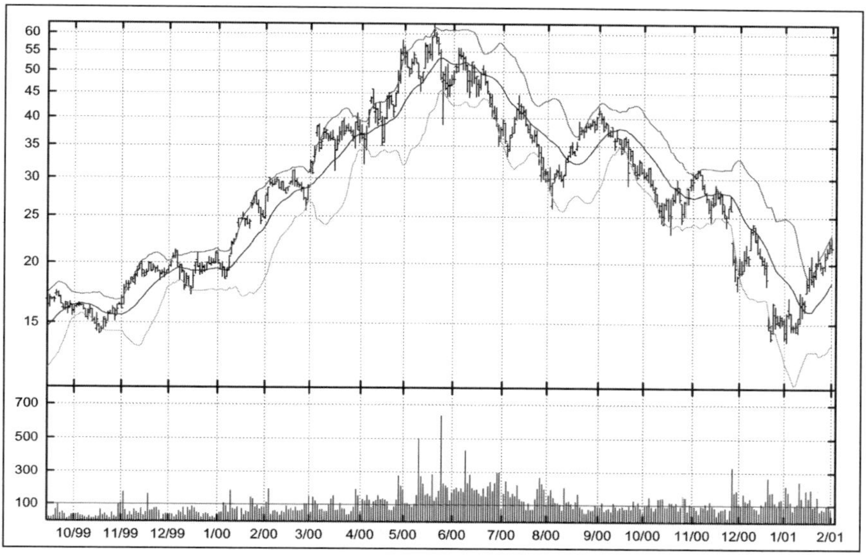

Abbildung 14.2 Gehen entlang des oberen Bandes, gefolgt von einem M-Muster, Vishay, 350 Tage. Die Schlusskurse außerhalb des Bandes sind Anzeichen für einen anhaltenden Trend.

Abbildung 14.3 Gehen entlang des oberen Bandes mit Intraday Intensity, offen, Texas Instruments, 350 Tage. Beachten Sie, wie der Indikator nach unten dreht und die Kursbewegung bestätigt.

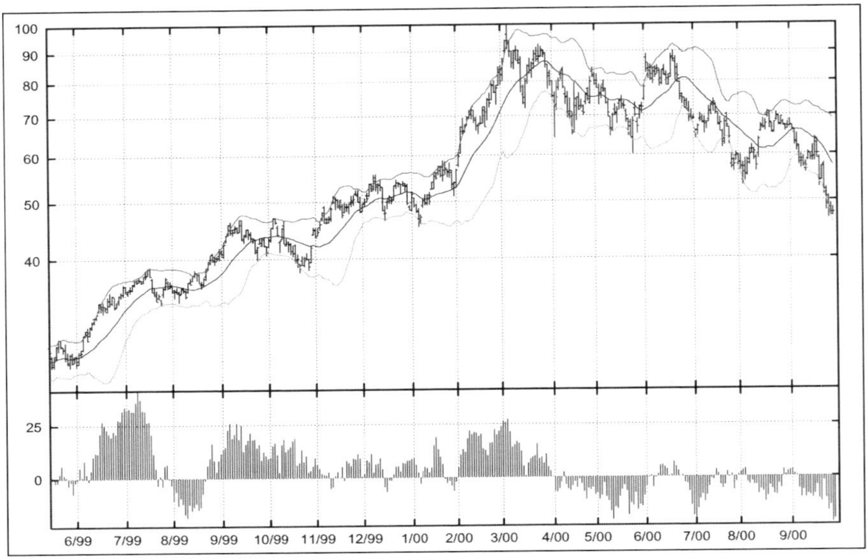

Abbildung 14.4 Gehen entlang des oberen Bandes mit Intraday Intensity, geschlossen, Texas Instruments, 350 Tage. Der Indikator ist positiv; nach dem Top wird er negativ.

Trend besser mit dem Kurs direkt verglichen werden können als die Oszillatoren. Um dies zu überprüfen, zeichnen Sie die II oder den AD in einem Kurschart ein, aber mit unterschiedlicher Skalierung.

Die geschlossenen Formen der II und des AD sind sehr praktisch, da die Berührungen des Bandes durch den Indikator bestätigt werden sollten (Abbildung 14.4). Eine Berührung, die von einer gegensätzlichen Aussage des 21-Tage II % begleitet wird, ist ein Signal für das Ende eines Trends. Seien Sie bei kleinen Divergenzen besonders vorsichtig. Dabei kann es schon genügen, dass der Indikator in die Nähe seines früheren Hochs kommt. Wenn z. B. der 21-Tage II % bei jeder Aufwärtsbewegung immer wieder in den Bereich der unteren 20 Prozent fällt, dann kann eine Aufwärtsbewegung von 19 oder 20 Prozent schon als Warnung gesehen werden, aber wahrscheinlich ist dies kein Verkaufssignal – jedenfalls noch nicht. Die ersten Divergenzen sind für gewöhnlich nur Warnungen, die später von klareren und bedeutenderen Divergenzen gefolgt werden, wenn sich ein Top oder ein Bottom ausbildet.

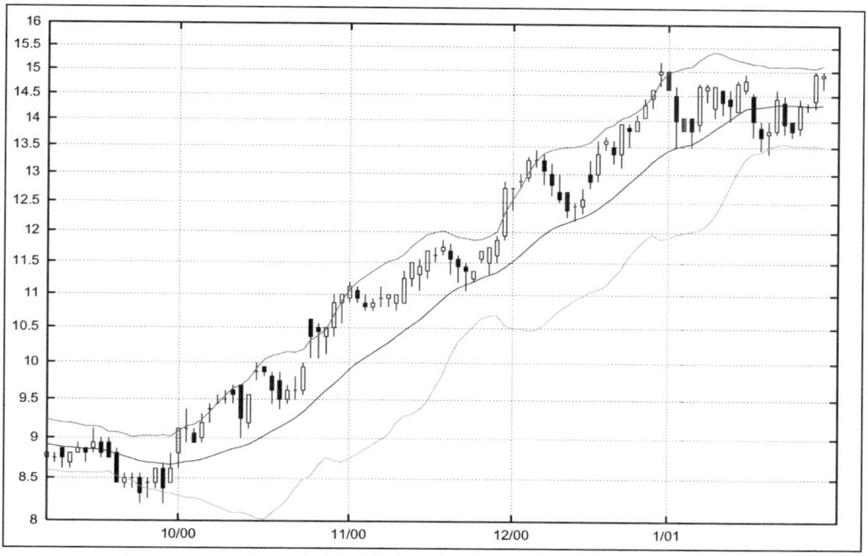

Abbildung 14.5 Der Durchschnitt als Unterstützung, Archer Daniels, 100 Tage. Die Unterstützung durch einen gut gewählten Durchschnitt definiert den Trend.

Wenn der gewählte Durchschnitt gut auf die Aktie abgestimmt ist, d. h., wenn er den vorherrschenden Zwischentrend gut beschreibt, dann bildet er eine Unterstützungslinie für die Kursrückgänge beim Gehen entlang des Bandes (Abbildung 14.5). Dadurch können sich vorzügliche Gelegenheiten zum Eröffnen einer Position, zum Vergrößern der Position oder zum Wiedereinstieg in eine Position ergeben. Wie bei den Tops findet man bei diesen Punkten hervorragende Chance-Risiko-Verhältnisse, denn Sie werden sehr schnell herausfinden, ob Sie falsch liegen – und wenn Sie richtig liegen, ist das Gewinnpotential gewaltig.

Das Gehen entlang eines Bandes besteht meist aus drei Hauptschritten. Viele verschiedene Ansätze wie z. B. R. N. Elliotts Wellentheorie haben festgestellt, dass drei Schritte nach oben oder nach unten, die von Korrekturen unterbrochen werden, das typische Muster eines Trends bilden (Abbildung 14.6). Bei der Reaktion sind zwei Schritte mit einer Gegenbewegung zu erwarten.[39] Dies sind zwar hilfreiche Richtlinien, um das Gehen entlang der Bänder und auch andere Marktbewegungen leichter

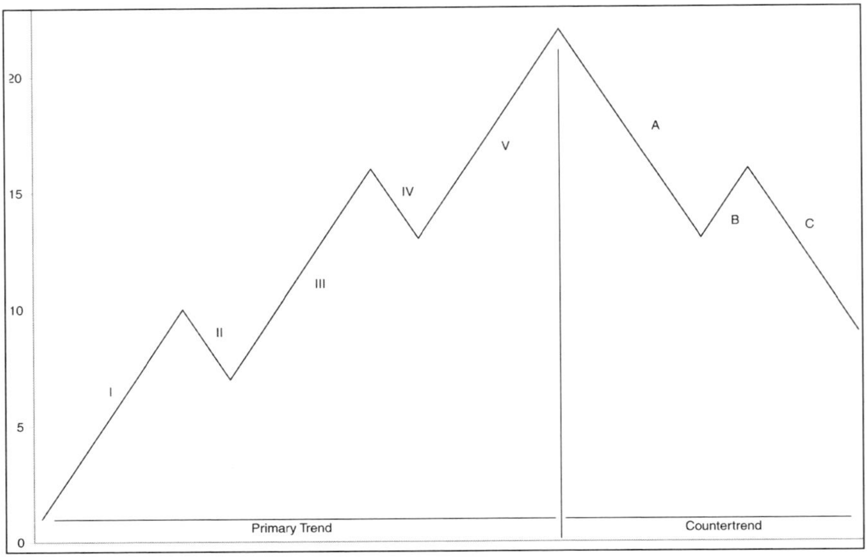

Abbildung 14.6 Grundlegendes Muster der Elliottwelle.

zu diagnostizieren, aber man kann sich nicht absolut darauf verlassen, da nicht jeder Trend aus drei Schritten besteht, sondern oft aus einigen mehr. In einem solchen Fall gibt das Unvermögen der Kurse, über die Bänder hinauszugehen, ein gutes Warnsignal, dass die Tage des Anstieges oder des Kursverfalls gezählt sind.

Wenn man sich an die Regeln von Elliott hält, dann ist es sehr wichtig, dies voll und ganz zu tun. Bewegen Sie sich immer mit den Entwicklungen, die der Markt zeigt, und nicht mit den Entwicklungen, die Sie vom Markt erwarten. Ansätze, die auf strengen Regeln oder auf genauen Darstellungen der strukturellen Aspekte des Tradings beruhen, führen ihre Anhänger leider oft so sehr in die Irre, dass es zu bedeutenden Verlusten an Investitionskapital kommen kann.

Obwohl sie mit dem Thema dieses Buches wenig zu tun haben, so enthalten die Theorien von R. N. Elliott und W. D. Gann doch einige Wahrheiten. Trotzdem sind sie nicht der Weisheit letzter Schluss, wie sie den Anlegern oft präsentiert werden. Wenden Sie diese Regeln ruhig an – sie beruhen auf langjähriger Beobachtung der Märkte und beinhalten großes Wissen, aber wenden Sie sie mit der gebührenden Sorgfalt an. Die Märkte wissen nicht, dass sie den Regeln folgen sollten, und brechen sie oft in Unwissenheit; dabei bleiben die dogmatischen Anhänger im besten Falle ohne Führung, oder mit der falschen Anleitung im schlimmsten Fall.

Beim Investieren gibt es keine einfachen Antworten. Das Investieren ist eine harte und komplexe Arbeit; so war es immer und so wird es immer sein. Einfache Systeme reichen nicht aus. Neben jeder Wellenzählung gibt es noch eine, die lautstark ihre Aufmerksamkeit fordert. Neben jedem Zeitpunkt gibt es noch weitere, noch wichtigere Zeitpunkte. Gelegenheiten, bei denen das Verhältnis von Chance und Risiko einschätzbar ist, bieten die einzige sinnvolle Möglichkeit. Es ist sicher kein Fehler, zur Steigerung des Vertrauens zu sich selbst und Ihren Handelsentscheidungen zusätzliche Daten, Informationen und Methoden zu verwenden, seien Sie aber immer sehr sorgfältig bei der Auswahl dessen, was Sie verwenden und wie Sie es verwenden.

Jede Idee in diesem Buch lässt sich quantifizieren, und wir fordern Sie auf, dies zu tun, genau so wie Sie alle anderen Hilfsmittel quantifizieren sollten. Dieser Vorgang der Quantifizierung ist der erste Schritt beim Aufbau des Vertrauens, das für die erfolgreiche Ausführung Ihres Tradingplanes notwendig ist. Warum kann das nicht ein anderer für Sie erledigen? Weil das nicht möglich ist. Nur Sie kennen Ihre Kriterien für ein gutes Risiko-Chance-Verhältnis. Nur Sie können entscheiden, ob ein Ansatz für Sie funktioniert. Die Welt der Systemtester geht davon aus, dass Sie in der Lage sind, sich an die Vorgaben eines bestimmten Systems zu halten, aber in Wahrheit werden Sie jedes System eines anderen nachträglich bewerten – und zwar von Anfang an. Ein Ansatz mag zu volatil sein, ein anderer zu langsam. Der Weg zum Erfolg liegt darin, die Ideen in diesem Buch in Betracht zu ziehen, diejenigen auszuwählen, die Ihnen intuitiv richtig erscheinen, und diese dann auf die Aktien, die Sie normalerweise handeln, anzuwenden. Finden Sie heraus, ob sie zu Ihrem

Tradingstil passen und ob die Regeln für Sie funktionieren. Es ist eine Sache, wenn jemand frech behauptet, dass etwas funktioniert, aber eine ganz andere Frage ist, ob es auch für Sie funktioniert.

Wenn Sie nach einem einfachen Ansatz suchen, probieren Sie eine der drei Methoden aus, die Sie hier finden. Wandeln Sie sie ab, um sie an Ihre Bedürfnisse anzupassen, und probieren Sie weiter. Allerdings stehen die Erfolgschancen besser, wenn Sie einige der hier vorgestellten Ideen in Ihr bestehendes System integrieren. Damit profitieren Sie von Ihrem erarbeiteten Wissen und vom Inhalt dieses Buches.

(Zusätzlich zu den Listen auf www.BollingeronBollingerBands.com bietet der professionelle Bereich von www.EquityTrade.com täglich erstellte Listen von Aktien, die entlang der Bänder gehen.)

Zusammenfassung der wichtigsten Punkte

- Das Gehen entlang der Bänder kommt häufig vor.
- Das bloße Berühren eines Bandes ist für sich noch kein Kauf- oder Verkaufssignal.
- Mit Hilfe von Indikatoren kann leichter zwischen einer bestätigten und einer unbestätigten Berührung unterschieden werden.
- Der Durchschnitt kann während eines anhaltenden Trends als Unterstützung dienen und Einstiegspunkte anzeigen.

Kapitel 15
Der Engpass

BISHER HABEN WIR das Feststellen von Tops und Bottoms mit Hilfe der BBB betrachtet und uns mit dem Gehen entlang der Bänder beschäftigt. In Teil IV werden wir den Entscheidungsprozess noch mit Indikatoren erweitern, aber zuvor ist noch ein weiteres wichtiges Anwendungsgebiet der BBB zu besprechen: der Engpass.

Der Engpass bringt mehr Fragen mit sich als jeder andere Aspekt der BBB und ist zweifellos das beliebteste Thema, wenn es um die BBB geht. Diese dramatische Kontraktion der Bänder über einen längeren Zeitraum hinweg und diese darauf folgende Explosion der Aktivität fesseln die Aufmerksamkeit. Zuerst befassen wir uns mit der Frage, was der Engpass eigentlich ist, und führen ein Hilfsmittel ein, mit dem er gemessen werden kann. Dann kommen wir zu einiger Hintergrundinformation über Volatilität im Allgemeinen und schlagen einige Handelsansätze für den Engpass vor.

Die BBB basieren auf Volatilität und der Engpass ist das reinste Abbild dieser Volatilität. Wenn die Volatilität extrem zurückgeht, dann kommt ein Engpass auf uns zu. Ein Indikator namens BandBreite (siehe Tabelle 15.1) misst den Engpass.[40] Die BandBreite bildet die Volatilität als eine Funktion des Durchschnittes ab (Abbildung 15.1). Somit kann sie von einer Aktie zu anderen, von einem Zeitraum zum anderen oder von einem Markt zum anderen verglichen werden. Wie wir schon gesehen haben, verändert sich die Volatilität im Lauf der Zeit stark. Und genau diese Veränderlichkeit ist der Schlüssel beim Engpass.

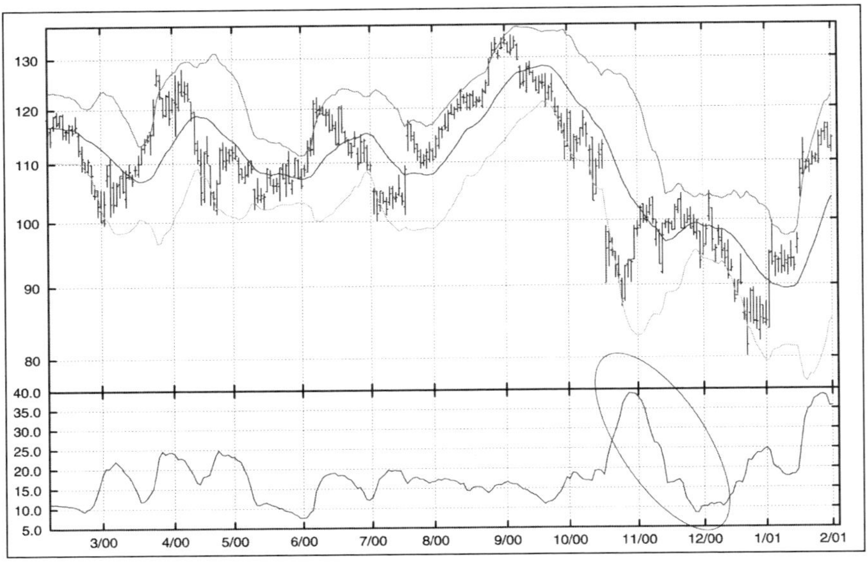

Abbildung 15.1 Bollinger-Bänder und BandBreite, IBM, 250 Tage. Die BandBreite fällt von über 40 Prozent auf unter 10 Prozent in 20 Tagen.

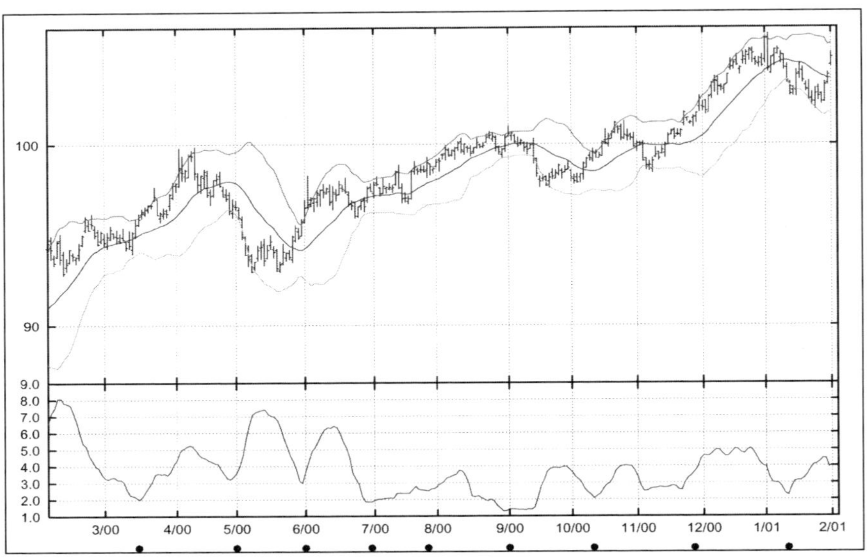

Abbildung 15.2 T-Bond mit BandBreite, 250 Tage. Hier ist der Zyklus der Volatilität offensichtlich.

Ein Engpass kann auf verschiedene Arten definiert werden. Die einfachste Definition – die sich auch hervorragend für unsere Zwecke eignet – ist die folgende: Zu einem Engpass kommt es, wenn die BandBreite auf das tiefste Niveau der letzten sechs Monate sinkt.[41]

Mehrere Jahre lang zirkulierte eine akademische Theorie, die besagte, dass zwar der Preis weder zyklisch noch vorhersagbar sei, die Volatilität aber sehr wohl. (Vielleicht möchten Sie hierzu noch einmal Kapitel 9 über Statistik lesen.) Der Teil über Volatilität trifft voll und ganz zu, aber der Kurs zeigt doch einige Anzeichen eines zumindest teilweise zyklischen und vorhersagbaren Verhaltens.

So gibt es z. B. im US-Aktienmarkt starke saisonale Trends. Sowohl ein Jahres- als auch ein Vierjahresmuster ist klar erkennbar und kann vorteilhaft genutzt werden. Tatsächlich erklärt sich ein großer Teil der Veränderung in einem Jahr anhand des Vierjahreszyklus. Aus einem ganz anderen Blickwinkel hat John Ehlers gezeigt, dass die Rohstoffpreise kurzfristig gesehen wertvolle zyklische Informationen enthalten.

Während wir also mit dem Teil der Aussage, dass die Kurse weder zyklisch noch vorhersehbar sind, nicht ganz übereinstimmen, gibt es genügend Beweise dafür, dass die Volatilität sowohl Zyklen folgt und auch gute Prognosen gemacht werden können, und damit bestätigt sich die zweite Hälfte der Theorie. Betrachten Sie z. B. Abbildung 15.2, die den T-Bond-Future und seine BandBreite zeigt. Hier zeigt sich ein klarer Zyklus von 19 Tagen, der oft auf wichtige Schlüsselpunkte hinweist. Ebenso klar ersichtlich ist hier der wichtigste Aspekt der Volatilitätstheorie: Hohe Volatilität erzeugt geringe Volatilität und geringe Volatilität erzeugt hohe Volatilität. An ruhigen Tagen sollten Sie für den kommenden Sturm bereit sein. Auf die stürmischen Tage folgen ruhige.

Immer wieder erleben wir Engpässe mit. Eine Konsolidierungsphase beginnt. Der Schwankungsbereich der Kurse wird deutlich enger. Der

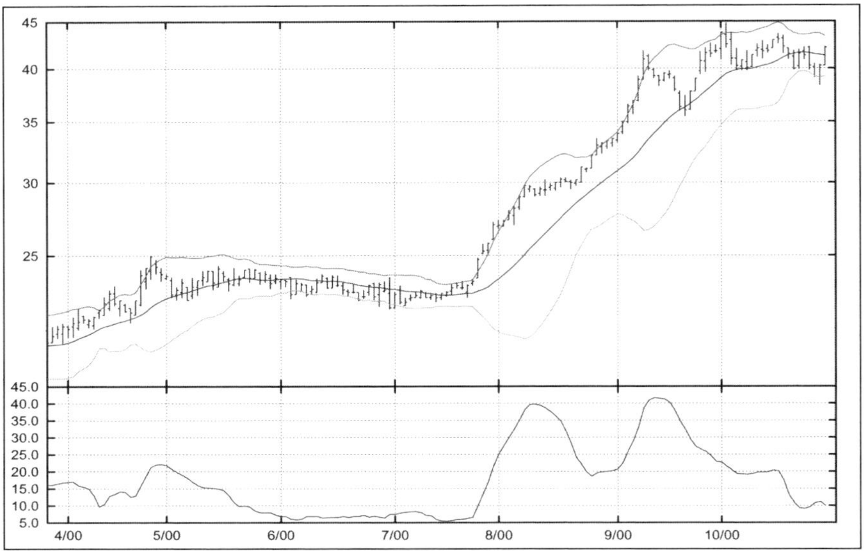

Abbildung 15.3 Engpass mit Ausbruch, PPL, 150 Tage. Geringe Volatilität erzeugt hohe Volatilität.

Durchschnitt flacht ab und verläuft genau in der Mitte der Kursinformationen. Die Bollinger-Bänder verdichten sich um den Kursverlauf (Abbildung 15.3). Alles ist vorbereitet. Nun schalten wir unsere Indikatoren dazu. Steigt das Volumen an positiven Tagen? Geht die Accumulation Distribution nach oben? Wird der Kursbereich an negativen Tagen enger? Wie stehen Eröffnungs- und Schlusskurs zueinander? Jedes Beweisstück hilft dabei, die wahrscheinlichste Richtung der bevorstehenden Entscheidung vorherzubestimmen. Halten Sie immer nach Neuigkeiten Ausschau, da diese oft der Katalysator sind.

Aber seien Sie vorsichtig! Denn beim Engpass gibt es einen Trick, eine unglückliche Wende der Ereignisse, die man unbedingt kennen muss: das Fehlsignal (Abbildung 15.4). Vor allem gegen Ende eines Engpasses macht der Kurs oft eine kurze falsche Bewegung, nur um dann plötzlich zu drehen und in die weitere Richtung des beginnenden Trends zu gehen. Das Fehlsignal wurde schon vor vielen Jahren beim S&P-Index bemerkt und seither gab es unzählige Beispiele dafür.

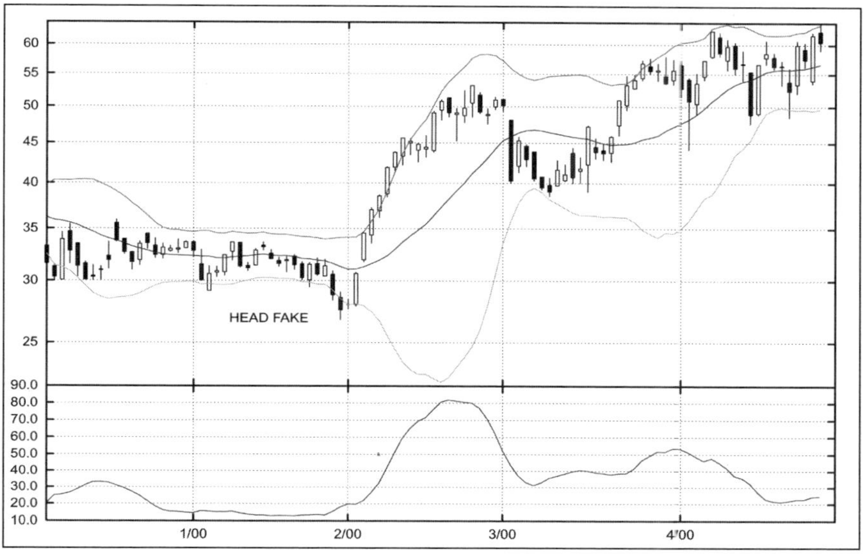

Abbildung 15.4 Engpass mit Fehlsignal und Ausbruch, Adobe, 100 Tage. Zuerst in die eine Richtung und dann doch in die andere.

Sie können ein Fehlsignal umgehen, indem Sie einfach darauf warten, dass sich die Bewegung ausreichend entwickelt hat und sich somit die Frage nach der Gültigkeit des beginnenden Trends nicht mehr stellt. Oder wenn Sie den Engpass von Anfang an handeln wollen, dann können Sie auch eine erste Position in der Richtung des Signals eingehen. Danach wenden Sie einen automatisch nachziehenden Stop-Loss wie den Parabolischen SAR von Welles Wilder auf die Position an, falls es sich wirklich als ein Fehlsignal herausstellen sollte.[42] Diese Methode mit einem „Trailing Stop“ wird vor allem von Rohstoffhändlern verwendet, die zumeist durchgehend im Markt sind und je nach Kurslage zwischen Long- und Short-Positionen wechseln.

Da der Engpass aus einer Situation geringer Volatilität entsteht und sich aus dieser geringen Volatilität eine gesteigerte Volatilität entwickelt, sollte man annehmen, dass es auch das gegenteilige Phänomen gibt, einen umgekehrten Engpass. Und das gibt es natürlich: die Erweiterung. Jedoch ist wie bei einem Bottom, der immer klarer ersichtlich ist als ein Top, auch der Engpass klarer als die Erweiterung.

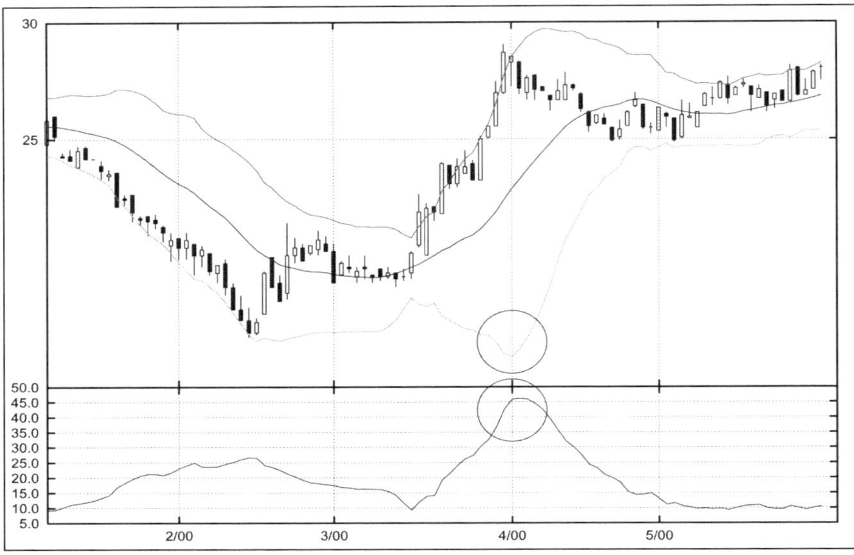

Abbildung 15.5 Die Umkehr einer Erweiterung, das Ende des Trends, American Financial Group, 100 Tage. Maximale Volatilität bei der deutlichsten Kursbewegung.

Eine Erweiterung führt zu einer wichtigen Regel: Am Anfang eines starken Trends expandiert die Volatilität so weit, dass das untere Band sich bei einem Aufwärtstrend nach unten oder sich das obere Band bei einem Abwärtstrend nach oben neigt. Wenn das geschieht, dann handelt es sich um eine Erweiterung, und wenn die Erweiterung sich umkehrt, dann stehen die Chancen sehr gut, dass der Trend bald ein Ende hat (Abbildung 15.5). Das bedeutet nicht unbedingt, dass die gesamte Bewegung schon vorüber ist, es könnte sich sehr wohl ein weiterer Schritt anschließen, aber es weist doch darauf hin, dass der gegenwärtige Schritt mit großer Wahrscheinlichkeit beendet ist. Realistischerweise sollte jetzt eher mit einer Konsolidierung oder einer Umkehr gerechnet werden und nicht mit der Fortsetzung des Trends, auf die alle hoffen. Vom strategischen Gesichtspunkt aus sollte man jetzt, da die Optionsprämien sehr hoch sind, Optionen gegen bestehende Positionen verkaufen.

Im nächsten Kapitel werden wir die erste unserer Methoden betrachten, einen Volatilitätsausbruch-Ansatz, der sich den Engpass zunutze macht.

Zusammenfassung der wichtigsten Punkte

- Geringe Volatilität führt zu hoher Volatilität.
- Hohe Volatilität führt zu geringer Volatilität.
- Achtung vor Fehlsignalen!
- Bestimmen Sie mit Indikatoren die wahrscheinliche Richtung!
- Listen von Engpässen finden Sie auf www.BollingeronBollingerBands.com.

Kapitel 16
Methode I: Volatilitäts-ausbruch

DIE DREI IN diesem Buch vorgestellten Anwendungsbeispiele der BBB zeigen drei vollkommen unterschiedliche philosophische Ansätze. Je nach Ihren persönlichen Vorlieben und Methoden werden Ihnen diese Ansätze zusagen oder nicht. Probieren Sie sie einfach aus. Passen Sie sie nach Ihrem Geschmack an. Finden Sie heraus, wie erfolgreich die resultierenden Transaktionen sind, und vielleicht können Sie davon profitieren.

Obwohl diese Techniken auf der Basis von Tagescharts – unserem bevorzugten Zeitrahmen – entwickelt wurden, können kurzfristig orientierte Trader sie trotzdem auch auf Fünf-Minuten-Charts anwenden, genauso wie Swingtrader sie eher auf Stundencharts einsetzen oder langfristige Anleger sie mit Wochenchats verwenden können. Hier besteht sicher kein großer Unterschied, solange jeder Ansatz den individuellen Kriterien angepasst und für die bevorzugten Handelsinstrumente des einzelnen Traders getestet wurde und auch dem Tradingstil entspricht.

Warum werden ständig die individuelle Anpassung und das Einstellen auf die persönlichen Chance-Risiko-Kriterien betont? Weil keine Methode angewendet wird, egal wie gut sie ist, wenn sich der Anwender damit nicht wohl fühlt. Passen Sie die Ansätze nach Ihren Vorlieben an, sonst werden Sie schnell herausfinden, das Ihnen diese Methoden nicht passen.

„Wenn diese Methoden so gut funktionieren, warum bringen Sie sie dann anderen bei?“ Diese Frage wird mir oft gestellt und die Antwort ist immer dieselbe. Erstens, ich unterrichte, weil ich es einfach sehr gerne tue. Zweitens, und das ist noch wichtiger, lerne ich selbst beim Unterrichten. Bei den Vorbereitungen und Nachforschungen für dieses Buch habe ich sehr viel gelernt und noch mehr lernte ich während des Schreibens.

Werden diese Methoden auch noch funktionieren, nachdem sie veröffentlicht wurden? Die Frage nach der weiteren Anwendbarkeit beschäftigt viele, aber das muss sie nicht. Diese Techniken bleiben so lange gültig, bis sich die Marktstruktur so weit verändert hat, dass sie nicht mehr effizient anwendbar sind. Dass die Effizienz nicht verringert wird – egal wie weit verbreitet ein Ansatz ist –, liegt an der Tatsache, dass wir alle Individuen sind. Wenn man 100 Menschen ein Handelssystem beibringt, dann wenden es nach einem Monat vielleicht noch zwei oder drei in der ursprünglichen Form an. Die Trader passen das System ihren individuellen Wünschen, Ideen und Vorstellungen an. Kurzum, so genau und detailliert ein Buch auch ist, jeder bezieht daraus seine eigenen einzigartigen Gedanken und Ansätze, und das ist gut so.

Das größte Märchen über die BBB ist, dass man am oberen Band verkaufen soll und am unteren kaufen. Das kann sicher der Fall sein, aber es muss nicht. Bei Methode 1 kaufen wir tatsächlich, wenn der Kurs über das obere Band steigt, und gehen short, wenn der Kurs das untere Band durchbricht.[43] In Methode II kaufen wir bei Stärke während der Annäherung an das obere Band, aber nur bei einer Bestätigung durch den Indikator; umgekehrt verkaufen wir bei Schwäche und einem Kurs, der sich in Richtung unteres Band bewegt, aber wieder nur, wenn der Indikator dies bestätigt. In Methode III kaufen wir in der Nähe des unteren Bandes, wobei wir anhand eines W-Musters und eines Indikators die Situation klären, oder wir verkaufen nach mehrfachen Berührungen des oberen Bandes, wenn der Indikator schwächer wird. Dann zeigen wir eine Abwandlung davon, die auf unbestätigten Bandberührungen zur Feststellung von Käufen und Verkäufen beruht.

Methode I, die schon als „der Engpass" (Squeeze) bekannt ist, arbeitet mit der Erwartung hoher Volatilität auf Grund des zyklischen Verhaltens der Volatilität und sucht nach Situationen mit extrem geringer Volatilität als Vorbote gesteigerter Volatilität.

Wenden wir uns der Methode I zu. Vor vielen Jahren wurde ich von Bruce Babcock für den *Commoditiy Traders Consumers Review* interviewt. Nach dem Interview plauderten wir ein wenig und dabei drehten sich nach und nach die Positionen des Interviews um. Es stellte sich heraus, dass sein bevorzugter Handelsansatz der Volatilitätsausbruch war. Ich traute meinen Ohren kaum. Dieser Mann hatte mehr Handelssysteme auf Herz und Nieren überprüft als jeder andere (vielleicht mit Ausnahme von John Hill von *Futures Truth*), und jetzt behauptete er, dass sein Lieblingshandelsansatz der Volatilitätsausbruch war? Genau der Ansatz, der sich für mich nach langer Suche als die beste Handelsmethode herausgestellt hatte?

Die vielleicht eleganteste direkte Anwendung der BBB ist ein auf dem Volatilitätsausbruch basierendes System. Solche Systeme gibt es schon seit langem in verschiedenen Formen und Varianten. Die frühesten Ausbruchssysteme basierten auf einfachen Durchschnitten der Hochs und Tiefs, die dann ein wenig nach oben und unten verschoben wurden. Im Lauf der Zeit entwickelte sich der Average True Range (Durchschnitt der wahren Kursspanne) zu einer häufig verwendeten Berechnungsgrundlage.[44]

Es lässt sich nicht feststellen, ab wann die Volatilität – wie wir sie heute anwenden – erstmals als Faktor herangezogen wurde, aber wahrscheinlich fand eines Tages jemand heraus, dass die Ausbruchssignale besser funktionieren, wenn die Bänder, Kanallinien, Envelopes etc. näher beieinander liegen. Damit war der Grundstein für das Volatilitätsausbruchssystem gelegt. (Mit Sicherheit ist das Chance-Risiko-Verhältnis ausgeglichener, wenn die Bänder enger liegen, und das ist bei jedem Ansatz ein entscheidendes Kriterium.)

Unsere Version des ehrwürdigen Volatilitätsausbruchssystems zieht die BandBreite zur Bestimmung der Voraussetzungen heran und entscheidet sich nach dem Ausbruch für eine bestimmte Position. Für den Stop oder Ausstieg aus dieser Position stehen zwei Möglichkeiten zur Verfügung. Zum einen der Parabolische Stop-and-Return (SAR) von Wilder Welles[45], eine einfache, aber elegante Idee. Der erste Stop nach dem Kaufsignal liegt knapp unter dem Ausgangspunkt der Ausbruchsformation und wird danach täglich nachgezogen. Beim Verkauf verhält es sich genau umgekehrt. Wer größere Gewinne erzielen möchte als diejenigen, die der eher konservative parabolische Ansatz ermöglicht, kann die Berührung des gegenüberliegenden Bandes als vorzüglichen Ausstiegspunkt wählen. Damit wird kleineren Korrekturen mehr Platz eingeräumt und die Trades halten länger. Bei einem Kauf gibt die Berührung des unteren Bandes das Ausstiegssignal, bei einem Leerverkauf die Berührung des oberen Bandes.

Das Hauptproblem bei der erfolgreichen Anwendung der Methode I sind die Fehlsignale (Abbildung 16.1), die wir im vorigen Kapitel besprochen haben. Der ursprüngliche Begriff „Head Fake“ stammt aus dem Eishockey und bezeichnet die Finte eines Spielers, der mit dem Puck auf einen Gegner zuläuft. Er dreht seinen Kopf, um sich auf das Umspielen des Verteidigers vorzubereiten, und sobald dieser darauf reagiert, dreht er seinen Körper zur anderen Seite und hat eine freie Schussbahn. Nach einem Engpass verhalten sich Aktien oft ähnlich: Zuerst täuschen sie eine Entwicklung in die falsche Richtung vor und gehen erst danach zur wirklichen Bewegung über. Häufig finden wir also einen Engpass, gefolgt von der Berührung eines Bandes, wiederum gefolgt von der richtigen Bewegung. Meistens geschieht dies innerhalb der Bänder, sodass das Ausbruchssignal erst dann gegeben wird, wenn die richtige Bewegung schon angefangen hat. Wenn Sie aber wie die meisten, die diese Methode verwenden, die Parameter für die Bänder so verändert haben, dass sie enger beieinander liegen, dann kann es gelegentlich vor der wirklichen Gelegenheit zu einem Trade zu einem kleinen Ausrutscher kommen.

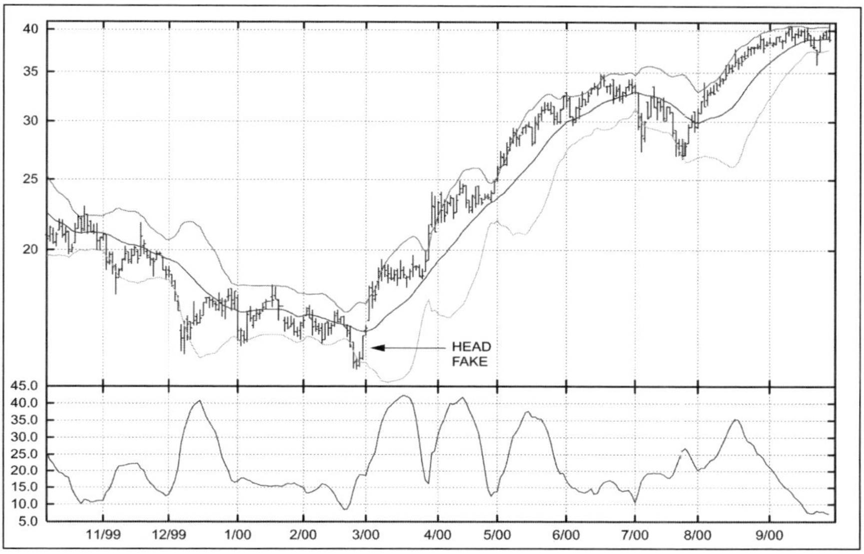

Abbildung 16.1 Fehlsignal, EOG Resources, 250 Tage. Das Fehlsignal weist den gerissenen Trader auf eine günstige Gelegenheit hin.

Manche Aktien, Indices etc. neigen mehr zu Fehlsignalen als andere. Betrachten Sie das bisherige Verhalten der von Ihnen beobachteten Handelsinstrumente bei Engpässen, und finden Sie heraus, ob es oft zu Fehlsignalen kam. Wer einmal ein Fehlsignal gibt …

Wer einen nichtmechanischen Ansatz beim Umgang mit Fehlsignalen verfolgen möchte, kann folgende einfachste Strategie versuchen: Warten Sie, bis der Engpass vorüber ist – die Voraussetzung ist geschaffen –, und achten Sie dann auf die erste Bewegung weg von der Handelsspanne. Eröffnen Sie die halbe Position am ersten starken Tag in der dem Fehlsignal entgegengesetzten Richtung, und vergrößern Sie diese Position um die zweite Hälfte, sobald der Ausbruch erfolgt. Verwenden Sie einen parabolischen Stop oder die Berührung des gegenüberliegenden Bandes als Ausstiegssignal, um sich abzusichern.

Wenn die Fehlsignale kein Problem darstellen oder die Einstellung der Bänder nicht so eng gewählt wurde, dass die auftretenden Fehlsignale zu einem Problem werden, dann können Sie sich genau an die Methode I halten: Warten Sie einfach auf einen Engpass und handeln Sie in die Richtung des ersten Ausbruchs.

Volumenindikatoren können bei dieser Methode sehr wertvoll sein. Achten Sie kurz vor dem Ausbruch auf die Intraday Intensity oder die Accumulation Distribution, die oft Hinweise auf die wahrscheinliche Richtung des Bewegung geben. Der Money-Flow-Index ist ein weiterer Indikator, der zur Steigerung des Erfolges und des Vertrauens herangezogen werden kann. Zu diesen Volumenindikatoren kommen wir später in Teil IV.

Für dieses Volatilitätsausbruchssystem auf der Basis eines Engpasses können wir die Standardeinstellungen verwenden: einen 20-Tage-Durchschnitt und ±2 Standardabweichungen. Die Bänder liegen in dieser Phase sehr eng beieinander und daher werden die Signale früh ausgelöst. Trotzdem ziehen es manche kurzfristig orientierten Trader vor, den Durchschnitt ein wenig zu verkürzen, z. B. auf 15 Perioden, und sie legen auch engere Bänder mit 1,5 Standardabweichungen.

Es gibt einen weiteren Parameter, der eingestellt werden kann: der überwachte Zeitraum für den Engpass. Je länger dieser Zeitraum gewählt ist – die Standardeinstellung beträgt sechs Monate –, desto größer wird die Kompression und umso explosiver werden die möglichen Trades. Andererseits wird es auch weniger davon geben. Kein Vorteil ohne Nachteil.

Die Methode I stellt zuerst die Kompression anhand eines Engpasses fest, achtet dann auf eine Ausweitung des Kursbereiches und geht in die entsprechende Richtung. Der richtige Umgang mit Fehlsignalen und der Einsatz von Volumenindikatoren können die Erfolgsquote deutlich verbessern. Durchkämmen Sie eine ausreichende Anzahl von Aktien – einige Hundert sollten es schon sein – nach den entsprechenden Hinweisen, dann finden Sie sicher an jedem Tag ein paar viel versprechende Kandidaten.

Achten Sie genau auf die Gelegenheiten, die sich durch die Methode I bieten, und die Einhaltung der Voraussetzungen; folgen Sie den Schritten. Je mehr solche Kursverläufe Sie betrachten (vor allem mit der Unterstützung der Volumenindikatoren), desto besser wird Ihr Auge geschult, und der Auswahlprozess wird schneller und sicherer, als es nur mit den starren Regeln möglich wäre. Die Abbildungen 16.2 bis 16.6 zeigen Ihnen, worauf es sich zu achten lohnt.

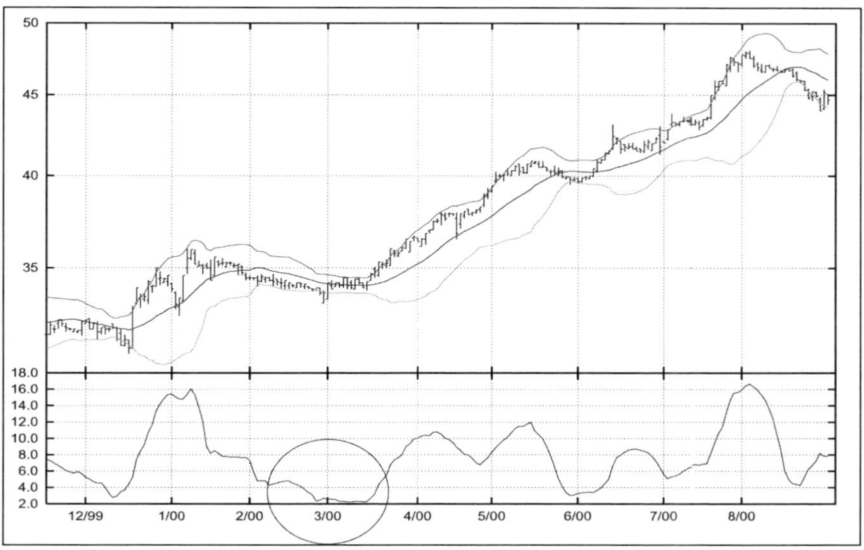

Abbildung 16.2 Beispiel für Methode I, AvalonBay Communities, 200 Tage, BandBreite von 2 % – ein echter Engpass.

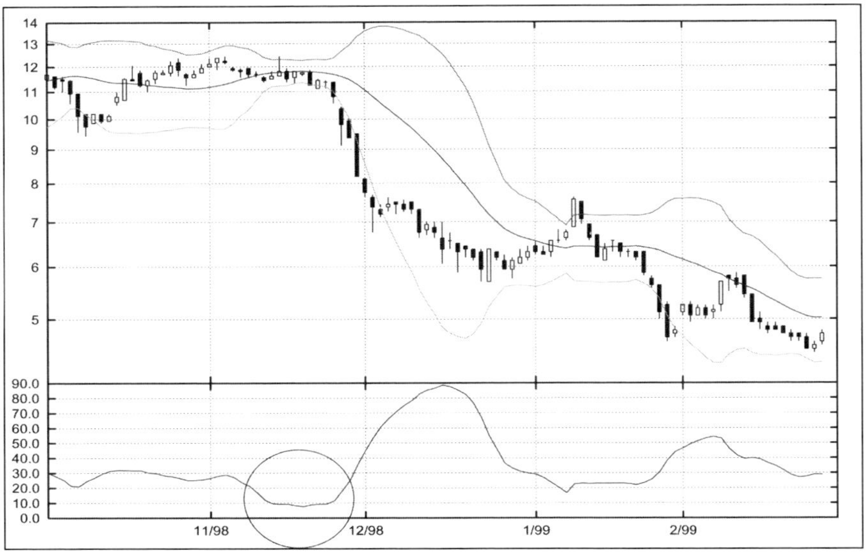

Abbildung 16.3 Beispiel für Methode I, Ocean Energy, 100 Tage. Die BandBreite von 10 % zeigt immer noch einen Engpass an. Achten Sie auf den niedrigsten Stand in sechs Monaten, nicht auf das absolute Niveau.

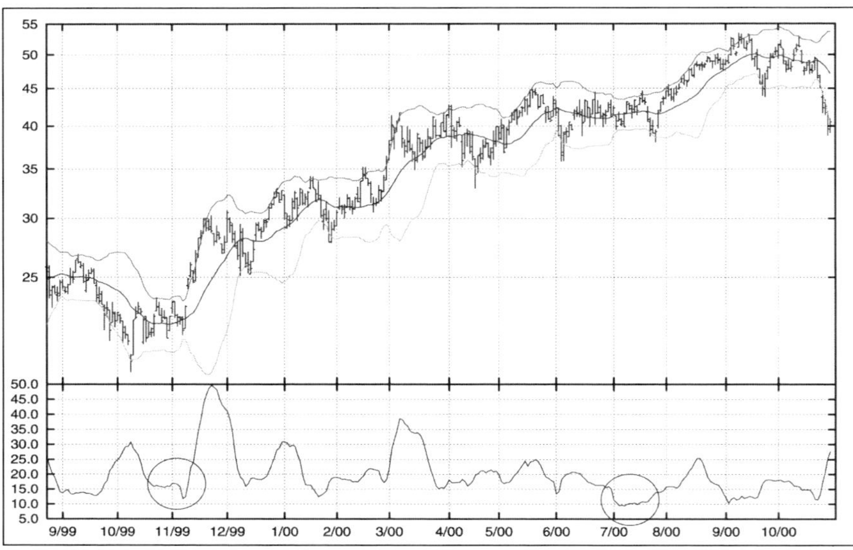

Abbildung 16. 4 Beispiel für Methode I, Noble Drilling, 300 Tage. Ein Engpass kann auf dem Chart hoch oder tief liegen, das ist ganz egal.

Abbildung 16.5 Beispiel für Methode I, Pinnacle Holdings, 100 Tage. Ein Engpass und gleich danach noch einer.

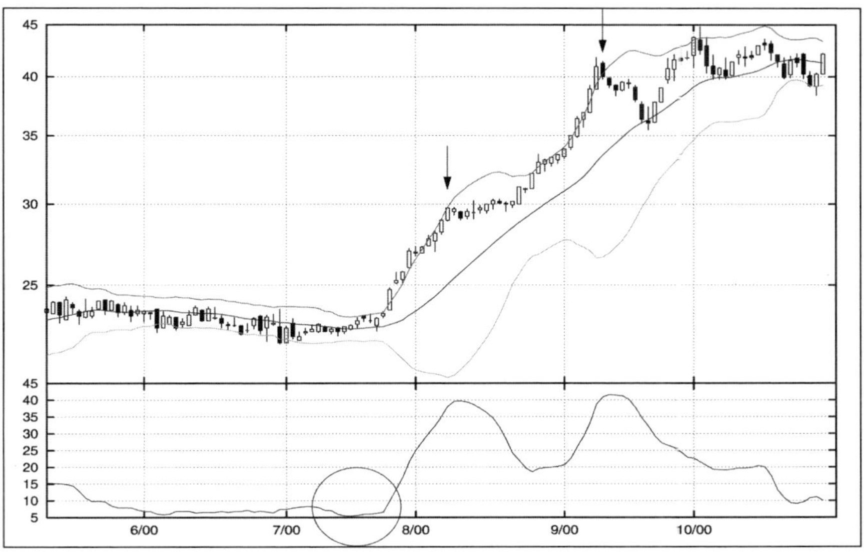

Abbildung 16.6 Beispiel für Methode I, PPL Corp., 120 Tage. Der erste Schritt steigt von 5 % auf 40 %, der zweite sogar über 40 %. Beachten Sie, dass die Spitzen wichtige Hochs anzeigen.

Zusammenfassung der wichtigsten Punkte

- Verwenden Sie Engpässe als Ausgangspunkt für Trades.
- Achten Sie auf einen Anstieg der Volatilität.
- Vorsicht vor Fehlsignalen!
- Volumenindikatoren geben Hinweise auf die Richtung.
- Variieren Sie die Parameter nach Ihren Vorgaben und Wünschen.
- Kandidaten für die Methode I finden Sie auf www.BollingeronBollingerBands.com.

Teil IV

Bollinger-Bänder mit Indikatoren

Teil IV fügt der analytischen Mischung Indikatoren hinzu, vor allem Volumenindikatoren. Das Ziel dieses Abschnittes ist die Festlegung einer streng reglementierten Vorgehensweise, bei der das Chance-Risiko-Verhältnis zu unseren Gunsten steht. Teil IV schließt mit den beiden letzten Handelsmethoden – eine davon findet Umkehrpunkte und die andere folgt dem Trend.

Kapitel 17
Bollinger-Bänder und Indikatoren

DIE WAHRE STÄRKE der Bollinger-Bänder zeigt sich erst, wenn sie mit Indikatoren kombiniert werden. Dafür verwenden wir bevorzugt Volumenindikatoren und die beste Vorgehensweise ist der Vergleich des Kursverlaufes innerhalb der Bänder mit dem Verhalten der Indikatoren (Abbildung 17.1).

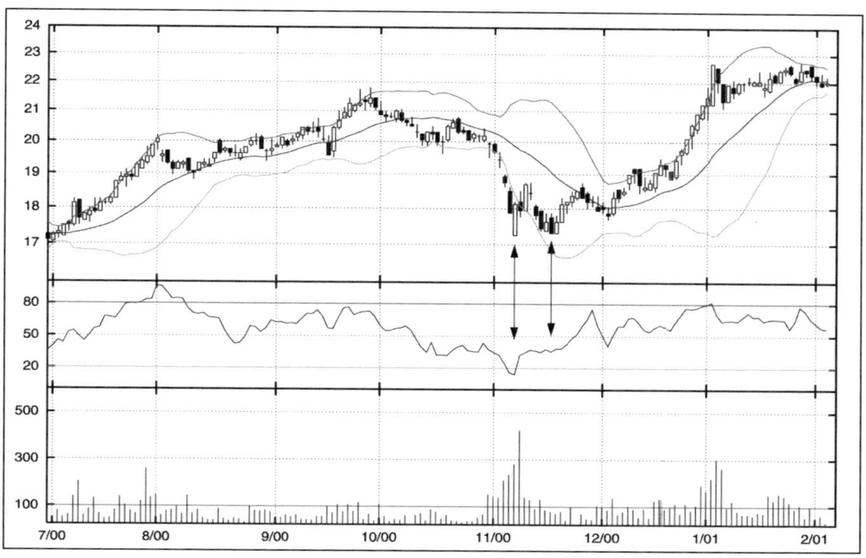

Abbildung 17.1 BB, MFI und geglättetes Volumen, Healthcare Realty, 150 Tage. Der Kurs fällt wiederholt auf das vorige Tief zurück, aber der MFI ist deutlich höher – das klassische positive Signal.

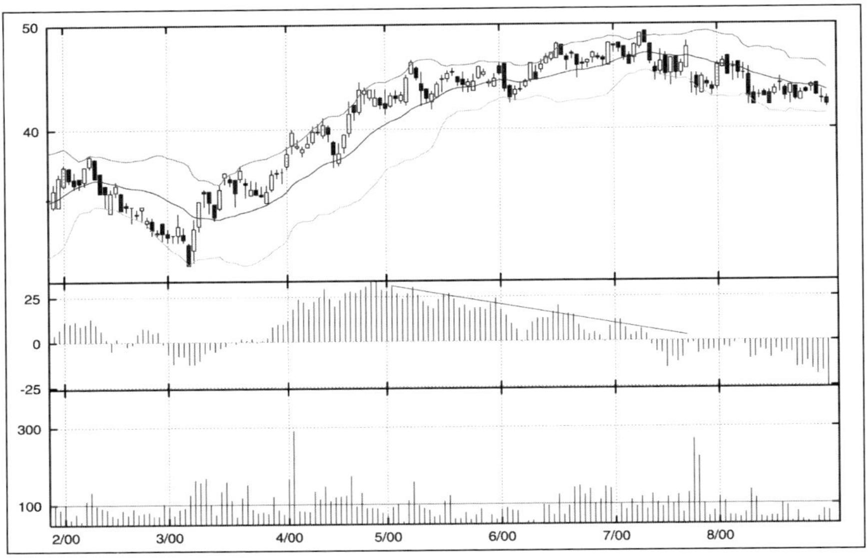

Abbildung 17.2 BB, AD% und geglättetes Volumen, Pfitzer, 120 Tage. Beachten Sie die Veränderung des Oszillators beim Übergang vom Anstieg zum Abstieg.

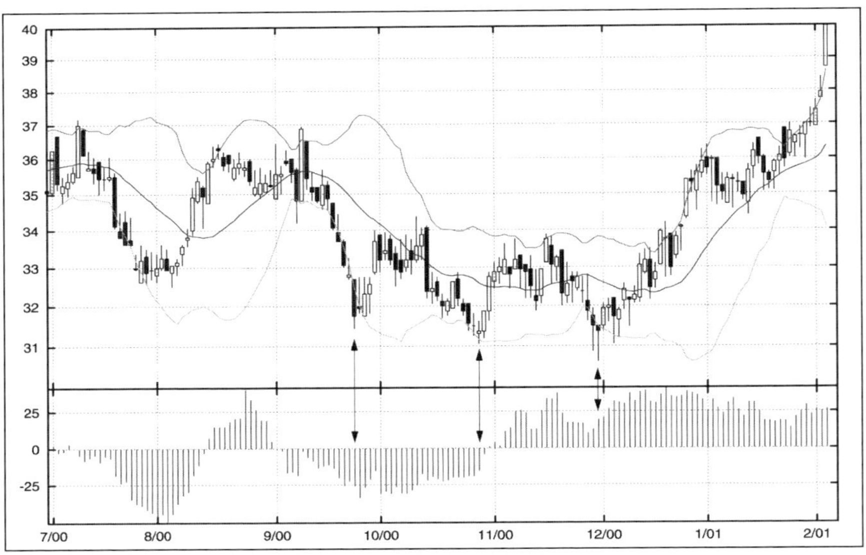

Abbildung 17.3 BB, Intraday Intensity %, AshlandOil, 150 Tage. Die Berührung des unteren Bandes, das neue Kurstief und die positive II% deuten auf eine äußerst günstige Gelegenheit hin.

Vergleiche mit Volumenindikatoren führen entweder zu einer Bestätigung oder einer Nichbestätigung. Ein Beispiel einer Bestätigung ist z. B. die Berührung des oberen Bandes in Kombination mit einem eher starken Indikator (Abbildung 17.2). Wenn Sie eine offene Position haben und der Kurs berührt das obere Band – eine Situation, in der viele ans Verkaufen denken –, achten Sie auf den Indikator. Ist die Anzeige des Indikators stark genug, dann gilt die Berührung des Bandes als Bestätigung Ihrer Position. (Ist der Indikator schwächer als bei einer früheren Bandberührung, dann sollten Sie dies als frühes Warnsignal verstehen.)

Ein Beispiel für eine Nichtbestätigung ist die Berührung des unteren Bandes, die von einer positiven Aussage des Indikators begleitet wird, d. h. ein klassisches Kaufsignal (Abbildung 17.3). Sie möchten z. B. eine Long-Position eingehen, suchen nach einer guten Gelegenheit und finden unter den Aktien, die Sie beobachten, eine, deren Kurs gerade das untere Band berührt hat. Der Volumenindikator ist positiv ausgerichtet und damit haben Sie einen guten Kandidaten für einen Kauf vor der Trendwende. Wenn dies schon die zweite Bandberührung und somit ein potentielles W ist, dann unterstützt dies die Annahme, dass hier eine positive Trendwende bevorsteht. Jetzt brauchen Sie nur noch ein Zeichen von Stärke zur Bestätigung.

Ein Beispiel, das weder Fisch noch Fleisch ist, gibt uns eine Bandberührung mit einer neutralen Aussage des Volumenindikators (Abbildung 17.4). Wenn bei einer offenen Position der Kurs an das obere Band stößt und der Indikator bleibt neutral, nehmen Sie dies als eine Warnung, seien Sie vorsichtig und setzen Sie sehr enge Stops. Ist der Indikator negativ, dann ist dies ein klares Verkaufssignal.

Ein sehr gutes Beispiel für mehrere Bestätigungen ist das Gehen entlang des Bandes mit starken Indikatoranzeigen (Abbildung 17.5). Die typische Abfolge während des anhaltenden Trends ist das wiederholte Zusammenfallen der Bandberührungen mit dem positiven Indikator. Bei der Annäherung an das Top wird die Anzeige des Indikators schwächer, was zu einigen Vorwarnungen und letztlich zu einem klaren Verkaufssignal führt.

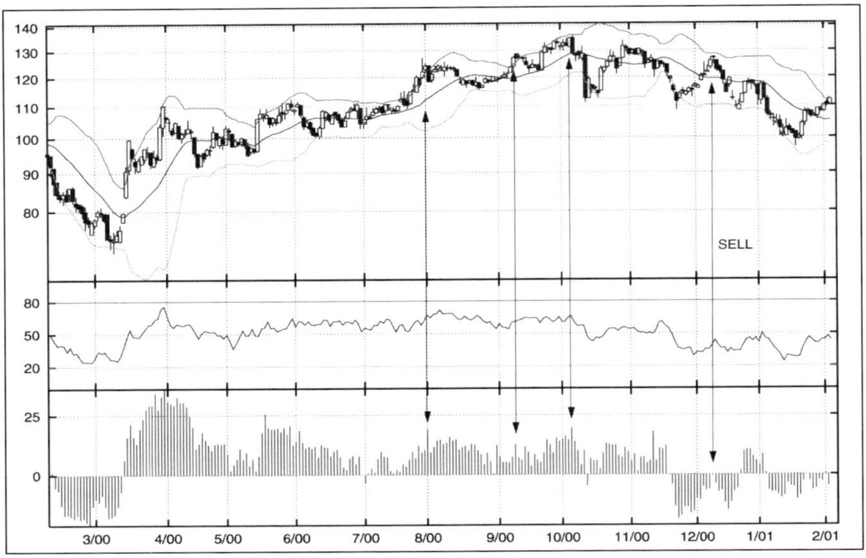

Abbildung 17.4 BB, MFI und AD%, Marsh&McLennan, 150 Tage. Mehrere Bandberührungen mit schwacher Indikatoranzeige mahnen zur Vorsicht, aber das Verkaufssignal kommt erst später.

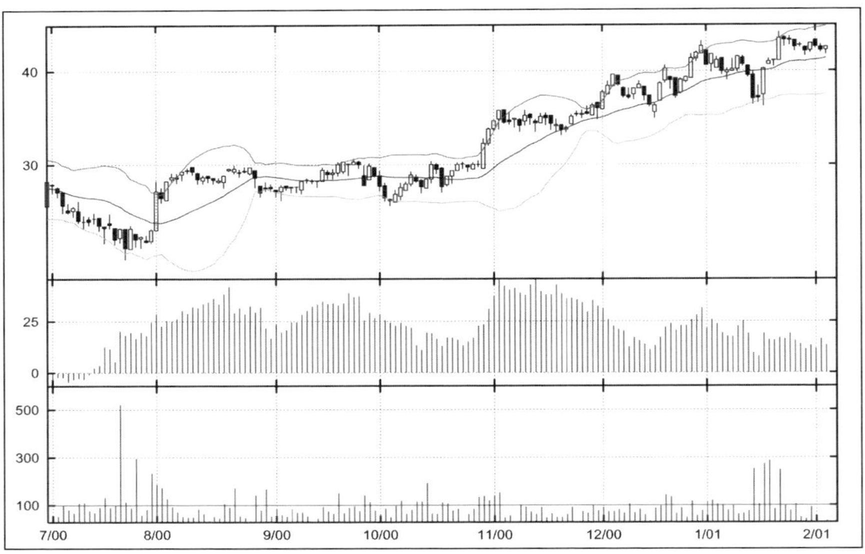

Abbildung 17.5 BB, II% und geglättetes Volumen, der Kurs geht entlang des Bandes, Sabre Holdings, 150 Tage. Eine Bandberührung nach der anderen wird bestätigt.

Es ist oft schwierig, starke Aktien zu behalten. Das Festhalten an einer starken Aktie während mehrerer Berührungen des oberen Bandes kann äußerst nervenaufreibend sein. Aber solange die Position durch die Indikatoren bestätigt wird, sollte es heißen: „Im Zweifelsfalle für den Angeklagten."

Wir haben uns schon mit den M- und W-Mustern beschäftigt und betrachtet, wie sie mit Hilfe der Bollinger-Bänder klarer festgestellt werden können. Auf der Basis dieses *relativen* Bezugssystems kann man handeln, auch wenn in der zweiten Hälfte einer Formation ein neues Tief oder Hoch erreicht wird. Der Schlüssel dazu ist das relative Hoch oder Tief, also ein Hoch oder Tief als Aussage der Bollinger-Bänder und nicht als die Information der absoluten Kursniveaus. Jetzt ziehen wir einen zweiten Faktor hinzu, einen Indikator, der das Vertrauen in die Entscheidung steigern soll.

Betrachten wir z. B. einen W2-Bottom: der zweite Schritt nach unten erreicht ein neues Tief, aber wenn dieses neue Tief das untere Band im Gegensatz zum ersten Tief nicht berührt, dann sehen wir hier ein relatives W4-Muster und sollten uns darauf vorbereiten, am ersten starken positiven Tag zu kaufen (Abbildung 17.6). *Ein Kauf kurz nach einem neuen Kurstief kann ziemlich angsteinflößend sein, aber diese Angst kann vermindert und das Vertrauen gesteigert werden, wenn der zur Bestätigung verwendete Indikator keinen neuen Tiefstand erreicht.* In dieser Situation haben wir zwei positive Signale: kein neues relatives Tief und die Bestätigung durch den Indikator. Ein Zeichen der Stärke wie z. B. ein positiver Tag bei erhöhtem Volumen und mit größeren Kursspannen wäre die dritte Bestätigung.

Daraus folgt natürlich folgende Frage: Wenn zwei Informationen besser sind als eine, warum sollte man dann nicht für die Entscheidung vier oder fünf heranziehen? Natürlich gibt es keinen Grund, warum das nicht geht. Tatsächlich können Ihre Ergebnisse durch die Verwendung mehrerer Indikatoren verbessert werden. Trotzdem tauchte ein Problem auf,

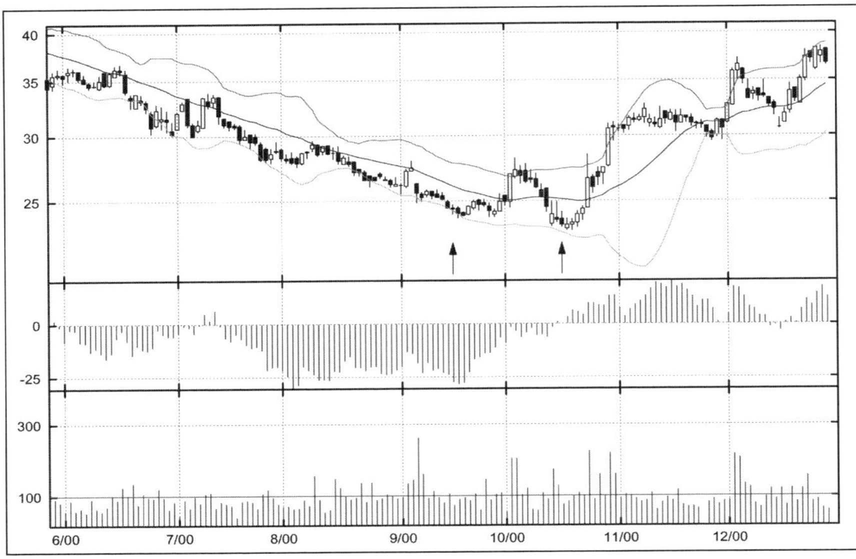

Abbildung 17.6 Analytisches Schema I, CVS, 150 Tage. Verwenden Sie die Gelegenheiten, die sich nach Bandberührungen eröffnen. Die Anzeige der Relativen Stärke hilft sehr.

wenn alle Indikatoren kollinear sind, d. h., wenn sie alle nach derselben Pfeife tanzen. Darin liegt die Tücke der Multikollinearität – mehrere Anzeigen, die ähnliche Informationen enthalten und so behandelt werden, als ob es sich um unterschiedliche, voneinander unabhängige Eingaben handelt. Viele Trader sind schon in diese Falle getappt, die meisten davon ohne jede Vorwarnung.

Dieser Falle der Multikollinearität können Sie leicht entgehen, dafür ist nur ein wenig Disziplin notwendig. Verwenden Sie einfach nur einen Indikator aus jeder Kategorie, einen Momentumindikator, einen Trendindikator, einen Volumenindikator etc. (siehe Tabelle 17.1) –, so ähnlich wie in manchen Chinarestaurants, bei denen man sich sein Menü zusammenstellt, indem man ein Gericht aus Spalte A wählt, dann eines aus Spalte B … aber man darf keine Gerichte zwischen den Spalten tauschen, also nicht zwei Gerichte aus Spalte B und dafür keines aus Spalte C wählen. Wenn Sie drei verschiedene Momentumindikatoren verwenden, tappen Sie geradewegs in die Falle der Kollinearität, da alle eigentlich das-

Kategorie	Beispiel-Indikatoren
Momentum	Rate of Change, Stochastik
Trend	Lineare Regression, MACD
Sentiment	Survey, Put-Call-Ratio
Volumen (offen)	Intraday-Intensität, Accumulation Distribution
Volumen (geschlossen)	Money-Flow-Index, volumengewicht. MACD
Overbought/oversold	Commodity-Channel-Index, RSI

Tabelle 17.1 Kategorien der Indikatoren mit jeweils zwei Beispielen

selbe auf der Basis derselben Information aussagen. Wenn der Kellner gut ist, dann nimmt er eine solche Bestellung erst gar nicht an, aber meist ist die Chartsoftware nicht so schlau.

Es ist allerdings möglich, Indikatoren derselben Kategorie zu verwenden und trotzdem der multikollinearen Falle zu entgehen, wenn diese Indikatoren nicht zu eng miteinander verwandt sind. Dafür sind aber einige Tests und ausführliche Überprüfungen notwendig, deshalb sollte man es vermeiden, sofern keine zwingenden Gründe vorliegen, wie wenn z. B. bestimmte Indikatoren nicht zur Auswahl stehen (man darf ein anderes Gericht anderes wählen, aber das kostet extra).

Volumen- und Stimmungsindikatoren eignen sich besonders gut für eine diversifizierte Strategie zur Vermeidung der multikollinearen Falle. Das liegt daran, dass damit neue, unabhängige Variablen eingeführt werden, die bisher in der Analyse noch nicht berücksichtigt wurden, und darum ist es sehr unwahrscheinlich, dass sie mit anderen Elementen der Analyse kollinear sind. Momentum- und Trendindikatoren, die direkt vom Kurs abgeleitet werden, spiegeln schon einige der Informationen wider, die der Kurschart enthält, und sind daher weniger geeignet als die Volumen- und Stimmungsindikatoren.

Eine weitere sehr gefährliche Indikatorenfalle ist die Kriecherei. Sie wol-

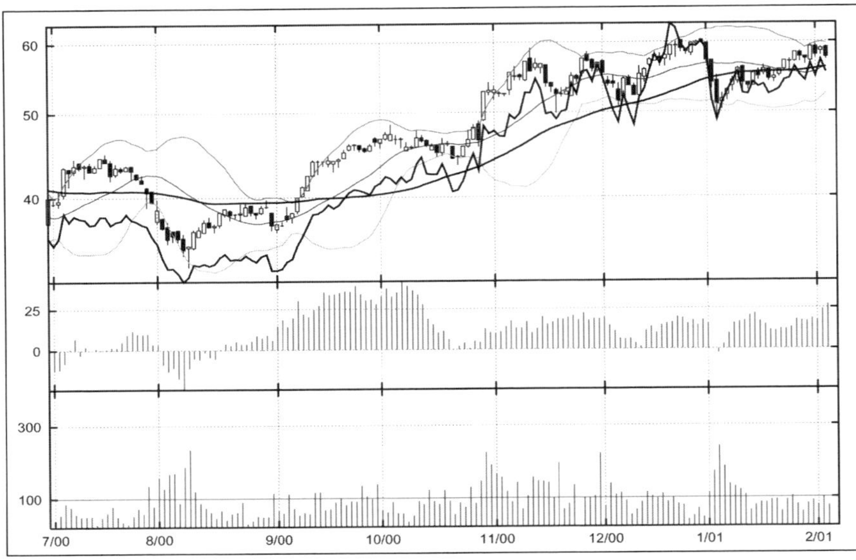

Abbildung 17.7 Analytisches Schema I, CVS, 150 Tage. Verwenden Sie die Gelegenheiten, die sich nach Bandberührungen eröffnen. Die Anzeige der Relativen Stärke hilft sehr.

len sicher nicht, dass ein Indikator sich kriecherisch verhält, indem er einfach Ihre Meinung bestätigt, Ihnen nur das sagt, was sie sowieso schon wissen, oder noch schlimmer, was Sie hören wollen. Am schnellsten gehen Sie in diese Falle, wenn Sie so lange alle Indikatoren durchforsten, bis Sie einen gefunden haben, der Ihre Analyse bestätigt. Oft sucht man verzweifelt nach einem Grund für einen Trade und da kommt einem die Bestätigung durch einen Indikator gerade recht – schon schnappt die Kriecherei-Falle zu. Um diese Falle zu vermeiden, legen Sie Ihren Handelsansatz und Ihre Hilfsmittel vorher fest und bleiben dabei. Andere zur jeweiligen Situation passende Indikatoren können mit einbezogen werden, aber gehen Sie nicht auf die Jagd nach bestätigenden Hinweisen.

Es ist sehr wichtig, dass Sie Ihre Indikatoren auswählen und testen, *bevor* Sie nach günstigen Gelegenheiten Ausschau halten. Sind die analytischen Hilfsmittel einmal ausgewählt, dann können Sie ein Schema für die Analyse und das weitere Vorgehen erarbeiten. Ein solches Schema sehen Sie in Abbildung 17.7. Im oberen Bereich sehen Sie einen logarith-

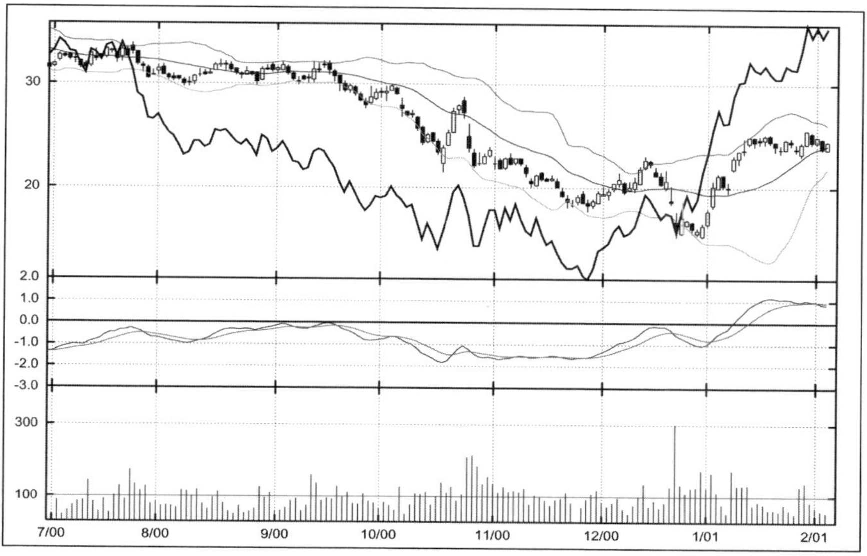

Abbildung 17.8 Analytisches Schema II, AT&T, 150 Tage. Ein verstärktes Augenmerk auf die Volumenindikatoren hilft bei der Bestimmung des Tiefs.

mischen Candlestick-Chart mit Bollinger-Bändern und einem 50-Tage-Durchschnitt. Die logarithmische Skalierung gibt uns die Möglichkeit, prozentuelle Veränderungen zu vergleichen, die Candlesticks heben das wichtige Verhältnis des Eröffnungs- und Schlusskurses zueinander heraus, und der 50-Tage-Durchschnitt gibt uns einen Überblick über den vorherrschenden Trend. Darüber wird mit einer eigenen Skalierung die Relative Stärke gelegt, das Verhältnis der Aktie zum S&P 500, was uns ein Gefühl dafür vermittelt, wie die Aktie sich zum Gesamtbild des Marktes verhält. Direkt darunter wird die 21-Tage-Accumulation-Distribution als Oszillator eingetragen; das ist unser Indikator zur Bestätigung der Kursbewegungen. Zuletzt sehen wir das Volumen, das hier als Ableitung des 50-Tage-Durchschnittes angezeigt wird, um die Kursmuster klarer zu zeigen.

Ein weiteres Beispiel für ein brauchbares Schema ist ein logarithmischer Candlestick-Chart, in den die Accumulation Distribution als Linie mit eigener Skalierung eingetragen wird (Abbildung 17.8). Darunter werden der MACD und das geglättete Volumen angezeigt.

Nachdem Sie ein oder mehrere Schemata erstellt haben, die Ihren Vorstellungen und Wünschen entsprechen, suchen Sie nach günstigen Gelegenheiten. Dann treffen Sie Ihre Entscheidung, ohne zusätzliche ungeprüfte Faktoren mit einzubeziehen. Folgen Sie diesen Richtlinien nicht, so werden Sie durch Ihre Gefühle ins Verderben geführt. *Wählen Sie Ihre Indikatoren aus, und erstellen Sie Ihr analytisches Schema, bevor Sie mit dem Handeln beginnen!*

Der Ablauf der Auswahl der Indikatoren, des Erstellens eines Schemas und das folgende Beibehalten des gewählten Weges stehen in engem Zusammenhang damit, dass Ihre Indikatorauswahl auf grundlegenden Prinzipien beruht: Sie müssen wissen, warum die Indikatoren funktionieren und welche Ergebnisse Sie erwarten können.[46] Wenn Sie Indikatoren verwenden, die nicht fest auf praktischen Abwägungen basieren und die Sie nicht voll und ganz verstehen, dann werden Sie Ihrem System nicht ausreichend vertrauen können, wenn Sie in schwierige Situationen geraten – aber auch dann, wenn die Sache zu gut geht! An den Extrempunkten werden unsere Handlungen am meisten von unseren Gefühlen beeinflusst. Wenn Sie dann nicht vollstes Vertrauen zu Ihrem Handelsansatz haben, dann werden Sie sich nicht daran halten können, wenn die Emotionen sich auf das Spielfeld drängen.

Alle Hilfsmittel und Methoden in diesem Buch beruhen auf grundlegenden Prinzipien, d. h., sie basieren alle auf den Tatsachen des Marktes und die Herkunft ihrer Antriebskraft ist vollkommen klar. Ein Beispiel für die Entwicklung einer Methode auf der Basis grundlegender Prinzipien beginnt mit der Annahme, dass das Volumen dem Kurs vorauseilt. Auf dieser Basis könnte man einen Indikator erstellen, der das Volumen mit seinem 50-Tage-Durchschnitt während einer Bodenbildung vergleicht. Die Theorie besagt, dass die Neigung der sich stabilisierenden Kurse und des sich stabilisierenden Volumens übereinstimmen müsste, bevor die Bodenbildung vollendet ist und es zu einem Ausbruch kommen kann. Nachdem die theoretische Grundlage geschaffen ist, muss der Indikator formuliert und überprüft werden, um herauszufinden, ob die Annahme richtig war. Wenn Sie Recht hatten und sich der Indikator wie erwartet verhält, dann können Sie diesen Ansatz verwenden. Die puristischen Vertreter der grundlegenden Prinzipien meinen zwar, die ursprüngliche Formulierung dürfe nachträglich nicht mehr verändert werden, aber es gibt meiner Meinung nach keinen Grund, so engstirnig zu sein. Testen, ändern und optimieren Sie sorgfältig, vermeiden Sie die üblichen Fallen, und Sie werden Erfolg haben.

Optimierung ist ein Thema, das den Umfang dieses Buches sprengen würde, aber man kann nicht über Indikatoren und Handelsansätze sprechen, ohne einen kurzen Blick darauf zu werfen. Die Optimierung stellt auch den vorsichtigen Investoren viele Fallen. Sie kann zwar sehr nützlich sein, wird aber manchmal falsch verwendet, oft aus Unwissenheit. Das Ergebnis dieser falschen Anwendung ist meist eine recht gute Beschreibung der Daten an Stelle eines nützlichen Hilfsmittels. Die falsche Verwendung der Optimierung ist ein zusätzlicher Weg in die schon erwähnte Falle der Kriecherei.

Die Optimierung ist der Vorgang, der die „besten" Parameter für einen bestimmten Handelsansatz finden soll. Heute wird diese Aufgabe normalerweise von Computern übernommen, aber früher musste sie händisch erledigt werden. Die einfachste und bekannteste Optimierung ist die Kreuzung des Gleitenden Durchschnittes. Der Vorgang beginnt mit einem kleinen Wert für die Länge des Durchschnittes und berechnet alle Käufe und Verkäufe auf der Basis der Kreuzungen dieses Durchschnittes. Als Ergebnis werden die Rentabilität, die Anzahl der Trades, der größte Gewinn, der größte Verlust etc. angegeben. Dieser ganze Vorgang wiederholt sich dann immer wieder mit einem etwas längeren Durchschnitt, bis eine letzte Periodengröße erreicht ist. Alle Ergebnisse werden tabellarisch zusammengefasst, damit schnell ersichtlich ist, welcher Parameter sich am besten eignet.

Der Vorgang der Optimierung kann sehr schnell äußerst komplex werden. Sehen wir uns einmal eine Optimierung eines Systems an, das aus

Bollinger-Bändern und einem Indikator besteht. Wir variieren die Länge des Durchschnittes in Zweierschritten von 10 bis 50 (21 Versuche) und die Periode des Indikators ebenfalls in Zweierschritten von 4 bis 20 (9 Versuche) – somit müssen wir 189 Versuche durchführen (21x9). Wenn wir jetzt noch die Breite der Bänder und den Schwellenwert des Indikators um nur jeweils zwei Schritte ändern (jeweils 3 Versuche), sind es schon 1701 Versuche – 189x3x3. Die Sache wird schnell unübersichtlich.

Die Schnittdarstellung bietet eine gute Möglichkeit, um den häufigsten Fallstrick der Optimierung zu umgehen – einfach eine gute Anzeige der Daten zu erhalten. Spalten Sie Ihre Datensätze in verschiedene Teile auf und testen Sie diese unabhängig voneinander. Wenn Sie z. B. Daten für die zehn Jahre von 1990 bis 1999 haben, dann könnten Sie in drei Schnitten zu je drei Jahren optimieren. Sie nehmen das erste Jahr als Vorlaufzeit für den Indikator und die beiden letzten Jahre als Optimierungszeitraum, also 1990 bis 1992, 1992 bis 1994 und 1994 bis 1996. Dann überprüfen Sie das Ergebnis anhand des letzten Zeitraumes auf Konsistenz, von 1996 bis 1999, wobei das erste Jahr wiederum als Vorlaufzeit gilt. Die Ergebnisse aller Schnitte sollten ziemlich ähnlich sein: Je größer die Ähnlichkeit, desto mehr Vertrauen können Sie in Ihr System haben. Das nennen wir ein robustes System.

Eine andere Möglichkeit ist das Aufteilen der Testdaten auf verschiedene Gruppen, vielleicht anhand unterschiedlicher Eigenschaften wie z. B. volatil und stabil, Wachstum und Wert, klein und groß, niedriger Kurs und hoher Kurs. Achten Sie auf die Übereinstimmung der Ergebnisse. Die grundlegende Idee ist es, Einblick in wichtige analytische Daten zu gewinnen und nicht einfach herauszufinden, was bei diesen Daten oder bei diesen Aktien gut funktioniert hätte. Ein letzter Test besteht darin, herauszufinden, wie robust die Methode ist, die Sie entwickelt haben: Verändern Sie Ihre Parameter um kleine, aber signifikante Beträge und testen Sie erneut. Wenn Ihr Ansatz robust ist, dann sollten die Ergebnisse weiterhin konsistent sein, d. h., wenn Sie z. B. herausgefunden haben, dass 20 Perioden optimal sind, dann sollte die Einstellung auf 18 oder 22 Perioden zu einem ähnlichen Ergebnis führen.

Als Nächstes wenden wir uns den Volumenindikatoren zu, und wir werden uns mit zwei Methoden beschäftigen, die auf der Bestätigung des Kursverlaufes in und um die Bollinger-Bänder durch Indikatoren basieren.

Zusammenfassung der wichtigsten Punkte

- Verwenden Sie Indikatoren zur Bestätigung von Bandberührungen.
- Bevorzugen Sie Volumenindikatoren.
- Vermeiden Sie Kollinearität!
- Wählen Sie Ihre Indikatoren vor dem Handeln aus!
- Halten Sie sich bei der Analyse an ein vorgefertigtes Schema!
- Seien Sie bei der Optimierung sehr gewissenhaft!

Kapitel 18 Volumenindikatoren

FÜR ALLE, DIE unsere oder ihre eigenen Ansätze verändern oder verfeinern möchten, bietet dieser Abschnitt die dafür notwendige Hintergrundinformation. Wer an einer Mathematik-Phobie leidet, kann die zweite Hälfte dieses Kapitels auslassen, aber lesen Sie bitte trotzdem die nächsten paar Absätze.

Volumenindikatoren sind für den Techniker die wichtigste Gruppe von Indikatoren. Sie liegen mitten im Herzen der Gleichung von Angebot und Nachfrage und fügen der analytischen Mischung eine unabhängige Variable, das Volumen, hinzu. In gewissem Ausmaß liegt allen Volumenindikatoren die Annahme zugrunde, dass das Volumen dem Kurs vorauseilt. So vergrößern z. B. schlaue Investoren ihre Aktienpositionen im Verlauf einer Bodenbildung, weil sie eine Rally erwarten; gegen Ende einer Rally fangen sie mit der Auflösung ihrer Positionen an, bevor die Spitze erreicht ist.

Die Volumenindikatoren leiden an gewaltigen Unstimmigkeiten in der Namensgebung; kaum zwei Programme verwenden dieselben Bezeichnungen. Um etwaige Verwirrung zu vermeiden, finden Sie die Indikatoren und ihre Entwickler in Tabelle 18.1. Die Formeln und die Konstruktion der empfohlenen Indikatoren sind in Tabelle 18.3 aufgelistet. So können Sie diese Formulierungen mit denen Ihrer Software vergleichen und festlegen, welchen Namen Sie für einen Indikator verwenden möchten.

Um zu verstehen, wie man einen Indikator am besten einsetzt, muss man

Indikator	**Urheber**
On-Balance-Volumen	Frank Vignola, Joe Granville
Volumen-Preis-Trend	David Markstein
Negative und positive Volumenindex	Paul und Richard Dysart
Intraday-Intensität	David Bostian
Accumulation Distribution	Larry Williams
Money-Flow-Index	Gene Quong and Avram Soudek
volumengewichteter MACD	Buff Dormeier

Tabelle 18.1 Volumen-Indikatoren und ihre Urheber

Kategorie	**Beispiele**
Periodische Kursveränderung	On-Balance-Volumen
Periodische Volumenveränderung	Negativer und Positiver Volumenindex
Intraperiodische Struktur	Intraday-Intensity, Accumulation Distribution
Gewichtung des Volumens	Money-Flow-Index, volumengewichteter MACD

Tabelle 18.2 Kategorien von Volumen-Indikatoren

ihn bis ins Detail verstehen. Dafür ist nicht nur die genaue Kenntnis der Berechnung notwendig, sondern auch die Antriebskraft hinter dem Indikator muss bekannt sein. Wie in Tabelle 18.2 gezeigt, gibt es vier grundlegende Kategorien der Volumenindikatoren, die auf der Basis der angegebenen Berechnungsmethode ermittelt werden. Wir beginnen mit einem kurzen Überblick in der ungefähren Reihenfolge ihrer Entstehung und betrachten dann die vier wichtigsten Indikatoren genauer. Abschließend beschäftigen wir uns mit einigen Hinweisen zum Einsatz dieser mächtigen Hilfsmittel.

Die erste Kategorie der Volumenindikatoren beinhaltet das On Balance Volume (OBV) und den Volume-Price Trend (V-PT) und wird durch Berechnungen auf Basis der Kursveränderungen von einer Periode zur nächsten charakterisiert. Das OBV achtet darauf, ob der Schlusskurs höher oder tiefer liegt als der vorhergehende, während sich der V-PT mit der prozentuellen Veränderung befasst. In der zweiten Kategorie finden wir den positiven Volumenindex (PVI) und den negativen Volumenindex (NVI), das logische Gegenstück zur ersten Kategorie. Hier wird die Veränderung des Volumens zur Analyse des Kurses herangezogen und der Indikator daraus erstellt und nicht umgekehrt. So verändert sich z. B. der NVI nur dann, wenn das Volumen gegenüber der vorherigen Periode gesunken ist. Die dritte Kategorie beruht auf der Untersuchung der internen Daten jeder einzelnen Periode als Basis des Indikators. Beispiele hierfür sind die Intraday Intensity, basierend auf der Position des Schlusskurses in der Kursspanne, und die Accumulation Distribution, die auf dem Verhältnis von Hoch und Tief der Kursspanne basiert. Diese Indikatoren beziehen sich nicht auf vorangegangene Perioden. In der vierten Kategorie werden anhand des Volumens bestehenden Indikatoren Informationen zugeführt. Hier finden wir den Money-Flow-Index (MFI), eine Abwandlung des Relative-Stärke-Index von Welles Wilder, und den volumengewichteten MACD (VGMACD), abgeleitet von Gerald Appels MACD wurde. Bei diesen Indikatoren verändert das während des Berechnungszeitraumes auftretende Volumen die herkömmlichen preisbasierten Indikatoren und erzeugt so mächtige volumengewichtete Hybriden (Tabelle 18.3).

Die dritte und vierte Kategorie, die intraperiodische Struktur und die Gewichtung des Volumens, sind die interessantesten und brauchbarsten

On-Balance-Volumen = Volumen x Zeichen der Veränderung
Volume-Price-Trend = Volumen x prozentuelle Veränderung
Negativer Volumenindex = bei fallendem Volumen Akkumulation der Schlusskurse
Positiver Volumenindex = bei steigemdem Volumen Akkumulation der Schlusskurse
Intraday Intensity = (2 x Schluss – Hoch – Tief) / (Hoch – Tief) x Volumen
Accumulation Distribution = (Schluss – Erster) x (Hoch – Tief) x Volumen
Money-Flow-Index = 100 – 100 / (1 + positiver Kurs x Summe des Volumens / negativer Kurs x Summe des Volumens)
VGMACD = 12-Perioden volumengewichteter Durchschnitt des letzten Kurses – 26-Perioden volumengewichteter Durchschnitt des letzten Kurses
Siggnallinie des VGMACD = 9-Perioden exponentieller Durchschnitt des VGMACD

Tabelle 18.3 Kategorien von Volumen-Indikatoren

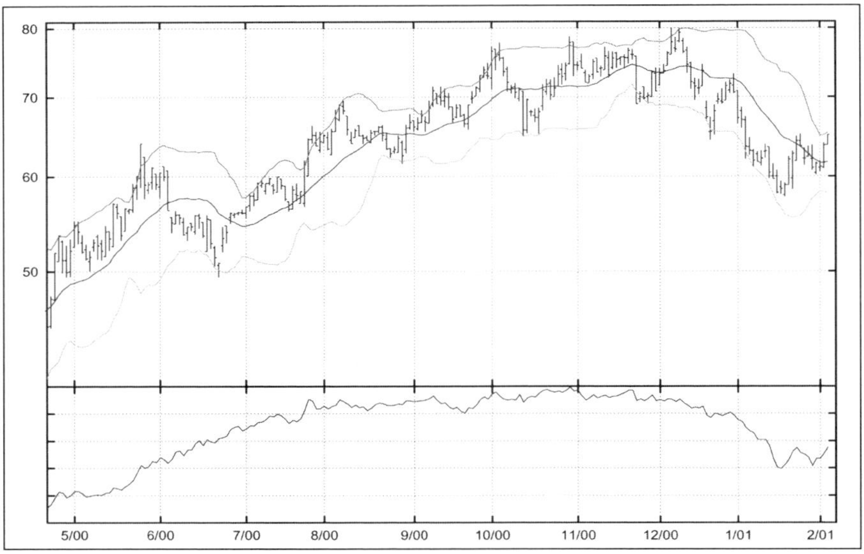

Abbildung 18.1 Intraday Intensity, Hartford Insurance, 200 Tage. Genau so sollte sich ein guter Indikator verhalten: durchgehende Bestätigung bis zum Kurshoch, das der Indikator aber nicht bestätigt.

in der heutigen Handelsumgebung, und ihnen wenden wir uns jetzt zu, obwohl dem positiven Volumenindex ebenfalls etwas Aufmerksamkeit gebührt. Beginnen wir also mit der Intraday Intensity.

Die Intraday Intensity (Abbildung 18.1) beobachten die Trader, die gegen Ende des Handelstages ihre Karten auf den Tisch legen, mittels einer Formel, deren Ergebnis gegen 1 geht, wenn der Schlusskurs im oberen Bereich der Kursspanne liegt, gegen 0, wenn er im mittleren Bereich der Kursspanne liegt, und gegen -1, wenn er im unteren Bereich der Kursspanne liegt. Der Grundgedanke dabei ist, dass die Händler gegen Tagesende ihre Aufträge durchführen und die Kurse in eine für sie günstige Richtung treiben möchten. Ein Händler mit einer großen Verkaufsorder, z. B. von einem Fondsmanager, die er während des Tages nicht unterbringen konnte, wird gegen Handelsschluss die Kurse nach unten treiben wollen, damit er seinen Auftrag zu einem möglichst tiefen Kurs durchführen kann, und damit fällt auch der Indikator.

Abbildung 18.2 Accumulation Distribution, Hartford Insurance, 200 Tage. Die AD stellt dieses Top genauso gut dar wie die Intraday Intensity.

Die Accumulation Distribution (Abbildung 18.2) basiert auf derselben Idee wie die japanischen Candlesticks, deren besondere Betonung auf dem Verhältnis zwischen dem Eröffnungs- und dem Schlusskurs liegt.[47] Diese Idee ist äußerst wichtig – so wichtig, dass die Kursbalken von Equity-Trader.com wie eine Art westliche Candlesticks dargestellt werden, mit grünem Körper, wenn der Schlusskurs höher liegt als der Eröffnungskurs, und rotem Körper, wenn er tiefer liegt. Die außerhalb der Eröffnungs- und Schlusskurse liegenden Kursniveaus werden blau dargestellt.

Die Grundannahme ist, dass eine wirklich starke Aktie auch nach der Eröffnung, egal auf welchem Niveau, weiter steigen wird; Schwäche zeigt sich, wenn der Markt gegen Handelsschluss nicht ansteigt. Eine schwache Eröffnung, nach der es weiter abwärts geht, ist negativ, aber ein Anstieg nach einem schwachen Anfang ist positiv.

Die Charttechnik der Candlesticks ist mehrere Hundert Jahre alt, und die Japaner haben gelernt, sich stark auf die von den Kerzen gebildeten Muster zu konzentrieren, insbesondere spezielle Abfolgen bestimmter Kerzen. Wir halten die Verwendung dieser Kerzen für interessant, um den westlichen Chartarten diese zusätzliche Aussagekraft über die Kursbewegungen zu geben, wie es nur die Kerzen können – vor allem die Kursbewegungen in der Nähe der Bollinger-Bänder, z. B. ein Übergang von roten Körpern (der Schluss liegt tiefer als die Eröffnung) zu grünen Körpern (der Schluss liegt höher als die Eröffnung) in der Nähe des unteren Bandes deutet auf eine Bodenbildung hin. Dieser Übergang zeigt sich auch in der Accumulation Distribution, vor allem, wenn er von einem Anstieg des Volumens begleitet würde.

Sowohl die Intraday Intensity als auch die Accumulation Distribution können als offene Variante angezeigt werden, bei der eine kumulierte Summe vom ersten Berechnungspunkt der Anzeigen der einzelnen Zeiträume aus als Linie dargestellt wird. Oder man kann sie als Oszillator darstellen, indem man eine variable Summe von *n* Perioden (normalerweise 10 oder 20 Perioden) der einzelnen Datensätze kalkuliert. Manche finden den Indikator als uneingeschränkte Linie übersichtlicher, andere ziehen den Oszillator vor. Zum Vergleich mit den Bändern scheint sich das Format des Oszillators am besten zu eignen.

Der II oder AD Oszillator kann auch noch normalisiert werden, sodass er auch marktübergreifend leicht vergleichbar ist, indem man ihn durch das Gesamtvolumen des Berechnungszeitraumes dividiert. Tabelle 18.4 zeigt die Formel für einen 10-Tage-normalisierten Accumulation-Distribution-Oszillator und in Abbildung 18.3 sehen Sie das Ergebnis. Die normalisierten Versionen werden oft mit einem Prozentzeichen versehen, z. B. 21-Tage II % oder 10-Tage AD%.

10-Tages-Summe von [(Schluss – erster) / (Hoch – Tief) x Volumen] / 10-Tages-Summe des Volumens

Tabelle 18.4 Formeln für die Normalisierung der Volumenoszillatoren

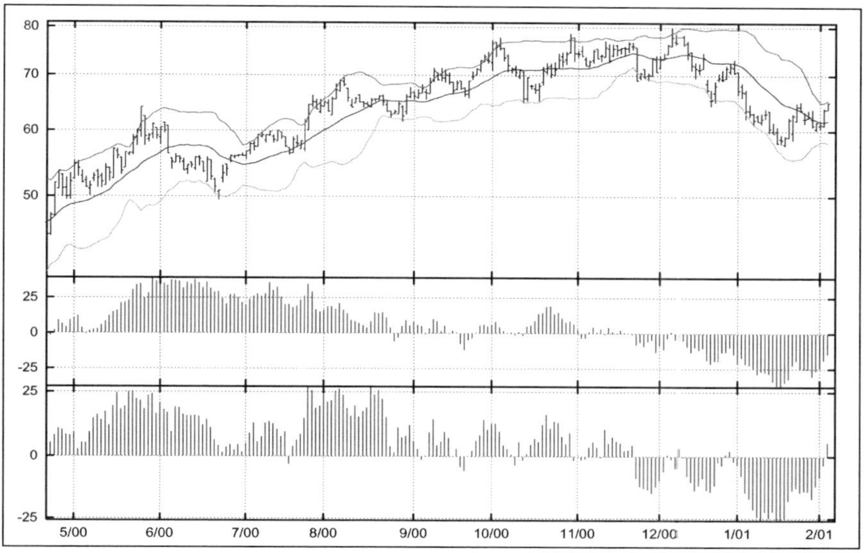

Abbildung 18.3 II% und AD%, Hartford Insurance, 200 Tage. Die Umwandlung der II oder des AD in Oszillatoren zeigt oft Informationen, die ansonsten verborgen bleiben.

In der vierten Kategorie finden wir den Money-Flow-Index, der auf elegante Weise das Konzept von Welles Wilders Relative-Stärke-Index mit der Volumeninformation vermischt. Der Kern der RSI-Berechnung ist das Verhältnis zweier exponentieller Durchschnitte der jeweiligen Veränderungen in aufsteigenden und in abfallenden Perioden. Der MFI ersetzt diese exponentiellen Durchschnitte mit zwei gleitenden Summen (Preis multipliziert mit dem Volumen), jeweils eine für positive Tage und eine für negative Tage. Die Länge der Summen wird oft mit 9 für kurzfristige Aussagen angegeben, in der ursprünglichen Version empfiehlt Welles Wilder eine Länge von 14.

Der MFI stellt nur eine Frage: Bestätigt der Unterschied des Volumens zwischen positiven und negativen Tagen das Momentum des Trends? Ein Anstieg mit starkem Volumen an den positiven Tagen und schwächerem Volumen an negativen Tagen führt zu einem MFI, der stärker ist als der RSI im selben Zeitraum.

Abbildung 18.4 Money-Flow-Index, Hartford Insurance, 200 Tage. Beachten Sie den stetig abnehmenden Trend des MFI, während die Rally andauert.

Der MFI ist etwas volatiler als der RSI. Die Trendphasen verlaufen nicht so glatt und die Schwankungen sind größer. Daher verwenden wir die Niveaus 20 und 80 als signalgebende Extremlinien anstelle von den für den RSI gebräuchlichen 30 und 70. Dies führt zu nahezu gleichwertigen Signalen (Abbildung 18.4).

Der zweite Indikator der vierten Kategorie ist der volumengewichtete MACD. Der MACD ist Gerald Appels Moving Average Convergence/Divergence, den wir hauptsächlich als Trendindikator sehen. Er besteht aus zwei Linien, dem MACD selbst und einer Signallinie. Der MACD ist der Unterschied zwischen zwei Durchschnitten, die Signallinie ist ein exponentieller Durchschnitt des MACD.[48]

Um den MACD nach dem Volumen zu gewichten, ersetzen Sie die exponentiellen Durchschnitte des MACD mit volumengewichteten Gleitenden Durchschnitten[49] (Abbildung 18.5). Nur die Signallinie bleibt ein

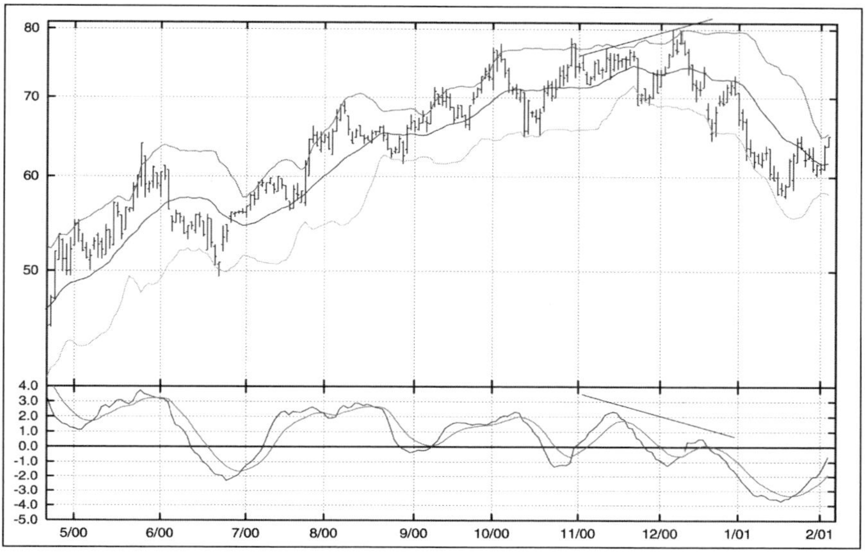

Abbildung 18.5 Volumengewichteter MACD, Hartford Insurance, 200 Tage. Allein auf der Basis eines volumengewichteten MACD lassen sich erfolgreiche Handelsansätze entwickeln.

exponentieller Durchschnitt. Wie der MFI ist auch der VGMACD etwas empfindlicher als sein Vater, aber hier sind keine weiteren Änderungen notwendig, um ihn erfolgreich einzusetzen.

Wenn wir den MACD nach dem Volumen gewichten, stellen wir die Frage: Unterstützt das Volumen den Trend? Wenn es das tut, dann ist der VGMACD stark. Wenn nicht, dann wird der VGMACD die Schwäche schön hervorheben. Diese Grundannahme ist vor allem dann sehr wichtig, wenn die institutionellen Händler die größte treibende Kraft hinter den Kursbewegungen sind.

In diesem Kapitel haben wir uns mit den vier Volumenindikatoren befasst. Bis zu einem gewissen Grad korrelieren sie untereinander nicht. Während die Intraday Intensity und die Accumulation Distribution von den Daten einer einzelnen Periode abgeleitet werden, so kommen hier doch verschiedene Berechnungen und Variablen zum Einsatz. Der MFI ist eigentlich ein Momentumindikator, der den Faktor des Volumens mit einbezieht, während der VGMACD ein volumengewichteter Trendindikator ist. Stimmen diese Indikatoren in ihrer Aussage überein, dann sind sie beliebig austauschbar. Wenn sie aber verschiedene Hinweise geben, dann müssen die Aussagen im Lichte der Grundvoraussetzungen und Berechnungen betrachtet und die Wahrheit ausgegraben werden.

Detailliertere Ausführungen zu den Volumenindikatoren finden Sie in meiner Arbeit „Volumenindikatoren" (siehe Literaturverzeichnis).

In den nächsten beiden Kapiteln wenden wir uns den praktischen Anwendungen zu.

Zusammenfassung der wichtigsten Punkte

- Das Volumen ist eine unabhängig Variable.
- Volumenindikatoren lassen sich anhand der Berechnungsmethode einteilen.
- Konzentrieren Sie sich auf AD, II, MFI und VGMACD!
- Betrachten Sie sowohl die offenen als auch die geschlossenen Formen der AD und der II!

Kapitel 19
Methode II: Trendfolger

METHODE II GREIFT der Entstehung von Trends vor, indem auf Stärke des Kurses geachtet wird, die von der Stärke des Indikators bestätigt wird. Die Idee ist folgende: Der Kurs kündigt den Anfang eines ansteigenden Trends an, wenn er stark genug ist, um das obere Band zu erreichen, und diese Stärke sich in einem passenden Indikator widerspiegelt (Abbildung 19.1). Natürlich gilt dies auch im umgekehrten Fall (Abbildung 19.2). Eigentlich ist dies eine Abwandlung der Methode I, wobei der Indikator

Abbildung 19.1 Beispiel Methode II Kauf, AG Edwards, 100 Tage. Starke Kursbewegungen und starke Indikatorbewegungen ergeben ein Kaufsignal.

Abbildung 19.2 Beispiel Methode II Verkauf, Micron, 150 Tage. Schwacher Kurs wird von der Schwäche des MFI bestätigt und führt zu einem Verkaufssignal.

MFI zur Bestätigung herangezogen wird und es keines Engpasses bedarf. Diese Methode kann einige Signale der Methode I vorwegnehmen.

Wir verwenden dieselben Techniken zum Ausstieg, eine abgewandelte Version des Parabolischen SAR oder eine Berührung des gegenüberliegenden Bandes. Ein Signal wird erzeugt, wenn sowohl der b% des Kurses und der MFI über einen bestimmten Schwellenwert steigen. Liegt der b% über 0,8 und der MFI(10) über 80 dann erhalten wir ein Kaufsignal.

Sie erinnern sich, dass der b% uns zeigt, wo wir uns innerhalb der Bänder befinden: bei 1 sind wir am oberen Band angelangt, bei 0 am unteren. Daher wissen wir bei einem Stand des b% von 0,8, dass wir schon 80 % des Weges vom unteren zum oberen Band zurückgelegt haben. Anders ausgedrückt befinden wir uns in den oberen 20 % des Bereiches zwischen den Bändern. Der MFI ist ein auf einen Wert zwischen 0 und 100 begrenzter Indikator. Steht er bei 80, dann ist dies ein sehr starkes Signal, das dem Wert 70 beim RSI entspricht.

Die Methode II vereint die Stärke des Kursverlaufs mit der Stärke des Indikators, um steigende Kurse vorherzusagen, oder die Schwäche des Kursverlaufes mit der Schwäche des Indikators, um fallende Kurse vorherzusagen.

Wir verwenden die üblichen Einstellungen der Bollinger-Bänder: 20 Perioden und ±2 Standardabweichungen. Zur Festlegung der Parameter des MFI folgen wir einer alten Regel: Die Länge des Indikators sollte ungefähr der halben Länge des Berechnungszeitraumes der Bänder entsprechen. Der Ursprung dieser Regel ist zwar nicht bekannt, aber wahrscheinlich handelt es sich um eine abgewandelte Regel aus der Zyklusanalyse, die den Gebrauch von Gleitenden Durchschnitten empfiehlt, deren Länge ein Viertel der Länge des dominanten Zyklus beträgt. Bei Versuchen stellten sich diese Perioden von der Länge eines Viertels im Allgemeinen als zu kurz heraus, aber die Hälfte der Periode funktionierte mit dem Indikator sehr gut. Aber wie bei allen Einstellungen sind dies nur anfängliche Einstellungswerte, die bei diesem Ansatz auf verschiedene Arten variiert werden können (siehe Tabelle 19.1).

Der Volumengewichtete MACD kann den MFI ersetzen.*
Die Stärke (der Schwellenwert) für b% und den Indikator kann variiert werden.
Die Geschwindigkeit des parabolischen SAR kann variiert werden.
Der Längenparameter der Bollinger-Bänder kann angepasst werden.**

* Eine Variante des VGMACD, das VGMACD-Histogramms, ist die richtige Wahl, wenn der VGMACD in Ihrer Anwendung etwas zu langsam ist. Es stellt den Unterschied zwischen dem VGMACD und seiner Signallinie (dem 9-Tages-Durchschnitt des VGMACD) dar. Dieser Indikator ist kurzfristiger orientiert und sensibler als der VGMACD: Derselbe Vorgang lässt sich auch auf den MACD selbst anwenden.

** Die Anpassung des b% ist dasselbe wie die Anpassung der Einstellung der BandBreite.

Tabelle 19.1 Varianten der Methode II

Die größte Falle, die es hier zu vermeiden gilt, ist der späte Einstieg, da schon der Großteil des Potentials verbraucht sein könnte. Ein Problem der Methode II ist es, dass das Chance-Risiko-Verhältnis schwerer zu bestimmen ist, denn die Bewegung kann schon einige Zeit andauern, bevor das Signal ausgelöst wird. Diese Falle kann umgangen werden, indem Sie auf den ersten Rückgang nach dem Signal warten und dann am ersten positiven Tag kaufen. Dadurch verpassen Sie sicher einige günstige Gelegenheiten, aber diejenigen, die Sie wahrnehmen, haben ein viel besseres Chance-Risiko-Verhältnis.

Am besten probieren Sie diese Methode mit den Aktien aus, die Sie handeln oder handeln möchten, und stimmen die Parameter gemäß den Eigenschaften dieser Aktien und je nach Ihren Risikokriterien ab. Wenn Sie z. B. sehr volatile Wachstumsaktien handeln, dann können Sie auf höhere Werte des b% (höher als 1 wäre eine Möglichkeit), des MFI und der Parameter für den parabolischen SAR zurückgreifen. Höhere Einstellungen bei allen dreien führen zur Auswahl stärkerer Aktien und die Stops werden schneller ausgelöst.[50] Weniger risikofreudige Anleger sollten sich eher auf hohe Werte bei der Einstellung des parabolischen SAR verlassen, während geduldige Investoren, die der Position ausreichend Zeit zur Entwicklung geben wollen, kleinere Werte einstellen sollten, damit der Stop langsamer nachgezogen wird.

Eine sehr interessante Anpassung ist es, den parabolischen SAR nicht wie gewohnt am Tag der Positionseröffnung zu starten, sondern am letzten wichtigen Tief oder Wendepunkt. Wenn Sie z. B. während einer Bodenbildung kaufen, dann sollte der Anfangspunkt des parabolischen SAR unter dem Tief liegen und nicht auf dem Einstiegstag. Der Vorteil liegt darin, dass so das Stopsignal auf die aktuellste Situation angepasst wird. Wenn Sie die Berührung des gegenüberliegenden Bandes als Ausstiegssignal heranziehen, dann geben Sie der Position den größten Spielraum, aber für viele ist der Stop dann viel zu weit entfernt.

Ich möchte gerne auf eine Variante dieser Methode zurückkommen:

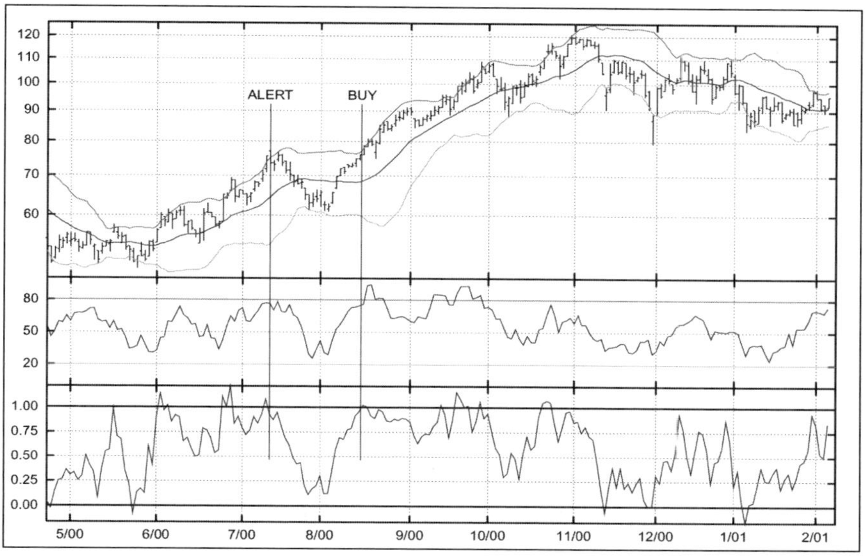

Abbildung 19.3 Beispiel Methode II als Alarmierung, PerkinElmer, 200 Tage. Knappe Verfehlungen sollten als Alarm verstanden werden.

Die Signale werden als Warnung gewertet und der Kauf erfolgt nach dem ersten Einbruch (Abbildung 19.3). Dadurch verringert sich die Anzahl der Trades, aber auch die Anzahl der Trades, aus denen man gleich wieder ausgestoppt wird, nimmt ab. Diese Methode ist ziemlich robust, die sich auf viele verschiedene Handelsstile und Charaktere anpassen lässt.

Ein weiteres Konzept kann hier sehr wichtig sein: die Rationale Analyse. Nach dieser Methode wird bei bestätigter Stärke gekauft und bei bestätigter Schwäche verkauft. Wäre es dann nicht eine wunderbare Idee, die Auswahl der Kandidaten schon vorher durch fundamentale Kriterien einzugrenzen und so Kauf- und Verkaufslisten zu erstellen? Dann beachten Sie nur die Kaufsignale für die Aktien auf der Kaufliste und nur die Verkaufssignale für die Aktien auf der Verkaufsliste. Diese Filtermethode übersteigt den Rahmen diese Buches, aber die Rationale Analyse, die Vereinigung der Fundamentalen und der Technischen Analyse, bietet einen stabilen Ansatz zur Lösung der Probleme, mit denen sich die meisten Anleger konfrontiert sehen. Die Vorauswahl guter und schlechter Kandidaten nach fundamentalen Gesichtspunkten wird Ihre Ergebnisse mit Sicherheit verbessern.

Eine weitere Möglichkeit zum Filtern der Signale bietet ein Blick auf die Performancebewertungen auf EquityTrader.com. Kaufen Sie Aktien, die mit 1 oder 2 bewertet sind, und verkaufen Sie Aktien mit einer Bewertung von 4 oder 5. Diese gewichteten, risikoangepassten Bewertungen zeigen die Relative Stärke unter Berücksichtigung der abwärts gerichteten Volatilität.

Zusammenfassung der wichtigsten Punkte

- Bei der Methode II wird bei Stärke gekauft und bei Schwäche verkauft.
- Kaufen Sie, wenn der b% über 0,8 und der MFI über 80 liegt.
- Verkaufen Sie, wenn der b% unter 0,2 und der MFI unter 20 liegt!
- Verwenden Sie einen parabolischen Stop.
- Kann die Signale der Methode I vorwegnehmen.
- Experimentieren Sie mit verschiedenen Varianten.
- Wenden Sie die Rationale Analyse an.
- Kandidaten für die Methode II finden Sie auf www.BollingeronBollingerBands.com.

Kapitel 20

Methode III: Umkehr

METHODE III GREIFT Umkehrformationen vor, indem Bandberührungen mit der Anzeige des Indikators verglichen werden. Zuerst betrachten wir mehrere Berührungen des oberen Bandes, die von fallenden Indikatorwerten begleitet werden, und mehrere Berührungen des unteren Bandes, die von ansteigenden Indikatorwerten begleitet werden. Danach wenden wir uns den isolierten Berührungen mit gegensätzlichen Indikatoranzeigen zu – eine Berührung des unteren Bandes mit einem positiven Indikator oder eine Berührung des oberen Bandes mit einem negativen Indikator.

Irgendwann Anfang der siebziger Jahre verbreitete sich die Idee, einen Gleitenden Durchschnitt um einen festen Prozentsatz nach oben und nach unten zu verschieben, um die Kursbewegungen zu umschreiben. Dafür musste man nur den Durchschnitt mit 1 plus dem gewünschten Prozentsatz multiplizieren, um das obere Band zu erhalten, und den Durchschnitt durch 1 plus dem gewünschten Prozentsatz dividieren, um das untere Band zu erhalten. Dies war zu einer Zeit, als Berechnungen entweder zeitaufwendig oder teuer waren, ein sehr einfaches Konzept. Das waren die Tage des Millimeterpapiers, der Addiermaschine, der Bleistifte und, für diejenigen, die Glück hatten, der mechanischen Rechenmaschinen.

Natürlich wurde dieses Konzept schnell angenommen, da es Definitionen von Hoch und Tief bot, die bei der Wahl des richtigen Zeitpunkts für einen Trade eine große Hilfe waren. Oszillatoren waren damals sehr in Mode, was zu einer Reihe von Systemen führte, bei denen der Kursverlauf innerhalb prozentueller Bänder mit den Bewegungen des Oszillators verglichen wurde. Der damals wahrscheinlich am besten bekannte Ansatz, der auch heute noch weit verbreitet ist, war der Vergleich des Dow Jones Industrial Average innerhalb von Bändern, die durch das Verschieben des 21-Tage-Durchschnittes um 4 % nach oben und unten konstruiert wurden, mit einem von zwei Oszillatoren, die auf der Basis leicht zugänglicher Marktdaten erstellt wurden. Der eine davon war das Ergebnis der ansteigenden Werte (Advances) minus der fallenden Werte (Declines) an der NYSE der letzten 21 Tage. Der zweite war das Ergebnis der Werte mit einem steigenden Volumen minus der Werte mit einem fallenden Volumen an der NYSE in den letzten 21 Tagen. Berührungen des oberen Bandes bei gleichzeitig negativer Aussage eines der beiden Oszillatoren wurden als Verkaufssignal gewertet. Kaufsignale wurden durch die Berührung des unteren Bandes und eine positive Aussage eines der beiden Oszillatoren erzeugt. Zeigten beide Oszillatoren in dieselbe Richtung, so steigerte dies das Vertrauen auf die Signale. Bei Werten, für die diese Marktinformationen nicht zugänglich waren, verwendete man einen Volumenindikator wie z. B. eine abgewandelte 21-Tage-Version von Bostians Intraday Intensity. Dieser Ansatz und unzählige Abwandlungen davon werden auch heute noch oft zur Ermittlung des richtigen Zeitpunktes für einen Kauf oder Verkauf verwendet.

Die meisten der möglichen Varianten wurden schon ausprobiert. Mein Beitrag dazu war das Ersetzen des 21-Tage-Ergebnisses durch eine Abweichungskurve bei der Konstruktion der Oszillatoren. Diese Abweichungskurve ist eine Kurve, die den Unterschied eines langfristigen und eines kurzfristigen Durchschnittes anzeigt. In diesem Fall bestanden die Durchschnitte aus den täglich steigenden Werten abzüglich der täglich fallenden Werten sowie den Werten mit steigendem und fallendem Volumen und die dafür verwendeten Zeiträume waren auf 21 und 100 Perioden festgelegt. Im Chart wird das Ergebnis des kurzfristigen Durchschnittes minus dem langfristigen Durchschnitt angezeigt.

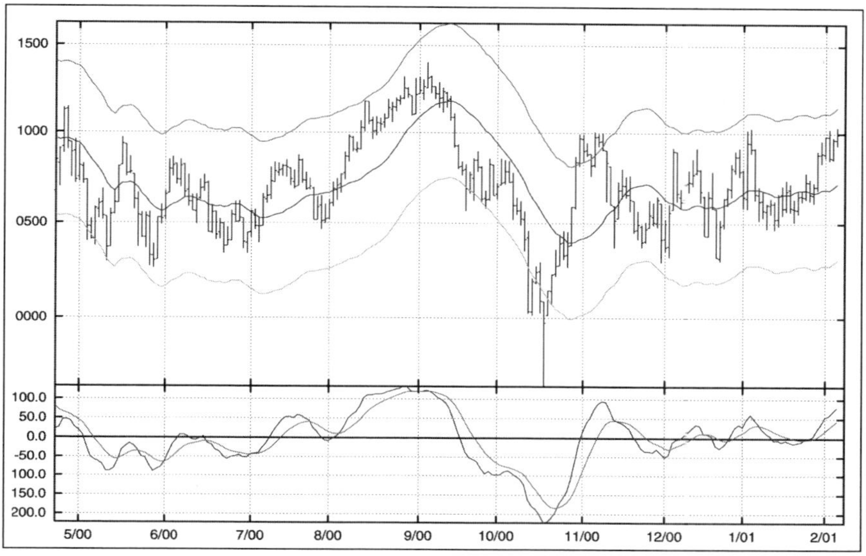

Abbildung 20.1 DJIA mit 4-Prozent-Bändern und dem Advance-Decline-Oszillator. Anhand des MACD wird ein Oszillator dargestellt, der zur Feststellung des richtigen Zeitpunktes für Käufe und Verkäufe dienen soll.

Der größte Vorteil bei der Verwendung dieser Abweichungsmethode zur Erzeugung der Oszillatoren liegt darin, dass die Einbeziehung des langfristigen Durchschnittes das Ergebnis für einen längerfristigen Ausblick auf die Marktentwicklung anpasst (normiert).[51] Ohne diese Anpassung wird Sie der Advance-Decline-Oszillator (Abbildung 20.1) oder der Steigendes-Volumen-Fallendes-Volumen-Oszillator ab und zu zum Narren halten. Die Einbeziehung des Unterschiedes zwischen den beiden Durchschnitten gleicht die bullischen und bearischen Tendenzen des Marktes, die für das Problem verantwortlich sind, gut aus.

Wenn Sie die Abweichungsmethode wählen, dann können Sie den leicht zugänglichen MACD zur Erstellung der Oszillatoren verwenden (Abbildung 20.2). Den ersten MACD-Parameter stellen Sie auf 21, den zweiten auf 100 und den dritten auf 9. Damit setzen Sie die Periode für den kurzfristigen Durchschnitt auf 21 Tage, für die langfristige Periode auf 100 Tage und lassen die Periode für die Signallinie auf der Standard-

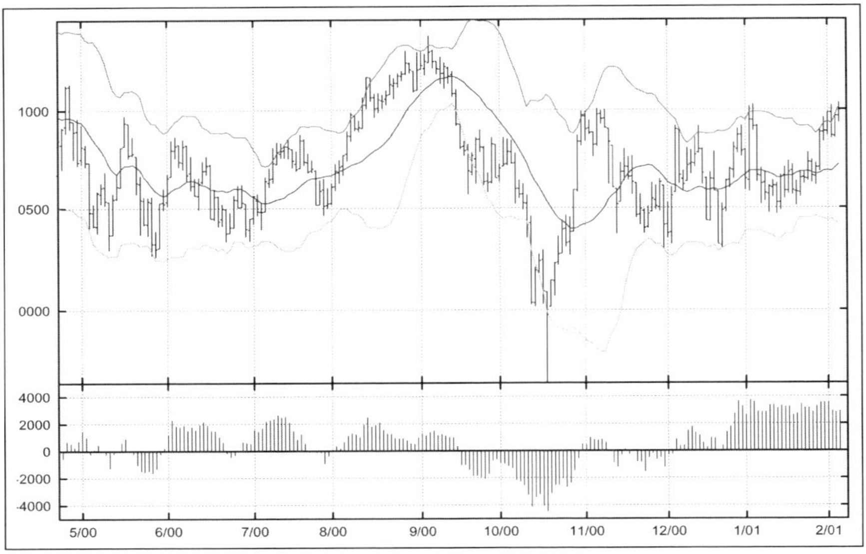

Abbildung 20.2 DJIA mit Bollinger-Bändern und einem Advance-Decline-MACD-Histogramm, der Differenz der beiden Linien des MACD aus Abbildung 20.1.

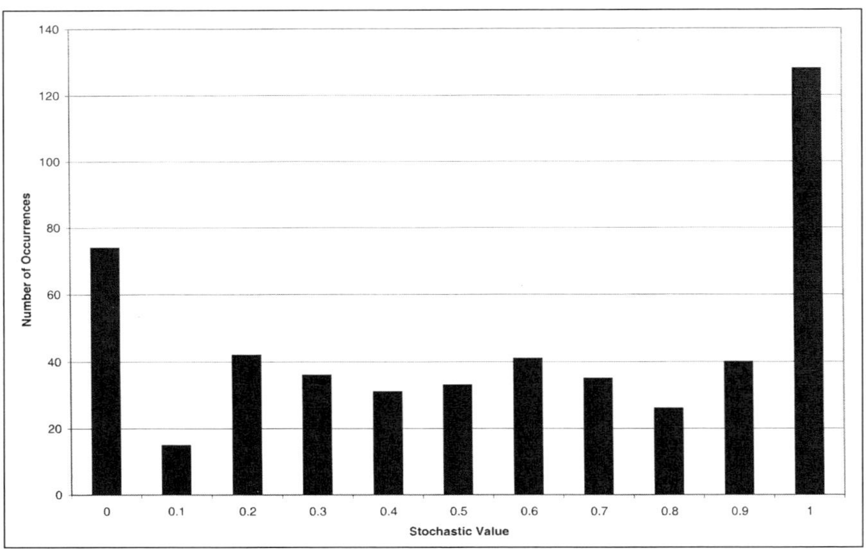

Abbildung 20.3 W2 (W4) mit Accumulation Distribution, Dow Chemical, 150 Tage. Advance-Decline bestätigt die Kursbewegung, die vom %b angedeutet wird.

einstellung von 9 Tagen. Die Basisdaten werden von den steigenden und fallenden Werten sowie dem steigenden und fallenden Volumen geliefert. Besteht Ihre Software auf der Eingabe von prozentuellen Werten, dann wählen Sie als Erstes 9 Prozent, dann 2 Prozent und drittens 20 Prozent.[52] Dann ersetzen Sie die prozentuellen Bänder durch die Bollinger-Bänder.[53] Damit haben Sie das Kernstück eines sehr nützlichen Umkehransatzes.

Auf ähnliche Weise können wir Indikatoren verwenden, um Tops und Bottoms deutlicher anzuzeigen und die Umkehr von Trends zu bestätigen. Wenn sich z. B. ein W2-Bottom bildet, bei dem %b beim Einbruch höher liegt als beim ersten Tief – ein relatives W4 (Abbildung 20.3) –, beobachten Sie den Volumenoszillator, entweder den MFI oder den VGMACD, und stellen Sie fest, ob er ein ähnliches Muster zeigt.[54] Wenn ja, dann kaufen Sie am ersten starken positiven Tag. Wenn nein, dann warten Sie auf eine andere günstige Gelegenheit.

Der Ablauf bei einem Top ist ähnlich, aber hier müssen wir geduldiger sein. Typischerweise braucht das Top länger, um sich auszubilden, und zeigt dann meist die gewohnten drei oder mehr Anläufe zum Hoch. In einer klassischen Formation sinkt der %b bei jedem Anlauf ein wenig tiefer, genau so wie ein Volumenindikator wie die Accumulation Distribution (Abbildung 20.4). Wenn sich ein solches Muster abzeichnet, achten Sie bei Verkäufen auf signifikante negative Tage mit überdurchschnittlichem Volumen und größerer Kursspanne.

Die Methode III dient zur klareren Feststellung von Tops und Bottoms, indem wir eine unabhängige Variable in unsere Analyse einführen, das Volumen. Mittels der Volumenindikatoren bekommen wir einen besseren Überblick über das ständig wechselnde Verhältnis von Angebot und Nachfrage. Steigt die Nachfrage während der Ausbildung eines W-Bottoms? Wenn ja, dann sollten wir uns überlegen, ob wir nicht kaufen wollen. Wird das Angebot bei jedem Anlauf zu einem neuen Hoch größer? Wenn ja, dann sollten wir unsere Verteidigung auf Vordermann bringen oder uns Gedanken über einen Leerverkauf machen.

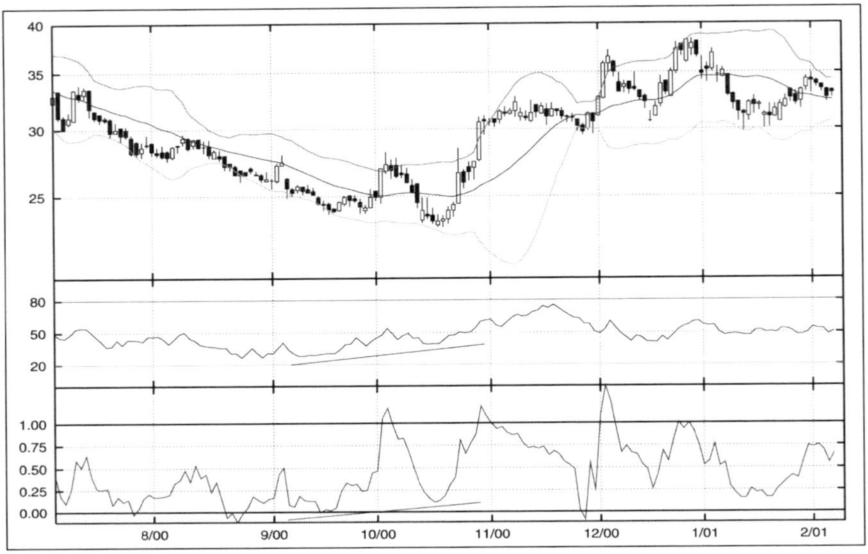

Abbildung 20.4 M16 (M12) mit Accumulation Distribution, Lyondell, 150 Tage. Stetig abnehmende %b und Accumulation Distribution deuten auf ein Top hin.

Die Methode III kann recht leicht vereinfacht und systematisiert werden. Anstatt nach einer ständigen Verschlechterung bei der Entwicklung eines Musters zu suchen, können wir nach konkreten Gelegenheiten Ausschau halten. Dies lässt sich am besten bewerkstelligen, indem man auf Bandberührungen achtet, bei denen der Oszillator (z. B. die 21-Tage-Intraday-Intensity oder die 20-Tage-Accumulation-Distribution) der Berührung gegenüberliegt – also eine Berührung des oberen Bandes kombiniert mit einem negativen Indikatorwert oder eine Berührung des unteren Bandes mit einem positiven Indikatorwert. Nun systematisieren wir diesen Ansatz: z. B. eröffnen Sie eine Long-Position, wenn der %b unter 0,05 und die II% über 0 liegt. Oder eröffnen Sie eine Short-Position, wenn der %b über 0,95 und der AD% unter 0 liegt.

Diese Gelegenheiten mit positiver Berührung / negativer Indikator und negative Berührung / positiver Indikator waren mein Einstieg und nach wie vor schätze ich sie sehr. Ich kaufte einmal bei einer solchen Methode-III-Gelegenheit, bei der der Schlusskurs außerhalb des Bandes genau auf der langfristigen Unterstützung lag und die auf keine andere Weise festgestellt werden konnte. Der Chart bot einen furchterregenden Anblick: ein dreifacher Bottom mit einem möglichen weiteren Einbruch. Aber der II% war äußerst positiv und auf das Tief folgte ein Tag mit einem starken Anstieg, was deutlich auf eine günstige Gelegenheit hindeutete. Vielleicht das Wichtigste war die Tatsache, dass ein neues Tief der Aktie ganz in der Nähe des Einstiegskurses lag, was mein Risiko ganz klar definierte, ungefähr 2 $^1/_2$ Punkte. Die Berührung des oberen Bandes, das logische Ziel bei einer solchen Gelegenheit, war 10 Punkte entfernt, also ein Chance-Risiko-Verhältnis von 4 zu 1. Das war nicht schlecht!

Genau diese Fähigkeit, günstige Gelegenheiten mit gutem Chance-Risiko-Verhältnis anzuzeigen, zeichnet die Methode III aus. Das Mindeste, was Sie von diesem Ansatz erwarten können, ist das leichtere Erkennen von möglicherweise interessanten Mustern, von deren Potential Sie ohne zusätzliche Bestätigung mangels Vertrauen nicht profitieren würden.

Zusammenfassung der wichtigsten Punkte

- Gelegenheit zum Kauf: Berührung des unteren Bandes und positiver Oszillator.
- Gelegenheit zum Verkauf: Berührung des oberen Bandes und negativer Oszillator.
- Kalkulieren Sie die Breitenindikatoren anhand des MACD.
- Kandidaten für die Methode III finden Sie auf www.BollingeronBollingerBands.com.

Teil V

Für Fortgeschrittene

Teil V führt uns zu den fortgeschrittenen Themen des Daytrading und der Normalisierung von Indikatoren anhand der Bollinger-Bänder. Wir werfen einen Blick auf Chartarten, Indikatoren und Techniken für Daytrader und zeigen die Anwendung der Bollinger-Bänder, um Indikatoren zu normalisieren.

Kapitel 21
Normalisierte Indikatoren

DIE ANWENDUNG DER Bollinger-Bänder muss sich nicht auf Aktien oder Indices beschränken. Sie können auf Quotienten, volkswirtschaftliche Reihen, fundamentale Daten, Handelsvolumina und technische Indikatoren angewendet werden, um nur einige der Möglichkeiten zu erwähnen. Es macht keinen Unterschied, ob diese Datensätze in Form eines Oszillators angezeigt werden oder als offene Reihen. In jedem Fall erfüllen die Bollinger-Bänder denselben Zweck wie beim Kurs: Sie definieren einen Hoch- oder Tiefstand auf einer relativen Basis. Dies kann oft zu tiefen Einblicken und Erkenntnissen führen, die von den traditionellen starren Richtlinien und Regelwerken nicht zu erwarten sind.

Nehmen wir z. B. den Relative-Stärke-Index (RSI). Die traditionelle Lehre sagt, dass eine Anzeige von über 70 auf eine überkaufte Situation und ein Stand von unter 30 auf eine überverkaufte Situation hinweist. Die wahrscheinlich am weitesten verbreitete praktische Anwendung des RSI ist ein Kauf, wenn der Indikator wieder über 30 steigt, und der Verkauf, wenn der Indikator wieder unter 70 fällt. Das kann aber zu Schwierigkeiten führen. Manchmal funktionieren die Werte 30 und 70 ja recht gut, aber manchmal auch nicht, und manchmal liegen sie katastrophal daneben.

Ein brauchbarere Ansatz zur Anwendung des RSI ist die Ansicht, dass die Signallinien bei 30 und bei 70 während eines anhaltenden Aufwärtstrends ansteigen, sodass manche Analysten in einem solchen Fall die

Werte 40 und 80 empfehlen. Analog dazu sollten die Werte bei einem Abwärtstrend auf 20 und 60 reduziert werden. So kann das Erreichen eines Wertes von 80 als Definition eines Aufwärtstrends dienen, wobei anschließend der Wert 40 zur Anzeige des überverkauften Bereiches gilt; danach kehrt das Absinken auf einen Wert von 20 die ganze Geschichte um und zeigt einen Abwärtstrend an, bei dem der Wert 60 als Zeichen für eine überkaufte Situation angenommen wird. Somit kann die Bewegung des RSI sowohl als Definition eines signifikanten Trends als auch zur Verschiebung des Regelwerkes zur Entscheidungsfindung auf die entsprechenden Werte verwendet werden, um so die überkauften und überverkauften Niveaus relativ zum Trend festzustellen.[55]

Hier scheint es angebracht, ein wenig abzuschweifen. Früher galten die Begriffe *überkauft* und *überverkauft* als Beschreibungen extremer Zustände. Im Herbst 1974, am Ende des letzten großen Bärenmarktes, war der Aktienmarkt überverkauft; und im Frühling 1962, am Höhepunkt der Bowling-Aktien-Manie[56], war der Aktienmarkt überkauft. Die Analysten betrachteten diese Phänomene als selten auftretende Markierungen langfristig wichtiger Wendepunkte des Marktes. In den vergangenen Jahren konnten wir die unerbittliche Verkürzung des Zeitrahmens miterleben und für den normalen Anleger haben diese Begriffe ihre ursprüngliche Bedeutung verloren. Heute werden die Worte *überkauft* und *überverkauft* auf die kürzesten Zeitspannen angewendet, was die Analysten vergangener Tage mit Sicherheit einfach unerhört gefunden hätten. Trotzdem müssen wir die grundlegende Definition als auf alle Zeitrahmen anwendbar akzeptieren; wir sind nur zu schnell zu weit gekommen.

Zwar ist die Verschiebung des Entscheidungsrahmens beim RSI je nach Marktumgebung gegenüber der bisher üblichen 30-70-Regel eine Verbesserung, aber es geht noch besser. Wie? Indem wir die Bollinger-Bänder auf den Indikator anwenden und die überkauften und überverkauften Bereiche anhand der Bänder feststellen. Durch einen solchen Einsatz der Bollinger-Bänder erhalten wir einen voll anpassungsfähigen Ansatz, der sich mit dem Markt verändert. Zuerst kommen wir nun zur Anwendung der Bollinger-Bänder auf Indikatoren, dann zeige ich Ihnen einen guten Trick.

Indikatoren sind facettenreicher als Aktien. Im Gegensatz zu Aktien, bei denen eine Grundeinstellung von 20 Perioden und 2 Standardabweichungen meist den besten Ausgangspunkt bietet, scheint jeder Indikator nach seinen besonderen Parametern zu verlangen (siehe Tabelle 21.1). Im Allgemeinen sind die passenden Beobachtungszeiträume länger als bei den Aktien, eine Tatsache, der wir schon durch die Verwendung eines 50-Tage-Durchschnittes für das Volumen Rechnung getragen haben. Abgesehen davon lassen sich auf Grund der unterschiedlichen Parameter und Berechnungsgrundlagen der Indikatoren keine allgemeinen Richtlinien festlegen. Ein Beispiel für eine Einstellung, die sehr gut funktioniert, ist aber ein 14-Tage-RSI und Bollinger-Bänder mit 50 Tagen und 2,1 Standardabweichungen. Unter Verwendung dieser Parameter lassen sich überkaufte und überverkaufte Bereiche der meisten Aktien leicht feststellen und klare Abweichungen an vielen wichtigen Wendepunkten zeichnen sich deutlich ab.

Indikator	Länge	Breite
9-Perioden RSI	40	2,0
14-Perioden RSI	50	2,1
10-Perioden MFI	40	2,0
21-Perioden II	40	2,0

Tabelle 21.1 Mögliche Kombinationen von Zeitrahmen

Das geübte Auge wird bald die richtigen Einstellungen der Bollinger-Bänder für die verschiedenen Indikatoren erkennen. Beginnen Sie bei der Festlegung des Beobachtungszeitraumes mit demselben Auswahlverfahren wie bei den Aktien. Das Ergebnis soll ein langsamer Übergang sein, bei dem der Durchschnitt während eines Aufwärtstrends in den oberen Bereich des Indikators steigt und bei Abwärtstrends in den unteren Bereich fällt. Trotzdem sollte der Durchschnitt zumeist im mittleren Bereich des Charts blei-

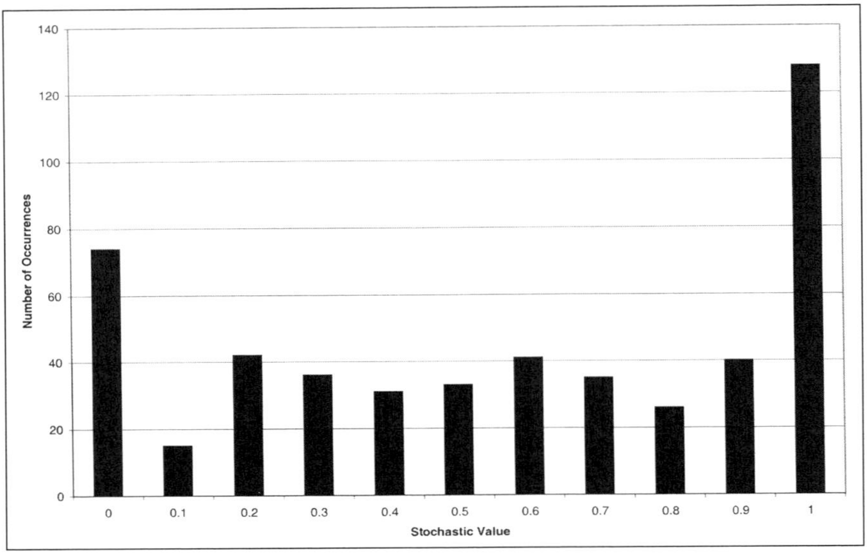

Abbildung 21.1 Verteilungschart, 10-Tage Stochastik, IBM, zwei Jahre. Eine wirklich ganz abnormale Verteilung.

ben, beim MFI ungefähr zwischen 25 und 75 und beim RSI etwas enger, zwischen 30 und 70. Erreicht der Durchschnitt das untere oder das obere Viertel, dann haben Sie einen zu kurzen Durchschnitt gewählt. Wenn sich der Durchschnitt kaum von der Mitte wegbewegt, dann ist er zu lang. Danach stellen Sie die Anzahl der Standardabweichungen für die Bänder ein, wobei Sie am Besten bei einem Wert von 2 beginnen, damit 85 bis 90 Prozent aller Daten von den Bändern umschlossen werden.

Es gibt einen guten Grund, warum die Parameter für die Indikatoren so unterschiedlich sind: Indikatoren neigen zu einer ganz anderen Verteilung als Aktien. Tatsächlich gibt es Indikatoren, deren Verteilung deutlich anormal ist. Stochastische Indikatoren haben oft breite Ausläufer und können sogar in der Form eines U verteilt sein, bei dem die Bereiche der Ausläufer breiter sind als die Mitte (Abbildung 21.1), während der RSI meist schmalere Ausläufer zeigt. Aber Sie müssen sich jetzt nicht um die Statistik kümmern. Folgen Sie einfach den obigen Angaben und Sie werden sich einen brauchbaren Ansatz erarbeiten.

Nun betrachten Sie das obere Band als Anzeiger für den überkauften Bereich, wie z. B. 70 beim Relative-Stärke-Index. Das untere Band dient als Anzeiger für den überverkauften Bereich, wie z. B. 20 beim Money-Flow-Index. Wenn Sie die Parameter alle richtig gewählt haben, dann werden alle normalen Regeln zur Entscheidungsfindung gelten, wie z. B. ein Kauf bei einem Anstieg über das untere Band oder das Erkennen der Berührung des oberen Bandes als Signal für eine überkaufte Situation. Um starre Regeln müssen Sie sich jetzt keine Gedanken mehr machen. Sie handeln jetzt gleichförmig mit der Bewegung des Marktes und die Indikatoren mit den Bändern zeigen Ihnen die günstigen Gelegenheiten.

Jetzt kommen wir zum angekündigten Trick, man könnte fast sagen, ein bisschen Indikator-Magie. %b wird normalerweise zur Anzeige eines Datenpunktes, in der Regel des Schlusskurses, im Rahmen der Bollinger-Bänder verwendet. Bei einem Wert von 1,0 stehen wir am oberen Band, bei 0,5 in der Mitte und bei 0,0 am unteren Band. Die Spanne von %b wird aber nicht vom Bereich von 0,0 bis 1,0 begrenzt. Ein Wert von 1,1 sagt uns, dass wir um 10 Prozent der BandBreite über dem oberen Band liegen, und ein Wert von -0,15 sagt uns, dass wir um 15 Prozent unter dem unteren Band liegen. Zuerst kalkulieren Sie den Indikator und zeichnen ihn ein. Als Zweites ermitteln Sie die entsprechenden Bollinger-Bänder anhand der eben beschriebenen Methode und zeichnen sie ebenfalls ein. Drittens berechnen Sie den %b (siehe Tabelle 21.2) anhand des eben angezeigten Indikators und der Bänder. Viertens zeichnen Sie nur den %b als normalisierte Version des Indikators ein! Die Abbildungen 21.2 und 21.3 zeigen Beispiele dafür.

(Indikator – unteres Band des Indikators) / (oberes Band des Indikators – unteres Band des Indikators)

Tabelle 21.2 Formel für den normalisierten Indikator

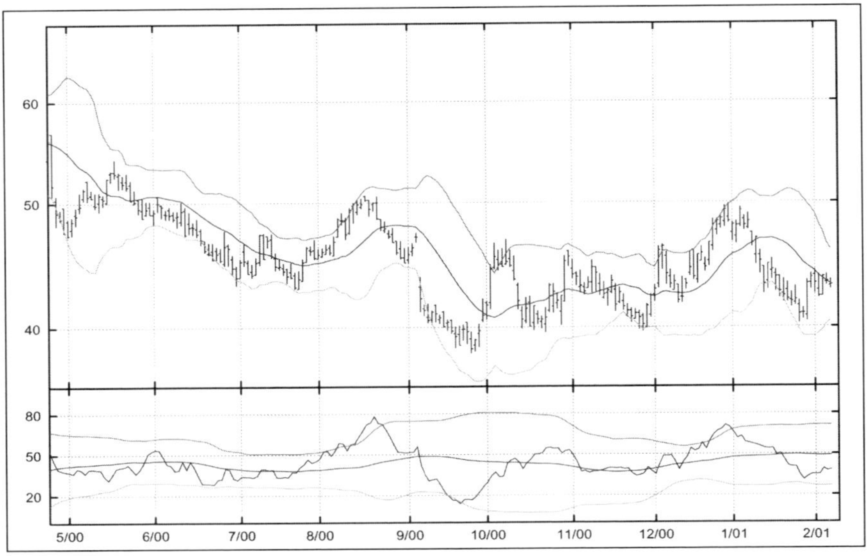

Abbildung 21.2 MFI mit Bollinger-Bänder, Dupont, 150 Tage. Die Bänder definieren Hoch und Tief besser als die fixierten Linien bei 20 und 80, die normalerweise verwendet werden.

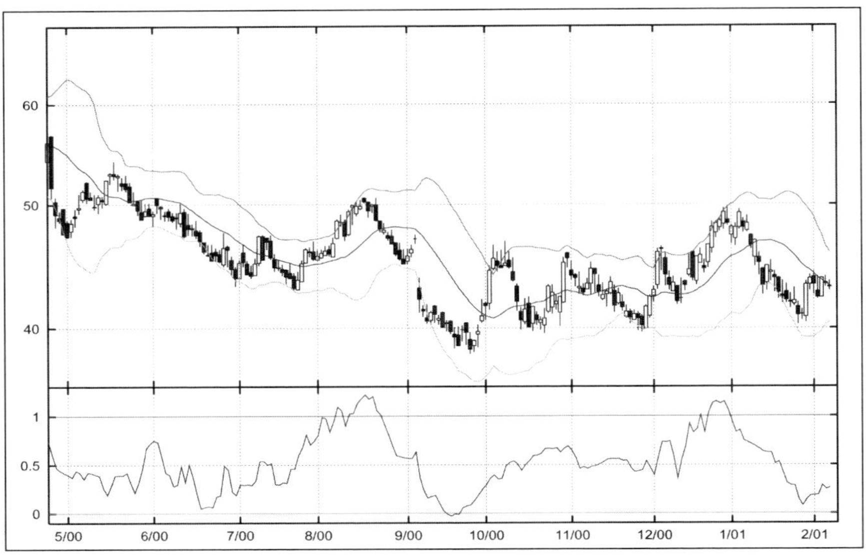

Abbildung 21.3 %b(MFI), Dupont, 150 Tage. Der überkaufte und überverkaufte Bereich ist viel deutlicher erkennbar.

Wir haben eigentlich nur den Indikator innerhalb der neuen Grenzen des oberen und des unteren Bandes anstatt der bisher möglichen absoluten Spanne des Indikators – die im Falle des RSI zwischen 0 und 100 liegt - neu gezeichnet. Diese Normalisierung des Indikators ist eine der wichtigsten Anwendungsmöglichkeiten der %b Formel. Um einen so normalisierten Indikator zu bezeichnen verwenden wir den Ausdruck %b(RSI) (Siehe Abbildungen 21.4 und 21.5).

Durch die Normalisierung eines Indikators mit Hilfe der Bollinger-Bänder kann der Indikator flexibel in ein Tradingsystem eingebunden werden. Diese Technik kann auf offene Indikatoren angewendet werden, die aus fortlaufenden Summen tägliche ermittelter Datensätze gebildet werden, oder auch auf Oszillatoren, die innerhalb einer festgelegten Spanne hin und her schwanken oder sich über und unter eine fixierte Mittellinie bewegen. In jedem Fall erlauben es die anhand dieser Methode neu ermittelten Definitionen von Hoch und Tief dem Anwender, die Informationen eines Indikators auf so anpassungsfähige Art und Weise in

Abbildung 21.4 RSI mit Bollinger-Bänder, Dupont, 150 Tage. Beachten Sie, wie gut die Bänder zur Definition von überkauft und überverkauft funktionieren

Abbildung 21.5 %b(RSI), Dupont, 150 Tage. Ein deutlich besserer Überblick über die Aussage des Indikators.

einen streng festgelegten Handelsprozess einzubinden, wie es bisher nicht möglich war.

Zusammenfassung der wichtigsten Punkte

- Verwenden Sie die Bollinger-Bänder zur Normalisierung der Indikatoren.
- Im Allgemeinen sind längere Durchschnitte notwendig.
- Probieren Sie die Anzeige des Indikators als %b aus.

Kapitel 22
Daytrading

DIE BOLLINGER-BÄNDER werden von Daytradern häufig verwendet. Sie werden auf alle Chartarten beginnend beim Tickchart und auf viele verschiedene Arten angewendet. Wenn mit den Bollinger-Bändern auch Indikatoren zum Einsatz kommen, dann meistens Trend- und Momentumindikatoren. Die Volumenindikatoren sind zwar eine interessante Alternative, aber Daytrader gebrauchen sie eher selten.

Der schwierigste Teil beim Daytrading ist die Auswahl des Charts. Die feinste Einteilung erhält man beim Tickchart, den die meisten Trader als kurzfristigste Referenz beobachten. Bei einem solchen Chart kann der Bid und Ask neben den Ticks zur genaueren Beobachtung angezeigt werden, aber bei aktiven Aktien sorgt dies wohl eher für Verwirrung Das Verbinden der einzelnen Ticks kann problematisch werden, da eine größere Kontinuität der Kurse vorgegaukelt wird, als die Kursentwicklung vielleicht wirklich zeigt. Normalerweise wird ein Zeitrahmen von ein oder zwei Tagen gewählt, aber bei sehr aktiven Werten wird der Chart mit zu viel Information überfrachtet, sodass sogar ein Tageschart unübersichtlich wird. In einem solchen Fall muss ein kürzerer Zeitrahmen eingestellt werden.

Sie müssen herausfinden, zu welcher Zeit der Wert, den Sie beobachten, normalerweise gehandelt wird; das kann Ihnen Ihr Broker genau sagen. Dann nehmen Sie diese Handelszeit als Standardeinstellung für Ihren Chart. In besonderen Fällen kann diese Einstellung geändert werden – bei außergewöhnlicher nachbörslicher Aktivität oder Ähnlichem –, aber bis dahin blenden Sie die tote Zeit zwischen den Handelszeiten aus und sorgen für die analytische Kontinuität von einer Handelsperiode zur

Abbildung 22.1 Kurzfristiger Barchart, zu kurze Balken, Guildford, 10 Minuten Chart. Zu kurzer Zeitrahmen; punktförmige Balken; zu viele Schlusskurse am Hoch oder Tief; wenig Kursentwicklung; hinausgezögerter Engpass.

nächsten. Dies ist besonders dann wichtig, wenn die verwendeten Indikatoren mehrere Handelstage umfassen sollen.

Bei der Chartanalyse gibt es nichts besseres als die Barcharts und Candlestick Charts. Für den kurzfristigen Handel benötigen Sie die kürzest mögliche Zeiteinstellung, die zu brauchbaren Anzeigen führt. Dies lässt sich am Besten folgendermaßen feststellen: achten Sie auf den letzten Kurs jedes Balkens. Entspricht der letzte Kurs überwiegend dem höchsten oder tiefsten Kurs des Balkens, dann ist die Einstellung für diese Aktie zu kurz (Abbildung 22.1). Steigern Sie die Zeiteinstellung langsam, bis anstelle von Linien, bei denen der letzte Kurs zwischen den Endpunkten hin und her springt, richtig ausgebildete Balken angezeigt werden (Abbildung 22.2). Sei brauchen eine sinnvolle Anzeige der Kursbildung und nicht nur eine grafische Aufzeichnung davon, wie der Kurs zwischen dem Bid und dem Ask wechselt. Haben Sie die beste Zeiteinstellung für Ihren kurzfristigen Chart gefunden, dann können Sie zusätzlich noch einige Charts für die mittel- und längerfristige Beobachtung auswählen.

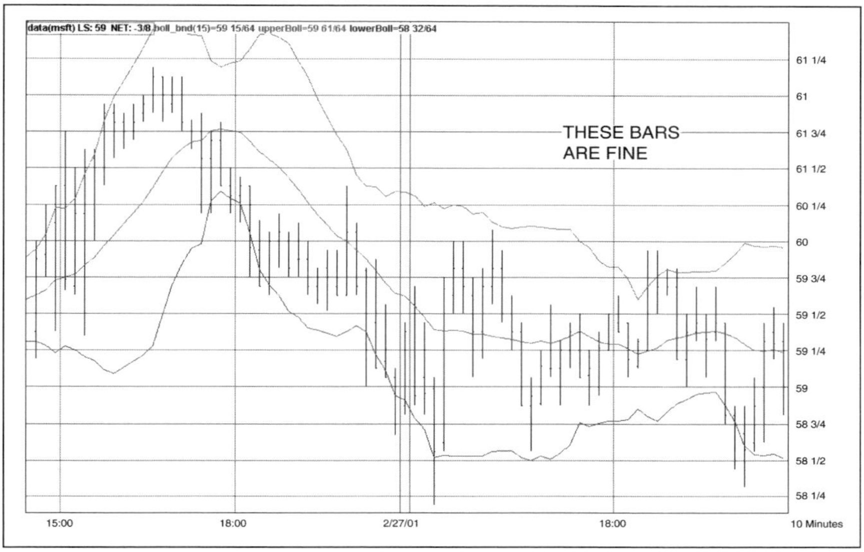

Abbildung 22.2 Kurzfristiger Barchart, richtige Balken, Microsoft, 10-Minuten-Chart. Die Kursentwicklung wird viel besser dargestellt.

Es ist äußerst hilfreich, wenn Sie Zeiteinteilungen für Ihre Balken und Ihre Charts finden können, die im entsprechenden Marktumfeld sinnvoll sind. Tage, Wochen, Monate und Jahre waren Vorgaben, über die man bisher nicht nachdenken musste, aber wie teilt man einen Tag sinnvoll ein? Fangen Sie mit Stunden an, wobei die erste halbe Stunde als ganze Stunde gesehen wird. Dadurch erhalten Sie einen Tag mit sieben Stunden auf dem Chart. Vielleicht möchten Sie die vor- und nachbörslichen Handelszeiten ebenfalls als eine Stunde dem Chart hinzufügen. Dann hat jeder Handelstag neun Stunden. Oder versuchen Sie es mit meinem Favoriten: halbe Stunden, wobei die Vor- und Nachbörse jeweils zu einer Periode zusammengefasst werden. Dadurch erhalten Sie 15 Balken pro Tag.

Die Intervalle Ihres Charts müssen auch psychologisch sinnvoll sein: Intervalle, die andere auch beobachten oder zumindest kennen; Intervalle, die den natürlichen Rhythmen des Handels bestmöglich entsprechen. Ansonsten geht der Informationsgehalt verloren. Natürlich müssen Sie berücksichtigen, welche Einstellungen am besten zu Ihrem Handelsstil und Ihren Methoden passen, aber in jedem Fall sollten Ihre Charts die tatsächlichen Entwicklungen und Vorgänge am Handelsplatz bestmöglich abbilden, ohne dabei Ihren Stil zu beeinträchtigen.[57]

Bewaffnet mit der Grundausrüstung an Charts, wenden wir uns nun der Frage nach den analytischen Methoden zu. Die Bollinger-Bänder und die in diesem Buch beschriebenen damit zusammenhängenden Techniken finden im Daytrading oft Anwendung, und vieles, was hier beschrieben wurde, kann direkt übernommen werden. Bei Gesprächen mit Daytradern tauchten immer wieder zwei Themen auf: das Kaufen und Verkaufen an Extrempunkten und das Handeln bei plötzlichen Ausbrüchen der Volatilität. Die Bollinger-Bänder eignen sich bestens für beide Situationen.

Betrachten wir das genauer. Der bevorzugte Handelsansatz von Bruce Babcock, dem früheren Herausgeber des *Commodity Trader's Consumer Report*, basierte auf der Anwendung eines Volatilitätsausbruch-Ansatzes. Diese Art von System hat vieles mit den Bollinger-Bändern gemeinsam. (Der Einsatz der Bollinger-Bänder bei der Konstruktion eines Volatilitätsausbruch-Ansatzes wurde in den Kapiteln 15 und 16 behandelt.) Normalerweise verkürzt sich der Durchschnitt und die Bänder werden enger. Es kommt zu einem Engpass und das Überschreiten des oberen Bandes löst ein Kaufsignal aus. Als Ausstiegssignal dient ein parabolischer Stop oder das Zurückfallen in den Bereich zwischen den Bändern. Das ganze funktioniert natürlich auch umgekehrt. Fällt der Kurs nach dem Engpass unter das untere Band, dann wird ein Shortsignal erzeugt. Wieder wird ein parabolischer Stop oder ein Eintritt zwischen die Bänder zur Sicherheit angewendet. Seien Sie mit dem Einsatz eines Ausbruchssystems sehr vorsichtig, wenn zuvor kein Engpass auftritt. Nach unserer Erfahrung ist der Engpass ein notwendiger Teil dieses Ansatzes.

Wenn es um das Handeln an Extrempunkten geht, dann dienen die Bollinger-Bänder beim Daytrading als gute Anzeiger für die überkauften und überverkauften Bereiche. Rallys, die weit über das obere Band hinausgehen, können beim ersten Anzeichen von Schwäche verkauft werden, wobei das gerade vorhergegangene Hoch als Stop dient und umgekehrt. Auch die Bänder selbst generieren Signale, wie z. B. im Falle des unteren Bandes, das sich nach einem Abwärtstrend wieder nach oben richtet und so das Ende des Trends anzeigt. Wenn die Einstellungen der Bänder gut auf die beobachtete Aktie abgestimmt sind, dann können auch Übertretungen eines Bandes als Einstiegssignale gewertet werden, wobei das mittlere Band als erstes Kursziel dient.

Volumenindikatoren können beim Daytrading sehr hilfreich sein, aber leider bereiten sie auch oft auf Grund der ungleichen Verteilung während eines Handelstages mehr Schwierigkeiten, als sie nützen. Im Allgemeinen wird am Anfang und am Ende der Handelsperiode der Großteil des Volumens gehandelt.[58] Wenden Sie die in diesem Buch gezeigten Volumenindikatoren auf Ihre Charts an, und finden Sie so heraus, welche davon Sie in Ihrem Handelsumfeld anwenden können. Die AD und die II werden nur dann gut anzuwenden sein, wenn Ihre Balken sehr gut eingestellt sind – d. h., wenn sie die zugrunde liegenden Kursbildungsmechanismen gut widerspiegeln. Ihre Chancen für den Erfolg stehen besser mit dem MFI und dem VGMACD.

Achten Sie besonders auf Spalten zwischen den Handelsperioden, besonders wenn Sie Ihre Charts so eingestellt haben, dass eine Periode direkt auf die vorhergehende folgt. Seien Sie bei Kurssprüngen von einem Tag auf den nächsten besonders vorsichtig. Die Abläufe der Kursbildung haben keinen Feierabend, auch wenn die Börse geschlossen ist. Neue Informationen tauchen auf und wirken sich vielleicht an anderen Börsenplätzen oder in den vor- und nachbörslichen Handelszeiten aus und es kommt dadurch zu Kurssprüngen zwischen dem Schlusskurs des Vortages und dem Eröffnungskurs des aktuellen Handelstages. Diese zusätzliche Information kann Durchschnitte, Bänder und Indikatoren verzerren.

Mit nur geringen Abwandlungen lassen sich alle grundlegenden Techniken und Ansätze der Bollinger-Bänder auch auf den kurzfristigen

Handel anwenden. Der Knackpunkt ist nur die Anpassung des Ansatzes auf Ihren Stil und die richtige Auswahl des Beobachtungszeitraumes im Chart.

Zusammenfassung der wichtigsten Punkte

- Wählen Sie Ihre Charts gut aus.
- Verkürzen Sie die Parameter für die Bollinger-Bänder beim Handeln von Ausbrüchen nach einem Engpass.
- Verkaufen Sie bei einer Umkehr außerhalb der Bänder.
- Probieren Sie Volumenindikatoren aus.
- Seien Sie bei den Übergängen von einer Handelsperiode zur nächsten vorsichtig.

Teil VI

Zusammenfassung

Teil VI fasst alles zusammen. Zuerst erstellen wir eine Liste der 15 grundlegenden Regeln zur Anwendung der Bollinger-Bänder und dann kommen wir zu einigen abschließenden Bemerkungen.

Auf Teil VI folgen drei wichtige Abschnitte: die Endnoten, das Glossar und das Literaturverzeichnis. Die Endnoten enthalten Gedanken und Hinweise, die ich nicht im Textfluss unterbringen konnte oder wollte; das Glossar definiert die gebräuchlichen Begriffe; das Literaturverzeichnis gibt dem interessierten Leser viele Ansatzpunkte zur Fortbildung.

Zuletzt finden Sie die Referenzkarten mit den 15 Regeln, den M -und W-Mustern und den wichtigsten Parametern und Formeln.

15 grundlegende Regeln

ZUM ABSCHLUSS MÖCHTE ich Ihnen 15 grundlegende Regeln für die Anwendung der Bollinger-Bänder zur Erinnerung auflisten:

1. Die Bollinger-Bänder bieten eine relative Definition von Hoch und Tief.

2. Diese relative Definition kann dazu verwendet werden, die Kursbewegungen und die Bewegungen eines Indikators zu vergleichen und so bewusste Kauf- und Verkaufsentscheidungen zu treffen.

3. Passende Indikatoren können vom Momentum, dem Volumen und einer Vielzahl von anderen Marktdaten abgeleitet werden.

4. Die Volatilität und der Trend schlagen sich in der Konstruktion der Bollinger-Bänder bereits nieder, daher empfiehlt sich ihr Einsatz zur Bestätigung der Kursbewegung nicht.

5. Die zur Bestätigung verwendeten Indikatoren sollten nicht direkt miteinander verwandt sein. Zwei Indikatoren aus derselben Kategorie steigern den Gard der Bestätigung nicht. Vermeiden Sie Kollinearität.

6. Anhand der Bollinger-Bänder lassen sich reine Kursmuster wie z. B. M-Tops oder W-Bottoms deutlicher erkennen.

7. Der Kurs kann und wird entlang der Bänder nach oben oder nach unten gehen.

8. Schlusskurse außerhalb der Bollinger Bänder können Bestätigungssignale und keine Umkehrsignale sein – dies bestätigt uns der Einsatz der Bollinger-Bänder bei einigen sehr erfolgreichen Volatilitätsausbruchsansätzen.

9. Die Standardeinstellung von 20 Perioden zur Ermittlung des Gleitenden Durchschnittes und die Standardeinstellung von 2 Standardabweichungen für die BandBreite sind eben dieses: Standardeinstellungen. Die tatsächlich für bestimmte Aktien, Indices oder Märkte benötigten Einstellungen können davon abweichen.

10. Der eingesetzte Durchschnitt sollte nicht unbedingt derjenige sein, der zu den meisten Kreuzungssignalen führt. Er sollte vielmehr den mittelfristigen Trend gut beschreiben.

11. Wenn der Durchschnitt verlängert wird, dann muss die Anzahl der Standardabweichungen gleichzeitig erhöht werden, von 2 bei 20 Perioden auf 2,1 bei 50 Peiroden. Wenn der Durchschnitt verkürzt wird, dann muss die Anzahl der Standardabweichungen gleichzeitig verringert werden, von 2 bei 20 Perioden auf 1,9 bei 10 Peiroden.

12. Die Bollinger-Bänder basieren auf einem einfachen Gleitenden Durchschnitt. Dies liegt an der Tatsache, dass bei der Berechnung der Standardabweichung ein einfacher Gleitender Durchschnitt verwendet wird und wir danach streben, logisch konsistent vorzugehen.

13. Lassen Sie Vorsicht walten, wenn Sie statistische Aussagen auf der Basis des Einsatzes der Berechnung der Standardabweichung bei der Konstruktion der Bollinger-Bänder machen. Der Stichprobenumfang ist in den meisten Fällen zu gering, um statistisch signifikant zu sein, und die Verteilung ist meist nicht der Norm entsprechend.

14. Indikatoren können mit den %b normalisiert werden, was den Gebrauch fixierter Grenzwerte unnötig macht.

15. Letztlich sind Berührungen des Bandes eben dies: Berührungen, keine Signale. Die Berührung des oberen Bollinger-Bandes ist an sich noch kein Verkaufssignal. Die Berührung des unteren Bollinger-Bandes ist an sich noch kein Kaufsignal.

Zum Abschluss

DIESES BUCH BEGANN mit einer Diskussion der Relativität, und so ist es recht passend, wenn wir am Ende wieder zur Relativität zurückkehren. Oliver Wendell Holmes jr. glaubte, dass die Jurisprudenz sich an die Zeiten anpassen müsse, und er kämpfte dagegen an, dass sich die persönlichen Ansichten eines Richters auf den Ausgang der Gerichtsfälle auswirkten. In diesem Sinne kann Holmes als der Prototyp des erleuchteten Anlegers bezeichnet werden. Er bewertete die vorgebrachten Tatsachen immer in relativer Abhängigkeit zum Fall, zum Gesetz und zur Gesellschaft. Er ließ sich nicht von seinen Gefühlen in die Irre leiten und erlaubte es seinen eigenen Überzeugungen nicht, seinen Blick für das Wesentliche zu trüben. Zudem war er unerbittlich dagegen, dass die Richter auch die Gesetze machten. Diese Prinzipien – Relativität, Disziplin und richterliche Zurückhaltung – lassen sich direkt auf den Wertpapierhandel übertragen. Um ein Holmes-ähnlicher Anleger zu sein, überprüfen Sie Ihre Ansichten auf Richtigkeit, treffen Sie Ihre Entscheidungen auf Grund eines relativen Regelwerkes, lassen Sie sich dabei nicht von Ihren Gefühlen beeinflussen und verändern Sie die Regeln nicht auf halbem Weg.

Dieses Buch beinhaltet ein voll anpassungsfähiges relatives Bezugssystem zur Entscheidungsfindung. Es sollte Ihnen für viele Jahre gute Dienste leisten. Die Märkte verändern sich, ebenso wie die Wirtschaft, die Anleger und alles andere. Trotzdem sollten sich diese Hilfsmittel mit den Märkten verändern, angetrieben von den Variablen Kurs, Volatilität und Volumen.

Der Musikkritiker Scott Yanow beschrieb den Musiker Albert Ayler in seinem Buch *All Music Guide to Jazz* (erschienen bei Miller Freeman Books) folgendermaßen:

Über den Tenorsaxophonisten Albert Ayler, dessen Musik sich von kreischenden Tonerkundungen bis zu den frühen Marschorchestern im New-Orleans-Stil weiter entwickelte, kann man sagen, dass er so weit vorauseilte, dass er letztlich am Anfang wieder ankam!

Die Bollinger-Bänder und die damit verbundenen Hilfsmittel und Methoden sind so weit entwickelt, dass sie Ihnen erlauben, sich auf die wirklich wichtigen Dinge zu konzentrieren, das Kaufen und Verkaufen. Eigentlich können Sie sich mittels dieser Hilfsmittel wieder den Grundlagen zuwenden. Entscheiden Sie, ob ich in Albert Aylers Fußstapfen getreten bin. Ich kann es nur hoffen.

Eine der größten Freuden, die das Entwickeln einer Analysemethode wie der Bollinger-Bänder mit sich bringt, ist es, zu sehen, was andere daraus machen. Die Bollinger-Bänder können auf viele Arten eingesetzt werden, und ich fordere Sie auf, bei Ihrer Arbeit verschiedene Möglichkeiten auszuprobieren. Informieren Sie mich über Ihre Entdeckungen und Erkenntnisse! Sie erreichen mich per E-Mail unter:
BBands@BollingerBands.com.

Ich werde oft gefragt, wie man sich am besten auf das Investieren vorbereitet. Zuerst rüstet Sie ein Kurs über Statistik auf Hochschulniveau, so etwa in der Art, wie sie beim Psychologiestudium gehalten werden, mit dem nötigen Grundwissen aus, um die Zahlen zu verstehen, mit denen Sie arbeiten. Zweitens werfen ein paar Kurse zu den Grundlagen der Psychologie ein helleres Licht auf die Marktmechanismen, besonders wenn dabei auch Massenpsychologie behandelt wird. Zuletzt sollten Sie lernen, wie man programmiert. Mit BASIC können Sie einen guten Anfang machen, ebenso wie mit LISP. Obwohl sich C als Programmiersprache für ernsthaftes Programmieren herauskristallisiert hat, reicht BASIC für den Umgang mit den Analyseprogrammen, die Ihnen wahrscheinlich über den Weg laufen, vollkommen aus. Und LISP mag vielleicht nicht die modernste Programmiersprache sein, aber das Erlernen macht Spaß, und dabei eignen Sie sich einige Fähigkeiten an, die Ihnen bei jeder Programmiersprache zugute kommen. Aber egal wie Sie es angehen, lassen Sie sich auf keinen Fall vom Computer einschüchtern. Er ist nur ein Werkzeug, dessen Erforschung und Gebrauch Spaß machen kann.

Das Investieren ist eine schwierige Aufgabe; passen Sie auf sich auf!

Endnoten

Vorwort

1 Im Lauf der Jahre wurden große Teile dessen, was früher als Technische Analyse bekannt war, abgetrennt und in die quantitativen und Verhaltensdisziplinen integriert. Heute erfreut sich die Quantitative Analyse, größtenteils eine Mischung technischer und fundamentaler Konzepte, einer großen institutionellen Beliebtheit. Der behavioristische Ansatz beschränkt sich meist auf die Hochschulen und Universitäten, nimmt aber auch langsam unter ernsthaften Investoren zu. Während die Kategorien verwirrend sein mögen, so ist es das Konzept hinter der Rationalen Analyse nicht: Nehmen Sie das, was funktioniert, lassen Sie die Beschriftung weg und verwenden Sie es einfach.

Kapitel 1

2 Michael White und John Gri, Bollinger-Bänder, in, Einstein: A Life in Science, New York: Dutton Books, 1994

3 Oliver Wendell Holmes Jr, The Common Law, Boston: Little, Brown &Co, 1881; reprinted by Dover Publications, Boston, 1991

Kapitel 2

4 Liniencharts können einen falschen Eindruck den Kontinuität erwecken, indem sie Punkte verbinden, die eigentlich keine logische Verbindung haben. Die Kontinuität, die durch das Verbinden der einzelnen Punkte entsteht, kann auch für Indikatoren oder andere nichtpreisrelevante Datenreihen ein Problem darstellen, bei denen die Datenpunkte unabhängig voneinander sind.

5 Allerdings gibt es gewisse Point-and-Figure-Charts, die die Zeit berücksichtigen. Z. B. kann bei Tagecharts der erste Eintrag eines Monats (ein X oder ein O) durch die entsprechende Zahl des Monats ersetzt werden, also 1 für Januar oder 11 für November etc. Ähnliche Möglichkeiten stehen für andere Zeitrahmen offen.

6 Der 50-Tage-Durchschnitt ist der dafür am häufigsten verwendete Durchschnitt, der auch für die meisten Trader gut zu funktionieren scheint. Er kann aber beliebig nach Ihren eigenen Wünschen und Vorstellungen variiert werden.

Kapitel 3

7 Ein weiterer Ausgangspunkt zur Festlegung der Berechnungsgrundlage der Bollinger-Bänder ist die Durchschnitts-Kreuzungs-Optimierung. Mit Hilfe dieses technischen Vorganges wählen Sie den Durchschnitt, der bei Kreuzungen des Kursverlaufes die besten Kauf- und Verkaufssignale erzeugt. Verdoppeln Sie die Länge des Optimierungsergebnisses. Damit liegen Sie weitestgehend richtig und erhalten eine Möglichkeit, die visuelle Methode zu überprüfen. Die zugrunde liegende Logik entstammt der Zyklusanalyse, bei der viertel- und halbzyklische Gleitende Durchschnitte oft sehr brauchbare Ergebnisse liefern.

8 Unempfindlichkeit gegenüber kleinen Veränderungen der Parameter ist ein Hauptkriterium bei der Entwicklung von Tradingsystemen. So ist z. B. ein System, das ähnliche Ergebnisse für Durchschnitte mit 18, 20 und 22 Tagen liefert, einem anderen System weit überlegen, das zwar für die Einstellung von 20 Tagen äußerst gute Ergebnisse liefert, bei 18 oder 22 Tagen aber eher mittelmäßige.

Kapitel 4

9 Bei Garfield Drew, *New Methods for Profit in the Stock Market*, 1955, Neuauflage bei Fraser Books, Burlington, Vt., finden Sie die Besprechungen einiger berühmter Anlagestrategien.

10 Bestimmte extrem anpassungsfähige Systeme können zumindest teilweise von diesem Urteil ausgenommen werden. Fuzzy Logic, neuronale Netze und genetische Algorithmen können ein System sicher ausreichend anpassungsfähig machen, damit es in feindlichen Umgebungen überlebt. Ein Beispiel dafür finden Sie auf http://www.EquityTrader.com.

Kapitel 5

11 Letztendlich werden breite Konzepte so große Akzeptanz erfahren, dass eine gewisse Verwässerung eintritt, in manchen Extremfällen kann es sogar zu einer

Invertierung kommen. Davon zeugt die erwartete langfristige Outperformance der Small Caps, eine Meinung, die so große Akzeptanz fand, dass sie letztlich ganz von der Bildfläche verschwand. Im Börsejargon sagt man, es wurde „wegarbitragiert". Jedoch trifft dies nur auf Auffassungen zu, die wirklich von der breiten Masse geteilt werden – bis zum „kleinen Mann von der Straße".

Kapitel 6

12 Dt. Übersetzung von Paul Celan:

DER UNBEGANGENE WEG

In einem gelben Wald, da lief die Straße auseinander,
und ich, betrübt, dass ich, ein Wandrer bleibend, nicht
die beiden Wege gehen konnte, stand
und sah dem einen nach, so weit es ging:
bis dorthin, wo er sich im Unterholz verlor.

Und schlug den andern ein, nicht minder schön als jener,
und schritt damit auf dem vielleicht, der höher galt,
denn er war grasig und er wollt begangen sein,
obgleich, was dies betraf, die dort zu gehen pflegten,
sie beide, den und jenen, gleich begangen hatten.

Und beide lagen sie an jenem Morgen gleicherweise
voll Laubes, das kein Schritt noch schwarzgetreten hatte.
Oh, für ein andermal hob ich mir jenen ersten auf!
Doch wissend, wie's mit Wegen ist, wie Weg zu Weg führt,
erschien mir zweifelhaft, dass ich je wiederkommen würde.

Dies alles sage ich, mit einem Ach darin, dereinst
und irgendwo nach Jahr und Jahr und Jahr:
Im Wald, da war ein Weg, der Weg lief auseinander,
und ich – ich schlug den einen ein, den weniger begangnen,
und dieses war der ganze Unterschied.

13 Die Geschichte der Technischen Analyse liegt zumeist im Dunkeln. Ich habe versucht, so genau wie möglich zu sein. Ein Großteil des Originalmaterials wurde in Rundbriefen und Nebentexten veröffentlicht. Viele der ursprünglichen Unterlagen gingen verloren oder wurden vielleicht absichtlich vernichtet. Viele Kenntnisse und verschiedene Vorgehensweisen wurden geheim gehalten, und viele der Wissenden sind von uns gegangen, ohne ihr Wissen weiterzugeben. Oft sind Behauptungen widersprüchlich, und diejenigen, die uns bei der Lösung behilflich sein könnten, haben oft noch die eine oder andere Rechnung zu begleichen. Ich würde mich über alle zusätzlichen Informationen zu den Bändern, Kanallinien, verwandten Indikatoren oder Systemen sehr freuen.

14 Der typische Kurs ist eine sehr alte Technik. Die gebräuchlichste Formel ist (Hoch + Tief + Schluss) / 3. Wenn der Eröffnungskurs erhältlich ist, wird die Formel erweitert auf (Erster + Hoch + Tief + Schluss) / 4. Schon früh habe ich empfohlen, bei der Berechnung der Bollinger-Bänder den typischen Kurs als Grundlage zu verwenden, und das gilt immer noch. Dadurch ergeben sich etwas langsamere, glättere Bänder, was in manchen Fällen von Vorteil sein kann.

15 Richard Dennis, ein berühmter Rohstoffhändler, brachte einer Gruppe von Tradern seine selbst entwickelten Handelsstrategien bei. Diese Trader werden Turtles genannt.

16 Hurst, der heute wie ein Einsiedler lebt, gab in den siebziger Jahren eine Reihe von Seminaren, die sich mit seiner Arbeit befassten. Bis vor kurzem galt ein großer Teil seiner Arbeit als verloren, aber Ed Dobson von *Trader's Press* in Greenville, South Carolina, trat mit Hurst in Verbindung und machte sich daran, den *CycliTec Services Training Course* neu zu verlegen. Das Original erschien 1973 und bestand aus drei großen Ordnern und mehreren Audiokassetten.

17 Die *Aktienmarktbreite* bezieht sich auf marktstatistische Daten wie Anzahl und Volumen der Advancers und Decliners und neue 52-Wochen-Hochs und –Tiefs. Diese Faktoren sagen uns, wie breit die Rally ist – auf Grund der Annahme, je größer die Teilnahme, desto besser.

18 Diese Erhebung der Abweichung in die zweite Potenz des Durchschnittes macht die Bollinger-Bänder so anpassungsfähig, vor allem bei plötzlichen Kursschwankungen.

Kapitel 7

19 Es stellte sich heraus, dass die historische Volatilität und die projizierte oder

implizierte Volatilität zueinander in Beziehung stehen, und die dazwischen liegenden Unterschiede enthalten wertvolle Handelsinformationen.

20 Es gibt noch einen anderen Grund, der den Rahmen dieses Buches sprengen würde, den ich aber kurz streifen möchte: Wertpapierkurse haben keine „normale Verteilung"; sie sind viel variabler, als man meinen möchte. Deshalb halten viele statistische Rückschlüsse nicht, was sie versprechen. So enthalten die Bänder z. B. bei einer Einstellung auf 30 Perioden fast 89 % aller Kursdaten von Aktien und nicht die erwarteten 95,4 %. Näheres dazu in Kapitel 9.

21 Ursprünglich wurde eine Abdeckung von 85 % von Marc Chaikin für die Bomar Bands vorgeschlagen, was sich als sehr brauchbarer Wert herausgestellt hat. Natürlich waren wir erfreut über die Testergebnisse, deren Abdeckung in demselben Bereich lag.

Kapitel 8

22 Wer sich schon mit der Technischen Analyse beschäftigt hat, erkennt vielleicht George Lanes Formel zur Stochastik als Basis der angeführten Formel. Die grundlegende Formel der Stochastik lautet (Schlusskurs – tiefstes Tief von *n*-Perioden) / (höchstes Hoch von *n*-Perioden – tiefstes Tief von *n*-Perioden). Mr. Lane nannte seine Indikatoren %d, %k etc. In Übereinstimmung mit seinem System und als Anspielung auf die Basis für die Ableitung meines Ansatzes folgte ich seiner Art der Namensgebung und verwendete %b, nachdem ich mich davon überzeugt hatte, dass Mr. Lane diesen Ausdruck noch nicht gebraucht hatte.

23 Diejenigen mit einer mathematischen Neigung werden erkennen, dass die Standardeinstellung für die BandBreite der vierfachen Standardabweichung, dividiert durch das Mittel, entspricht oder dem vierfachen Koeffizienten der Variation. George Lane kommt aus dem Mittleren Westen, wo er jahrelang in einer Cessna 210 von Ort zu Ort zog und seinen Handelsansatz Warenterminhändlern, hauptsächlich Farmern, beibrachte. Sein Hintergrund ist tief religiös und seine Vorträge erinnern an die Prediger der Erweckungsbewegung. Man sollte ihn auf jeden Fall einmal gesehen haben! Er war der Erste, der mir die Idee der drei Anläufe zu einem Hoch näher brachte. und das auf eine Art und Weise, die ich nie vergessen werde. Ich habe diesen Ansatz im Lauf der Zeit immer mehr zu schätzen gelernt. Anhand der Stochastik diagnostiziert er sein Drei-Anläufe-zum-Hoch-Konzept; ich verwende Bollinger-Bänder und Volumenindikatoren. Ich frage mich oft, welche Indikatoren er entwickelt hätte, wenn er sich mehr mit Aktien beschäftigt hätte, bei denen das Volumen gleichzeitig mit der Kursinformation zu sehen ist

und nicht nur mit Warentermingeschäften, bei denen das Volumen erst am nächsten Tage als einzelner, geschätzter Wert bekannt gegeben wird.

24 Mr. Cahen favorisiert ebenfalls die Verwendung von drei Zeitrahmen. Sein Ansatz, den er als sein *Triptychon* bezeichnet, besteht aus drei nebeneinander liegenden Charts mit von links nach rechts ansteigenden Zeitrahmen.

Kapitel 9

25 Für die Standardabweichung gibt es zwei Berechnungsgrundlagen: Population und Stichprobe. Der Unterschied liegt im letzten Teiler, der bei der Stichprobe *n-1* und bei der Population *n* lautet.

26 GARCH (Generalized AutoRegressive Conditional Heteroskedasticity) und ARCH (AutoRegressive Conditional Heteroskedasticity) sind mathematische Theorien, die sich mit Zyklen und Volatilität befassen. Nähere Informationen finden Sie unter:
http://www.mathworks.com/access/helpdesk/help/toolbox/garch/chap1_tu.shtml. Das ganze Kapitel ist für die Meisten wohl etwas zu viel, aber der erste Teil gibt einen guten, wenn auch etwas knappen Überblick.

Kapitel 10

27 Eine umfassende Beschreibung technischer Muster sprengt der Rahmen dieses Buches. Siehe Schabacker oder Edwards und Magee im Literaturverzeichnis.

28 Das Lennox-System von Sam Kash Kachigan, dem Autor von *Statistische Analyse* (siehe Literaturverzeichnis).

29 Ein Fraktal zeigt bei jeder beliebigen Vergrößerung dasselbe Muster. Wenn also innerhalb einer Kopf-Schulter-Formation wiederum eine Kopf-Schulter-Formation die Spitze einer Schulter bildet, dann könnte dies als Fraktal bezeichnet werden. Fraktale lassen sich oft in chaotischen Systemen feststellen. Ein gutes Buch zu diesem Thema ist *Chaos* von James Gleick, NEW York: Viking, 1987.

Kapitel 11

30 Bei Futures-Kontrakten können Punktefilter aufgrund der Arbeitsweise

des Margin einen besseren Überblick geben. Bei der Eröffnung einer Futures-Position bezahlt man nicht den gesamten Wert eines Kontraktes, sondern nur einen Teil davon als Depot, der unabhängig von Kurswert immer gleich groß ist. Daher ist der wirtschaftliche Wert einer Kursbewegung von 1 Punkt für den Trader bei einem Kurs von 20 und einem Kurs von 100 genau gleich.

31 Macauley arbeitete vermutlich schon in den frühen dreißiger Jahren an der Quadratwurzelregel. Leider gelang es mir nicht, die betreffenden Ausgaben des *Annalist* zu finden und dies zu bestätigen. Es handelt sich hier um denselben Macauley, der das Anleihe-Delta (Modified Duration) entwickelte, das Standardmaß der Volatilität festverzinslicher Wertpapiere. Mehr Informationen über die Quadratwurzelregel finden Sie in Stock Market Logic von Norm Fosback (siehe Literaturverzeichnis).

32 Die Bollinger-Boxes werden von RTRs TechniFilter Plus direkt unterstützt. Um die Bollinger-Boxes im TechniFilter anzuzeigen, verwenden Sie die Form *nnmm%* für die Boxgröße, wobei *nn* der Multiplikator und *mm* die Potenz in der Formel *0,nn x vmm Kurs* ist. Für den Einsatz der vereinfachten Bollinger-Boxes geben Sie 1750 Prozent bei „Boxsize“ ein, 3 für „Reversal“ und High : Low bei „Use“ (Bewertungsmethode). Dank an Clay Burch für seine Hilfe (http://www.rtrsoftware.com).

33 Das Scheitern seiner Untersuchung lag wahrscheinlich daran, dass die Volatilität als Filtermechanismus nicht nur unwichtige Bewegungen, sondern auch einen zu großen Anteil des Signals ausblendete. Bei der Erstellung der institutionellen Handelsplattform www.PatternPower.com wurden dieselben Muster verwendet, aber anstelle des Volatilitätsfilters kamen die Bollinger-Boxes zum Einsatz, und dadurch konnten signifikante Resultate erzielt werden.

34 Sowohl ein M als auch ein W bestehen aus vier Strichen, die fünf Punkte miteinander verbinden. Zur Verbindung von fünf Punkten gibt es 32 mögliche Muster (2^5).

Kapitel 12

35 In seinem Buch *The Disciplined Trader* definiert Mark Douglas Gier als „die Angst, nicht genug zu haben“ (s. Literaturverzeichnis). Es ist spannend, sich über die Manifestationen der Gefühle im Schmelztiegel der Börsenplätze Gedanken zu machen; die Aufgabe des Marktanalysten ist per Definition eine sehr interessante.

36 „Nach unten geht es schneller“ lässt sich empirisch belegen. Ein Beispiel: Im

Frühjahr 2000 ging der NASDAQ blitzartig in einen Bärenmarkt über und der Index fiel um 37 %. Dabei wurden in nur drei Wochen die Gewinne von viereinhalb Monaten ausgelöscht.

Kapitel 13

37 Für mich ist es am einfachsten, die Kopf-Schulter-Formation anhand einer Abfolge von M-Mustern zu analysieren. Da sie mit Topbildungen logisch konsistent sind, so wie W-Muster mit Bottoms logisch konsistent sind.

Kapitel 14

38 Solche Indikatoren wie der Volumenindikator treten normalerweise in einer von zwei möglichen Formen auf, offen oder geschlossen. Offene Indikatoren werden meist berechnet, indem man von Anfang an – für gewöhnlich ab dem ersten Datenpunkt – eine laufende Summe bildet. Geschlossene Indikatoren können auch eine Summe sein, aber die Summe einer bestimmten Anzahl von Perioden, z. B. 10 oder 20 Tage. Die offenen Indikatoren werden oft direkt in den Kurschart eingetragen, um den direkten Vergleich zu erleichtern, während geschlossene Indikatoren, die man auch als Oszillatoren bezeichnet, in einem eigenen Bereich unter dem Kurschart eingezeichnet werden.

39 Elliotts Wellenmuster ist eine Kombination von drei untergeordneten Zyklen, wobei jeder Zyklus nach dem ersten (kürzesten) doppelt so lang ist wie der vorangegangene. (Wieder tauchen drei unterschiedliche Zeitrahmen auf!) Dieser Vorgang wurde in meiner 1986 zum Thema erschienenen Veröffentlichung gezeigt. Teil dieser Veröffentlichung war ein kurzes Computerprogramm, das ich in Microsoft BASIC geschrieben habe, mit dem man mit der Kombination verschiedener Zyklen unterschiedlicher Länge experimentieren und die daraus resultierenden Muster miteinander vergleichen konnte.

Kapitel 15

40 Die mathematisch Interessierten werden schnell feststellen, dass die BandBreite berechnet wird, indem man die vierfache Standardabweichung durch das Mittel dividiert. Die statistisch Interessierten werden feststellen, dass dies der vierfache Koeffizient der Variation ist.

41 In einer komplizierteren Definition des Engpasses, die bei unseren Seminaren gelehrt wird, geht es um die Bollinger-Bänder der Volatilität selbst. Zuerst erstellen Sie die 20-Tage-Standardabweichung des Schlusskurses, den typischen Kurs. Dann erstellen Sie die 125-Tage-Bollinger-Bänder mit einer Standardabweichung von 1,5 der zuerst erstellten Standardabweichung. Ein Engpass wird ausgelöst, wenn die 20-Tage-Standardabweichung das untere Band berührt.

42 Vielleicht ist das Fehlsignal eine Folgeerscheinung der alten Weisheit „Sell the news". Die aktuelle Information verbreitet sich im Markt und die Anleger und Investoren nehmen dies zum Anlass, ihre Positionen zu verlagern. Damit verzerrt sich die Kursbewegung zeitweilig, bevor der wirkliche Trend beginnt.

Kapitel 16

43 Die Logik entspricht Keltners Zehn-Tage-Gleitender-Durchschnitt-Regel beim Einstieg, aber nicht beim Ausstieg. Keltners Ansatz hielt ständig eine Position im Markt, long oder short. Unser Ansatz wählt günstige Gelegenheiten aus, bei denen das Chance-Risiko-Verhältnis vorteilhaft erscheint.

44 Steve Notis stellte viele dieser Methoden in seinem *Professional Breakout System* zusammen.

45 Der parabolische SAR wird zwar von den meisten Chartprogrammen angeboten, er kann aber auch händisch errechnet werden. Details dazu finden Sie in New Concepts in Technical Trading Systems von Welles Wilder (siehe Literaturverzeichnis). Obwohl er als komplettes System gedacht ist, verwenden wir den SAR nur zur Ermittlung eines Ausstiegssignals.

Kapitel 17

46 Z.B. soll die Intraday Intensity das Vorgehen der institutionellen Trader abbilden, die für ihre Fonds kaufen und verkaufen. Das Prinzip dabei ist die Feststellung, wo der Schlusskurs im Verhältnis zur Spanne liegt, und die Grundannahme ist, dass die Händler den Kurs gegen Tagesende zunehmend in die Richtung ihres Orderflusses zu treiben versuchen.

Kapitel 18

47 Die Berechnung der Accumulation Distribution basiert auf dem Eröffnungskurs. Jahrelang veröffentlichte das Wall Street Journal täglich die Eröffnungskurse mit den anderen Kurs- und Volumendaten, aber Anfang der siebziger Jahre wurden sie aus Platzgründen verworfen. Daher wuchsen mehrere Generationen von Tradern und Analysten ohne Zugang zu dieser Information auf – eine Schande, die erst kürzlich durch die umfassende Verbreitung der Börsendaten auf elektronischem Weg wieder gutgemacht wurde.

48 MACD = 12-Perioden-exponentieller-Durchschnitt des Schlusskurses – 26-Perioden-exponentieller-Durchschnitt des Schlusskurses. Signallinie = 9-Perioden-exponentieller-Durchschnitt des MACD.

49 Um einen volumengewichteten Durchschnitt zu ermitteln, multiplizieren Sie den Kurs jeder Periode mit dem Volumen der Periode. Zählen Sie dann die Produkte jeder Periode des Durchschnittes zusammen. Zuletzt dividieren Sie diese Summe durch das Gesamtvolumen der Perioden. Die Formel für einen 10-Tages-volumengewichteten-Durchschnitt des Schlusskurses ist 10-Tage-Summe von (Schluss x Volumen) / 10-Tage-Summe des Volumens.

Kapitel 19

50 Der parabolische SAR zieht die Stops in der Richtung der Position auf der Basis einer Variablen nach, die sich von einem Anfangswert von 0,02 schrittweise auf den Wert von 0,2 steigert. Ein größerer Startwert oder größere Schrittweiten lassen die Stops schneller ansteigen. Dadurch schließen Sie zwar Ihre Position früher, aber schon kleine Kurseinbrüche lösen den Stop aus und können Sie so zu früh aus einem Trade werfen.

Kapitel 20

51 Wir führten eine Untersuchung des Arms-Index durch, die bestätigte, dass die Handelsaktivität an der NYSE längerfristig positiv ausgerichtet ist. Der Arms-Index stellt das Verhältnis zwischen gehandelten Werten und dem Volumen dieser Werte dar. Die Formel lautet: (steigende Werte / fallende Werte) / (steigendes Volumen / fallendes Volumen). Der Arms-Index ist bei einem Wert von 1 neutral, an Tagen mit starkem Anstieg sinkt er unter 1, und an schwachen Tagen

steigt er über 1. Der langfristige Durchschnitt liegt bei 0,85 und nicht 1, wie einige vielleicht erwarten würden. Dies belegt die langfristig positive Ausrichtung des Marktes, die sich auch in den davon abgeleiteten Indikatoren niederschlägt und für die deshalb Anpassungen vorgenommen werden müssen.

52 Beim MACD werden exponentielle Durchschnitte verwendet, die oft als Prozentwerte und nicht als Tage angegeben werden. Um die prozentuellen Werte für die Kalkulation zu ermitteln, wenden Sie die folgende Formal an: 2 / (n+1), wobei n = Anzahl der Tage.

53 Sollten Sie zu viele Signale erhalten, dann können Sie den Berechnungszeitraum auf 30 Tage erhöhen.

54 Auch die 21-Tage-Intraday-Intensity oder die Accumulation Distribution finden hier nützliche Anwendung.

Kapitel 21

55 Andrew Cardwell arbeitet schon seit längerer Zeit an diesem Ansatz der Interpretation des RSI und bereitet ein Buch zu diesem Thema vor.

56 Die Bowling-Aktien waren die Internetaktien der frühen sechziger Jahre. Sie führten eine spekulative Rally an, die in einem blitzschnellen Bärenmarkt kollabierte. Man glaubte damals, dass das Bowling die wichtigste Freizeitbeschäftigung der Amerikaner werden würde – eine Bowlingbahn in jeder Straße und jeder Bürger ein Bowler. Die automatische Erkennung der Kegel war die technologische Errungenschaft, die dies ermöglichen sollte, und ein gewaltiges Wachstumspotential wurde prognostiziert.

Kapitel 22

57 Ein interessanter Ansatz ist die Verwendung eines Programms wie MESA, um die Längen der dominanten Zyklen festzustellen und die Balken harmonisch darauf einzustellen. Wenn Sie z. B. einen Zyklus von 80 Minuten erkennen, dann probieren Sie die Einstellung der Balken auf 20, 40, 80 und 160 Minuten.

58 Es gibt eine Möglichkeit, das Problem der Volumensverteilung zu lösen, indem das Volumen auf der Basis der bekannten Tagesunterschiede normalisiert wird, aber das sprengt den Rahmen dieses Buches.

Literaturverzeichnis

Bollinger, John, „Volumen Indicators“, in: Bollinger Capital, 2000.

Burke, Michael, *The All New Guide to the Three-Point Reversal Method of Point & Figure Construction and Formulas*, ChartCraft, New Rochelle, 1990.

Cahen, Philippe, „Analyse Technique Dynamic“, in: Economica, 1999.

Crane, Burton, *The Sophisticated Investor*, Simon and Schuster, New York, 1959.

deVilliers, Victor, *The Point and Figure Method of Anticipating Common Stock Price Movements*, 1933, wiederaufgelegt von Windsor Books, New York.

Douglas, Mark, *The Disciplined Trader*, New York Institute of Finance, New York, 1990.

Drew, Garfield A., *New Methodes for Profit in the Stock Market*, 1955, wiederaufgelegt von Fraser Publishing, Burlington, Vt.

Edwards, Robert D. / Magee, John, *Technical Analysis of Stock Trends*, 5. überarbeitete Aufl., John Magee, Inc. Boston, 1966.

The Encyclopedia of Stock Market Techniques, Investors Intelligence, New Rochelle, 1985.

Fosback, Norman G., *Stock Market Logic*, The Institute for Econometric Research, Fort Lauderdale, 1990.

Holmes, Oliver Wendell, *The Common Law*, 1881, wiederaufgelegt von Dover Publications, Boston, 1991.

Hurst, J.M., *The Profit Magic of Stock Transaction Timing*, 1979, wiederaufgelegt von Traders Press, Greenville.

Kachigan, Sam Kash, *Statistical Analysis*, Radius Press, New York, 1982.

Keltner, Chester W., *How to Make Money in Commodities*, The Keltner Statistical Service, Kansas City, 1960.

Levy, Robert, „The Predictive Significance of Five-Point Chart Patterns“, in: The Journal of Business, July 1971.

Mandlebrot, Benoit B., *Fractal Geometry of Nature*, Freeman, 1988.

Merrill, Arthur A., *Behaviour of Prices on Wall Street*, Analysis Press, Chappaqua, 1984.

ders., *Filtered Waves, Basic Theory*, 3. überarbeitete Aufl. Analysis Press, Chappaqua, 1977.

ders., M & W Wave Patterns, 3. überarbeitete Aufl. Analysis Press, Chappaqua, 1983.

Schabacker, Richard W., *Technical Analysis and Stock Market Profits*, 1932, wiederaufgelegt von Pitman, London, 1997.

Schmidt, W. C., *Peerless Stock Market Timing*, San Diego, 1982.

Schimizu, Seiki, *The Japanese Book of Charts*, Tokyo Futures Trading Publishing, Tokyo, 1986.

Stutely, Richard, *The Economist Number Guide*, John Wiley & Sons, New York, 1998.

Weiss, Geraldine / Lowe, Janet, *Dividends Don't Lie*, Longman, Chicago, 1989.

Wheelan, Alexander H., *Study Helps in Point and Figure Technique*, Morgan, Rogers, and Roberts, 1947, wiederaufgelegt von Fraser Publishing, Burlington, 1989.

White, Michael / Gribbin, John, *Einstein: A Life in Science*, Dutton Books, New York, 1994.

Wilder, J. Welles Jr., *New Concepts in Technical Trading Systems*, Trend Research, Greensboro, 1978.

Yates, James, *The Options Strategy Spectrum*, Dow Jones-Irwin, Homewood, 1987.

Formeln für Bollinger-Bänder

20-Tage-Durchschnitt

$$\bar{c} = \sum_1^{20} c_i/20$$

20-Day Standard Deviation

$$s = \sqrt{\frac{\sum_1^{20} (c_i - \bar{c})^2}{20}}$$

oberes Bollinger-Band

$$\bar{c} + 2 * s$$

mittleres Bollinger-Band

$$\bar{c}$$

unteres Bollinger-Band

$$\bar{c} - 2 * s$$

Bollinger-Band-Parameter

Länge	Breite
10	1.9
20	2.0
50	2.1

%b

$$\frac{(\text{Schlusskurs} - \text{unteres Band})}{(\text{oberes Band} - \text{unteres Band})}$$

BandBreite

$$\frac{(\text{oberes Band} - \text{unteres Band})}{\text{mittleres Band}}$$

Formeln für Volumenindikatoren

50-Tage-Volumen-Durchschnitt

$$\bar{v} = \sum_1^{50} v_i/50$$

normalisiertes Volumen

$$v/\bar{v} * 100$$

Intraday-Intensität

$$\sum_1^{\infty} ((2c - h - l)/(h - l) * v)$$

Accumulation Distribution

$$\sum_1^{\infty} ((c - o)/(h - l) * v)$$

Money Flow Index

$$t = (h + l + c)/3$$

$$100 - \left(\frac{100}{\left(1 + \sum_1^n (t > t_{-1} * v) \Big/ \sum_1^n (t < t_{-1} * v)\right)} \right)$$

wenn der Standard für n = 24 ist

gewichteter Volumen-MACD

$$\sum_1^n c_i * v_i \Big/ \sum_1^n v_i - \sum_1^m c_i * v_i \Big/ \sum_1^m v_i$$

wenn n = Perioden im Kurzzeit-Durchschnitt und m = Perioden im Langzeit-Durchschnitt sind

20-Tage-OBV-Oszillator

$$\sum_1^{20} (((c > c_{-1}) - (c < c_{-1})) * v)$$

normalisierter 21-Tage-II-O

$$\sum_1^{21} [(2c - h - l)/(h - l) * v] \Big/ \sum_1^{21} v_i * 100$$

c = Schlusskurs (close)
h = Höchstkurs (hoch)
l = Tiefstkurs (low)
o = Eröffnungskurs (open)
v = Umsatz (volume)
Die untenstehende 1 bezeichnet den vorhergehenden Tag